覇権国家の興亡
ヨーロッパ文明と21世紀の世界秩序

西川吉光 著

萌書房

目　　次

序　章　ヨーロッパ世界 …………………………………………………… 3
　　1　ヨーロッパとは　3
　　2　ヨーロッパの人と環境　4
　　3　ヨーロッパ文明の源泉　6
　　4　ヨーロッパを支配する政治原理　7

第1章　ヨーロッパ文明圏の形成 ………………………………………… 11
　　1　古代：古典文明の開花と爛熟　11
　　2　キリスト教：迫害から受容，世界宗教への途　12
　　3　中世：ゲルマンの時代　15
　　4　イスラム帝国への挑戦と挫折　19
　　5　交易都市国家の繁栄：アドリア海の女王ベニス　20
　　　　コラム　ヨーロッパの建築様式

第2章　大航海の世紀：地中海から大西洋の時代へ ………………… 33
　　1　近代ヨーロッパ世界の幕開け　33
　　2　ポルトガル海洋帝国　34
　　3　新大陸の発見とスペインの盛衰　40
　　4　フランスのイタリア遠征：領域国家の時代へ　47
　　5　ハプスブルク帝国　53
　　6　宗教戦争の時代　57
　　　　コラム　コロンブスとユダヤ人──1492年のスペインに何が？──

第3章　オランダの世紀 …………………………………………………… 65
　　1　17世紀の国際関係　65
　　2　新教国家オランダの隆盛　66

- 3 英国：辺境からの脱却　72
- 4 英蘭戦争とオランダの衰退　76
- 5 ドイツ三十年戦争とハプスブルク帝国の陰り　81
- 6 フランスの興隆：ルイ14世の時代　85
    - コラム　キリスト教の基礎知識

第4章 英仏の激闘 …………………………………………… 95
- 1 18世紀の国際関係　95
- 2 英仏の覇権闘争：第2次百年戦争　96
- 3 プロシャの台頭　102
- 4 アメリカ独立を巡る英仏の抗争　105
- 5 フランス革命とナポレオンの挑戦　108
    - コラム　北方帝国──武勇受け継ぐバイキングの末裔たち──

第5章 パクスブリタニカとウィーン体制 …………………………………… 117
- 1 19世紀の国際関係　117
- 2 ウィーン体制　119
- 3 パクスブリタニカと英露対立　124
- 4 統一ドイツの誕生とビスマルク外交　129
- 5 揺らぐパクスブリタニカ　136
    - コラム　オリエント急行──ヨーロッパ豪華列車の旅──

第6章 ドイツ帝国の挑戦：第2次三十年戦争 …………………………………… 149
- 1 帝国主義の時代　149
- 2 ビスマルク外交の破綻：2大同盟の対立　150
- 3 第1次世界大戦　160
- 4 ベルサイユ体制　165
- 5 ドイツ第3帝国の野望　171
- 6 第2次世界大戦　178
    - コラム　もう一つの政治大国バチカン──世界最小国家の素顔──

終章 冷戦とヨーロッパ統合，そして新たな覇権闘争へ ……………… 191
　　1　ヨーロッパ覇権時代の終焉　　191
　　2　統合ヨーロッパの時代　　192
　　3　ポスト冷戦とヨーロッパ世界の変質　　195
　　4　21世紀覇権の構図：米中対決の行方　　200
　　　　コラム　地政学と国家戦略

興亡のヨーロッパ諸国を巡って
　　　　①ギリシャ（216）／②ローマ（217）／③ベニス（218）／④ポルトガル（220）／⑤スペイン（222）／⑥オランダ（225）／⑦オーストリア（227）／⑧フランス（231）／⑨英国（237）／⑩ドイツ（242）／⑪ベルギー（247）

＊

あとがき　　249

覇権国家の興亡
―― ヨーロッパ文明と21世紀の世界秩序 ――

序章　ヨーロッパ世界

1　ヨーロッパとは

「ヨーロッパ」という名称は，ギリシャ神話に登場するフェニキア（現在のレバノン）王の妹"エウロペ（Europe）"に由来するといわれる[1]。「太陽の昇る土地」を意味するアッシリア語のアシュ（Asu）やアナトリア（anatole：ギリシャ語）に対し，「太陽の沈む土地，日没」を意味するセム語のエレブ（ereb）やギリシャ語の「暗闇（erebos）」が起源との説もある。文献では，紀元前8世紀ギリシャの詩人ヘシオドスの作品に「ヨーロッパ（エウロペ）」の名が最初に現れる。

ヨーロッパはユーラシア大陸の西方に位置し，同大陸の概ね1/5を占める。独立した大陸ではないため地理的区分は明確でないが，一般にはウラル山脈～ウラル川～カスピ海～カフカス山脈～黒海～ダーダネルス・ボスポラス海峡～エーゲ海のラインが，アジアとヨーロッパを区分する境界とされる。既に古代ギリシャ人は，自分たちやその住んでいる地域を東方の人々やアジアと区別する傾向があった。それは例えばホメロスの詩やアイスキュロスの劇詩に表れている。イソクラテスやヘロドトス，アリストテレスらは，アジアの「専制主義」とギリシャの「政治的自由」，つまり「隷属」か「自由」かを，ヘラス（ギリシャ）とアジアを区別する基準に据えた[2]。その後，ローマ帝国では"ローマ人対野蛮人"，中世ヨーロッパでは"キリスト教徒対異教徒"の対比がなされ，文明対野蛮，善対悪の対抗軸を基に，ヨーロッパと非ヨーロッパを仕分ける意識が定着していく。

もっとも，アジアとの峻別という文脈の中で，一つの纏まった政治的地理的空間あるいは文明圏としてのヨーロッパの概念が自覚されるのは，近世ルネサンス以降であり，18世紀における啓蒙主義の台頭がその大きな契機となった。

それは，産業革命やブルジョワ革命の先駆者としての自負や他地域に対する強烈な優越心を伴うものであった。

2 ヨーロッパの人と環境

●地理自然環境

　ヨーロッパの地理的特色は，スカンジナビア半島とカルパチア，アルプス両山脈を除くと格別険しい山岳地帯がないことである。そのため文化の伝播が比較的容易であった。また1年中水量が豊かで，しかも流れの緩やかな河川は古くから交通手段として利用され，僻地を少なくした。

　地理的にヨーロッパは，三つに大別できる。第一は地中海地域で，ラテン系の人々が住み，海を通して絶えず西アジア，北アフリカの影響を受けてきた。そのため港湾都市が発達し，農村との断絶が大きい。第二は西ヨーロッパ地域で，太古以来中世までは森林と沼沢の地域であった（⇨童話「赤ずきん」の物語を想起せよ。高い尖塔を持つゴシック様式の教会は，まさに森林を象徴するものである）。豊かな森林は，大西洋暖流による温暖な気候と年中平均した雨量の賜物であった。その後，ゲルマン系の人々の定住と開拓によって植生は変化，森林は耕地や牧草地に変えられていった（その一方で人工的に植林が行われたため，かなりの地域が現在も森林で覆われている）。また大きな河川に沿って都市が発達し，都市と農村が有機的に結ばれている。さらに，この地域は鉄鉱石や石炭等の基礎的資源が豊富なため，産業革命以降飛躍的な工業発展を遂げた。

　第三は，東ヨーロッパ地域で，スラブ系の人たちが住み，広大な平原に農耕文化が栄えた。しかし遮蔽物のない平坦な地形のために，しばしば異民族の侵入を蒙ることにもなった。[3]

●民　　族

　ヨーロッパに定住する人々は，一般にヨーロッパ人種とかコーカソイド（コーカサス人種）と呼ばれる白色人種が主体であった。彼らの皮膚の色が白いのは色素が少ないためで，紫外線の弱い地域で生じた突然変異によるものではないかともいわれている。先の地理的3区分に基づけば，第1の地中海地域はラテ

ン系，第2の西ヨーロッパはゲルマン系，そして東ヨーロッパではスラブ系人種がそれぞれの主体となっている。

　もっとも，ヨーロッパの大部分の国は多くの少数民族を抱えている。ヨーロッパ圏外からの労働移民も多く，トルコ人，アフリカ人，アラブ人等がヨーロッパ諸国に移住し，その数は増大傾向にある。非ヨーロッパ系だけでなく，イタリア人，ギリシャ人，スペイン人，ポルトガル人等南欧のヨーロッパ人も中～北部地域の英仏独等の工業先進国に多数出稼ぎに出ている。

● 言　語

　ヨーロッパでは様々な言語が使用されているが，大別すればスラブ語派，ゲルマン語派，ロマンス語派の3グループに分けられる。スラブ語派にはロシア語，ポーランド語，チェコ語，スロバキア語等が，ゲルマン語派には英語，ドイツ語，オランダ語，デンマーク語，ノルウェー語等，ロマンス語派にはイタリア語，フランス語，スペイン語，ポルトガル語，ルーマニア語等が属する。これら3グループは共通の起源を持ち，インド・ヨーロッパ語族に分類される。

● 宗　教

　ヨーロッパ最大の宗教は，キリスト教である（キリスト教文明圏としてのヨーロッパ）。キリスト教の中でもカソリック信者の数が最も多い。カソリックが主流を占める国は，フランス，スペイン，ポルトガル，イタリア，アイルランド，ベルギー，ポーランド，南ドイツ地域等である。それに続く英国国教会を含むプロテスタントは，英国，北ドイツ，オランダ，北欧諸国に集中している。第3のキリスト教団である東方正教会（ギリシャ正教会）の教徒は，スロベニアを除く旧ユーゴスラビア諸国，ロシア，ギリシャ，ブルガリア，ルーマニアに多い。

　つまり，地理的区分の地中海地域がカソリック，西ヨーロッパがプロテスタント，東ヨーロパがギリシャ正教の強い地域といえる。もっとも，アルバニアのように国民の大部分がイスラム教徒のような例もあり，また，ほとんどのヨーロッパ諸国にはユダヤ教徒の共同体が存在している。

3 ヨーロッパ文明の源泉

　我々が"ヨーロッパ文明"なるものを意識する時，それは，近世，即ち大航海時代以降西欧諸国が世界規模の膨脹を遂げた時期，言い換えれば，ルネサンス（人間復興）やブルジョワ革命，そして産業革命の成果を基に世界を主導した時代のヨーロッパの文化，文明，社会システム等を連想することが多い。

　しかし，近世〜近代文明としてのヨーロッパがヨーロッパ文明の全てではない。ヨーロッパ文明の根は遥か古い時代に求めねばならない。その源泉となるものは，ギリシャ・ローマの古典文化とゲルマン民族の伝統，それにキリスト教である。ギリシャ文化は，オリエント文化，特にエーゲ海文明の影響を受けて発展したが，その基礎はポリス（都市国家）によって築かれた。しかしアテネを中心に栄えたギリシャ文化は前4世紀頃からポリスの衰退とともに変質し，アレキサンダー大王のペルシャ遠征でオリエント（東方）文明と融合，ヘレニズム文化が生まれた。このヘレニズム文化を継承し独自の文明を築き上げたのがローマ帝国であった。

　イタリア半島の小都市から起こったローマは，地中海の諸地域を征服して大帝国を作り上げるが，その過程で古代地中海世界の完結体としてそれまでの諸文明を巧みに統合し，とりわけ未開であった帝国の西方に文明の光を伝播することによりヨーロッ文明の母体役を担った。またローマ帝国の時代，その属領でキリスト教が生まれた。被支配民の宗教であるユダヤ教の，しかもその一分派に過ぎず，そのうえ帝国から迫害を受けたにも拘らず，キリスト教はやがて国教の地位を勝ち取り，遂にはヨーロッパ精神世界の基盤となっていく。

　その後，ローマ帝国の領内に侵入し定住するようになったゲルマン民族が先進的なラテンの文明に触れ，またキリスト教を受け容れたことで，ヨーロッパ世界の基底が形成される。即ち「ギリシャ・ローマ」の古典文明と「ゲルマン」の民族様式，それに「キリスト教」の3要素が融合することによって，独立した文明圏としてのヨーロッパ（西欧）文明が誕生したのである。[4]

4 ヨーロッパを支配する政治原理

　アジアとの対比において，「(政治的)自由」がヨーロッパの政治的伝統であることにヨーロッパ人は強い誇りを抱いてきたが，長いヨーロッパ史の中で，この地域における国家間政治(外交)のあり方を規定する基本的なルールが存在した。それが勢力均衡，いわゆるバランスオブパワーの原理である。

　「ヨーロッパに多数の国家が存在するということ，ヨーロッパの"自由"を救うために，カルル5世であろうが，フェリペ2世，またルイ14世であろうが，そうした自由の終焉を意味するような，"普遍的王制"の出現することを防ぐために，国家の多数性を維持する必要があるということ，またその結果として，イタリアに続いて16〜17世紀の近代ヨーロッパが作り上げた安定した外交政策によって，絶えず外交折衝を続けることが実際に必要であるということ，これこそ均衡理論の前提であり，正当化の根拠である」(シャボー)。

　ボルテールも『ルイ14世の時代』において，ヨーロッパに典型的な公権及び政治の諸原理の中でも特に賢明なものは，戦争中も絶えざる外交折衝を通じて，諸国家間に勢力の均衡を維持し続けることだと述べている。ヨーロッパ史を見れば明らかなように，ローマ滅亡後，ヨーロッパ全域が一国によって治められたことは一度もない。まさにドイツの歴史家ランケが述べたように，「一国の支配によって一色に塗り潰されない」ことがヨーロッパの政治的伝統であり，それを可能にしたのが「勢力の均衡」という啓蒙の科学精神にも適合する物理原則であった。

　もっとも，"団栗の背比べ"の如くに，国力の比較的接近した国同士が常に合従連衡を繰り広げ，ヘゲモニー国家の出現を防ぐという常在戦場的なヨーロッパ世界ではあっても，その根底には先の3要素に集約されるヨーロッパ世界としての共通基盤が構成諸国間には等しく共有されていた。また，一方で戦いながらも，例えば各国の王侯貴族の通婚関係を見ると，それらが互いに複雑に入り組み，極めて国際性の高い単一の世界を織りなしていた事実を窺い知ることができる。ともすれば何事も国家本位，民族本位で考える日本人にとっては，

ヨーロッパの社会や文化が持つ国際的性格はなかなか理解し難いところである（⇨例えば，日本の皇室と英国王室の血統における国際性の差違を想起せよ）。一見すると，ヨーロッパ各国の人々は互いに強烈な国家意識や民族意識を抱いているように見えるが，それは我々日本人の島国的なそれとは違い，「共同の基盤に立っているからこそ，逆に強化しなければならない国家や民族の自覚」（増田四郎）であることを忘れてはならない。

第2次世界大戦後，ヨーロッパでは国家統合に向けた動きが進行している。それがウェストファリア（主権国家）システムの枠組みを乗り越えようとしているという面では，確かに超時代的な新たなる試みであることは間違いない。しかし，この地域が本来ヨーロッパ文明圏という一つの纏まりを持つエリアであり，域内の各国各地が相互に深い交流の絆で結びついていた事実にも目配せするならば，現下の動きも，それがいわば過去への回帰であり，歴史的連続線上の事象でもあることが想起されねばならない。

● 注　釈

1） 神話によれば，ある日，天上から眼下を眺めていたゼウスは，海岸で水浴びしているフェニキア王の娘エウロペの姿を見出した。彼女の美しさに見惚れたゼウスは牡牛に姿を変えてエウロペを拉致し，クレタ島に連れていく。そこで二人は結婚し，王妃エウロペとゼウスの間にはミノス，ラダマンテス，サルペドーンという3人の子供が生まれたという。後にミノスはクレタの王となり，1900年，イギリス人アーサー・エバンスが発見して一大センセーションを巻き起こした伝説の迷宮クノッソス宮殿の，誇り高き君主としてクレタ島に君臨するようになる。

2） 「ヨーロッパとヨーロッパならざるもの（これは厳密にはアジアを意味した。18世紀の末になってはじめてアメリカがヨーロッパに対立する概念として用いられたが，それまでは常にアジアを意味したのである）とをはじめて対比させたのは，ギリシャの思想であった。ペルシャ戦役とアレクサンドロス大王時代の間に，習俗とくに政治組織という点からして，アジアに対立するものとしてのヨーロッパが意味を持つに至ったのである。そこではヨーロッパは，アジアの"専制主義"に対して"自由"の精神を代表するものであった。もちろんこのヨーロッパは，地理的領域としては極めて限られたもので，イソクラテスに見られるように，しばしばギリシャのみを指すものであった。その領域が拡大された場合でも，境界線はすこぶる漠然としていて，いずれにせよ倫理的・政治的にヨーロッパと言われるときでも，せいぜいギリシャ世界と密接に結ばれてギリシャ文化の浸透を受けた民族や地域，つまりイタリアからガリア，スペインの地中海沿岸までにとどまっていた」。フェデリコ・シャボー『ヨーロパとは何か』清水純一訳（サイマル出版会，1968年）23〜24頁。

3)「地形が平坦かつ単調である東ヨーロッパの地区では,外敵の侵入を食い止めるのは非常に難しい。だから……ヨーロッパの防衛線は東ヨーロッパの東部ではなく,皮肉なことに東ヨーロッパと西ヨーロッパとの境界線にある山脈なり地域になる可能性が大きい。そしてそれが実はヨーロッパ文化の防衛線になるのである。……ヨーロッパの本体は西ヨーロッパだというのは,西ヨーロッパまで来なければ,防げなかったという事実とも関係がある」。増田四郎『ヨーロッパとは何か』(岩波書店,1967年) 51～52頁。
4)「ヨーロッパとは,古典古代の伝統とキリスト教,それにゲルマン民族の精神,この三つが文化の要素としてあらゆる時代,あらゆる事象に組み合わされたものだということになっている。従って興味あることには,ヨーロッパが何か行き詰まった時には,いつでもこの三つの要素のいずれかに重点を置いて打開策を考えようとする傾向が見受けられる。この傾向は今日に至るまで続いているとさえいえる。即ちある時には,キリスト教的統一が過去にあったという反省から,いま一度それを回復しようではないかという考えが,新しい次元でのヨーロッパ統一の思想的源泉となる。……またある時には民族の特性,特にゲルマン民族の優越性を強調することによってヨーロッパの制覇を狙おうとする思想が頭をもたげてくる。その極端な例は,ナチスの政策を支えた思想であろう。……このような狂信的な歴史観に反抗するものは,一種のヒューマニズムでヨーロッパの行き詰まりを打開しようとする。つまり,古典古代の文明,人間性に根ざしたヒューマニズムというものから出発して,これを新しい事態に対処する思想の拠り所にしようとする。恐らく今後もヨーロッパは世界の諸影響を受けながらも,この三つの要素を踏まえた諸々の打開策を打ち出すに違いない」。増田四郎,前掲書,63頁。
5)フェデリコ・シャボー,前掲書,62頁。

第1章　ヨーロッパ文明圏の形成

1　古代：古典文明の開花と爛熟

●エーゲ文明

　現生人類がヨーロッパに登場したのは旧石器時代の後半で，狩猟採民だった彼らが2万5000〜1万年前に残した壁画がスペインやフランスの洞窟で発見されている。約1万年前に最終の氷河期が終わり，気候は次第に温暖になり，前5000年頃には農耕が広まった。前2200年頃，黒海の北部を根拠としたインド・ヨーロッパ語族がバルカン地方を経由してヨーロッパ各地に広がった。

　前2000年代には，クレタ島でヨーロッパ最古の文明が栄えた（クレタ文明）。伝説のミノス王に因みミノス文明とも呼ばれ，前1600年頃までエーゲ海一帯を支配した。海洋民族であったクレタの人々は強力な艦隊を整備してエーゲ海の制海権を握り，エジプトやイタリアと盛んに交易を行った。クレタ島にある王宮の壁画にはイルカや魚が数多く描かれている。王宮には城壁がなく，開放的で平和的な文明であったことが窺われる。しかし紀元前1600年代，北に位置する火山島サントリーニ（ティラ）が大爆発し，巨大な津波や気候変動がクレタ島を襲った。この出来事がクレタ文明衰退の原因と考えられる。

　前1400年頃になるとギリシャ人がミノス文明を征服してミケーネ文明を築いた。ミケーネ文明はクレタ文明に比べて戦闘的で，その勢力は小アジアのトロイア（トロイ）にまで及んだ。彼らの尚武的な性格は，英雄叙事詩として後世に語り伝えられた（ホメロスの『イリアス』，『オデュッセイア』等）。ミケーネ文明は前1200年頃，ギリシャ人の一派ドリア人の侵入によって滅んだと考えられるが，この頃東地中海に現れてヒッタイトを滅ぼし，エジプトなどを襲った「海の民」の攻撃によるものとの説もある。

●ギリシャ・ローマ世界

　その後400年の混乱期(暗黒時代)を経て、前8世紀にはギリシャ各地にポリス(都市国家)が登場し、交易や大規模な植民活動で勢力圏を拡大させた。前5世紀、ペルシャ戦争に勝利(前479年)したギリシャではアテネが主導権を握り、ペリクレスの指導で古代民主政も確立されギリシャ文明の繁栄は頂点に達した。しかし、強大な海軍力を誇るアテネと陸軍強国スパルタが覇を競ったペロポネソス戦争(前431〜前404年)のため、ギリシャ全土は荒廃する。

　ポリス社会が衰退しつつあった時、北方の王国マケドニアではフィリッポス2世が富国強兵政策を進め、南のギリシャに勢力を伸ばした。しかしペルシャ遠征の直前に暗殺され、その子アレクサンドロスが東方遠征事業を引き継いだ。彼はペルシャを滅ぼし、さらに西北インドまで兵を進め、西はギリシャから東はインダス河畔に及ぶ大帝国を瞬く間に築き上げた。だが彼が熱病で急死するや帝国は三つに分裂、互いの団結を欠いたため、相次いでローマに併合されていった(ヘレニズム時代)。

　一方、イタリアでは前10世紀頃、小アジアからエトルリア人が半島の中・北部に移住し栄えたが、ラテン民族によってティベレ川のほとりに生まれたローマが次第に勢力を拡大し、エトルリアを征服、前3世紀初めには半島の大部分を統一する。その後ピュロス戦争(前280〜前271年)でギリシャを征服し、3度にわたるポエニ戦争(前264〜前146年)で海洋交易都市カルタゴを滅ぼしたローマは、地中海や北アフリカの支配権を確立する。前1世紀後半、ローマは共和政から帝政国家に発展、以後200年間にわたり、ローマ帝国の覇権秩序の下で地中海世界は比類なき繁栄を迎えた(パクスロマーナ)。ローマは道路網建設(迅速な軍隊の移動・展開)と分断統治策によって多くの民族を巧みに取り込み、212年には領土内の全ての自由民にローマ市民権が付与された。この普遍的帝国ローマの下で、ラテンの文化はヨーロッパ各地に普及した。

2　キリスト教:迫害から受容、世界宗教への途

●救世主イエス

　紀元1世紀、ローマが支配するパレスチナの地で、キリスト教が生まれた。

この地に住むユダヤ人は，バビロン捕囚など繰り返される民族の苦難の中から，紀元前6世紀頃，唯一絶対の神ヤハウェへの帰依を説く一神教としてユダヤ教を確立した。その教義は，救世主（メシア，ギリシャ語でキリスト）の出現で異教徒は滅び，ユダヤ人が支配者となって世界を統一するというものである。しかしローマの将軍ポンペウスによってユダヤは滅ぼされ，ヘロデ家（ローマの傀儡政権）やローマ総督の統治を強いられた。

　異民族の支配と圧政の下，メシア待望の気運が強まる中，ナザレに生まれたのがイエスであった。イエスは自らを神の子（救世主）と称し，紀元29年頃ガリラヤ地方で活動を始める。イエスは，ローマの統治に協力するとともに，律法を絶対化させ自分たちの保身を図るユダヤ教パリサイ派の人々を批判した。また地上の富や権力の虚しさを語り，人類は全て神の前に平等であり，戒律ではなく神の愛によってのみ救われると説いた。イエスの教えは，ユダヤ教徒の堕落やヘロデ一族を批判し，神の怒りと裁きが近いと宣したために殺害されたヨハネの思想的影響を受けたと思われるが，ユダヤ教の祭司やパリサイ派はイエスを嫌い，ローマに対する反逆者として総督ピラトに訴えた。

　ローマ帝国にとってパレスチナは，東のパルチア帝国に隣接する戦略的要衝で，この地域の政情が不安定化することは大きな懸念材料であった。そのような状況の中，イエスはユダヤ人にとって最大の行事である過越しの祭りの際，ユダヤ教巡礼者で溢れるエルサレムの神殿で示威行動に出た。小規模なものであったが，秩序の安定を最大の使命と考えたピラトは，さらなる騒動を起こす前にイエスを排除することを決し，扇動とローマ帝国に対する反逆の罪でイエスを処刑した（30年頃）。ユダヤ教主導層を律法主義・形式主義と批判する一方，イエスは政治的権威には従うべきことを教え（「カエサル（皇帝）のものはカエサルに，神のものは神に返せ」），禁欲的な生活も勧めなかった。イエスが処刑されたのは，宗教上の問題よりも政治的な理由の方が大きかった。イエスが十字架を背負って処刑場（ゴルゴタの丘）まで歩いたとされるヴィアドロローサ（苦難の道）は，今日もキリスト教徒の重要な巡礼地となっている。

● **復活と殉教**
　イエスの弟子たちは，累が自らに及ぶことを恐れ，皆イエスとの関わりを否

定し，イエスを見捨てる行動に走った。ところが処刑3日後の朝，マグダラのマリアらがイエスの復活を目撃，蘇ったイエスは，エマオへの途次弟子たちの前にも現れ，40日後に昇天して父なる神の下に帰ったとされる。一般の人間と同様，それまで弱い人々であったイエスの弟子たちは皆この復活を境に，人が変わったように熱い信仰心に支えられ，命を奪われることも恐れず布教活動に専心する。パクスロマーナの出現で，ヨーロッパ，中東，アフリカを含む広大な地域を安全に移動することが可能になったことも，彼らの布教活動を加速させた。

　まず12使徒の筆頭格ペテロが小アジア，ギリシャへの伝道を行い，各地に教会が生まれた。パリサイ派の熱心なユダヤ教徒からキリスト教に改宗したパウロはローマ市民権を持っており，帝国領内に張り巡らされたルートや通商路を縦横に行き来し，「人類の罪を贖って死し，復活した神の子イエスを信じることで人類は救われる」と説いて回った。彼ら使徒の精力的な伝道活動によって，キリスト教はローマ帝国の各地に浸透，拡大を遂げていく。2世紀初めには，イエスの言行と受難を記した四つの福音書と初代の使徒たちの宣教活動を述べた使徒言行録，それにパウロらの使徒が各地の教会などに宛てた書簡などを纏めて新約聖書が整備され，旧約聖書とともにキリスト教の聖典となった。

　しかし，多神教を奉じるローマ帝国にあって，皇帝礼拝や生贄の儀式を否定するキリスト教は次第に危険視される。皇帝ネロは，ローマ大火（64年）の犯人として自身が疑われる事態を避けるため，キリスト教徒に放火の罪を被せて処刑した。ペテロやパウロもこの時処刑されたと伝えられる。以後，ディオクレティアヌスら歴代皇帝はキリスト教徒への迫害を重ねるが，逆に殉教によってキリスト教はさらにその生命力を強めていく。

● 国教から世界宗教へ

　そのため，コンスタンティヌス帝は遂にキリスト教の公認に踏み切る（313年）。彼はニケーアの宗教会議を主催，アリウス派を異端として排しアタナシウス派を正統としたほか，三位一体説の確立にも途を開いた。ローマ皇帝が教義の在り方に関与するようになったのだ。[1]さらにテオドシウス帝による国教化（392年）のプロセスを経て，ユダヤ教の一異端に過ぎなかったキリスト教は，

ラテン世界全域に根づく世界宗教へ発展する。カソリック教会はペテロをローマ教会の建設者とし，歴代のローマ教皇は彼の後継者と位置づけられた。

　こうした精神面の変化が進む一方で，領土拡張が望めなくなったローマ帝国は，経済の衰退や奴隷制の崩壊，さらに異民族の侵入も加わり，3世紀以降衰退に向かう。395年に帝国は東西に分裂，5世紀にはゲルマン民族の侵入を受け西ローマ帝国は滅亡する。

3　中世：ゲルマンの時代

●ゲルマン民族の侵入とフランク王国

　ゲルマン民族(別名チュートン人)はインド・ヨーロッパ語族に属し，スカンジナビア半島南部～ドイツ北部沿岸地帯をその原住地としたが，次第に南へ移動し，先住のケルト民族を圧迫して中部ヨーロッパ一帯に広まり，ローマ共和政末期(紀元前後)にはライン・ドナウ両川を結ぶ線でローマと国境を接するようになる。4世紀後半，遊牧民フン族が中央アジアからヨーロッパに東進，これに押される格好でゲルマン民族の大移動が始まる。410年にはアラリック率いる西ゴート族がローマを包囲し，帝国に衝撃を与えた。アッチラの率いるフン族はローマ軍に撃退されたが，バンダル族によって再びローマは包囲され，遂に西ローマ帝国は滅亡する(476年)。

　原住地を離れローマ領内に入り込んだゲルマンの諸国家は，爛熟したラテン文化に取り込まれ短命に終わったが，ライン下流域に居残ったフランク族は逆に勢力を強めた。やがてメロビング家のクロービスがガリア(現在のフランスとドイツ西部地方)の統一に成功し，フランク王国を建設する(メロビング朝：481年)。他のゲルマン部族がローマ社会で異端のアリウス派を信奉したのとは異なり，フランク族は正統とされたアタナシウス派(ローマカソリック)に改宗し(496年)，旧ローマ属州民との融和を図った。このローマ教会との提携が，フランクを強国となさしめた大きな要因であった。

●ヨーロッパ文明圏の誕生

　分割相続制を採ったため，クロービスの死後フランク王国は内乱と分裂を繰

り返し，政治の実権は宮宰職を世襲独占したカロリング家の手に移った。カロリング家の宮宰カール・マルテルは，イベリア半島を北上するイスラムの軍勢をツールポアティエの戦いで撃破し（732年），ゲルマン・カソリック世界の壊滅を食い止めた。その子ピピンはクーデターによって王位に就き，カロリング朝を開いた。さらにピピンの子で「ヨーロッパの父」とも呼ばれるカール大帝（シャルマーニュ）は西ヨーロッパのほぼ全域を支配下に収め，ゲルマン民族大移動以来の混乱に終止符を打った。

8世紀末，フランク王国の版図はかつての西ローマ帝国の領土に匹敵するまでに拡大を遂げる。この隆盛を見た教皇レオ3世は，フランク王国との友好関係を深めることでビザンチン皇帝への従属を断ち切ろうと，800年のクリスマスの日にカールにローマ皇帝の冠を授けた[2]。かつて蛮族と呼ばれたゲルマンの君主によって，西ローマ帝国は復活したのである。それは，ギリシャ・ローマの古典文化とキリスト教，そしてゲルマン民族精神の3要素がカールの治下で融合し，ヨーロッパと呼ばれる一つの文明世界（文明共同体）の誕生を告げる出来事でもあった。

●神聖ローマ帝国とバイキング帝国

カロリング帝国はガリア，イタリア，ゲルマニアの3地域で構成されたが，カール大帝の子ルイの死後，帝国は東西フランク王国とイタリア王国に3分割された（ベルダン条約：843年）。後のフランス，ドイツ，イタリアの母胎となる。このうち東フランクではカロリング家の血統が途絶え，各部族を支配する諸侯の選挙で王が選ばれた。9～11世紀の西ヨーロッパは，マジャール人やバイキングの侵入を受けたが（第2次民族大移動），ザクセン家の王オットー1世はマジャール人やスラブ人の侵入を退けるとともに北イタリアを制圧し，教皇ジョン2世からローマ皇帝の冠を授けられた。神聖ローマ帝国の誕生である（962～1806年）。皇帝位はドイツ国王が兼ねたが，イタリア政策に熱心なあまり本国の政治を疎かにし，ドイツ国内に不和と不統一をもたらした。

神聖ローマ帝国がヨーロッパの陸の覇者とすれば，海の覇者はバイキングあるいはノルマンと称されたゲルマン民族であった。スカンジナビア半島やユトランド半島に住む彼らはノール人（ノルウェー），デーン人（デンマーク），スウ

ェード人（スウェーデン）の3部族からなり，9世紀以降ヨーロッパ各地で商業・植民（移住），略奪，征服等の活動を活発化させた。ノール人はアイルランドやブリテン諸島，デーン人は北西フランスや東部イングランドを襲い，その一部は地中海に達した（両シチリア王国）。スウェード人はロシア北西部に進出し，リューリックを首領とする一派（ルーシ）はロシアの起源を

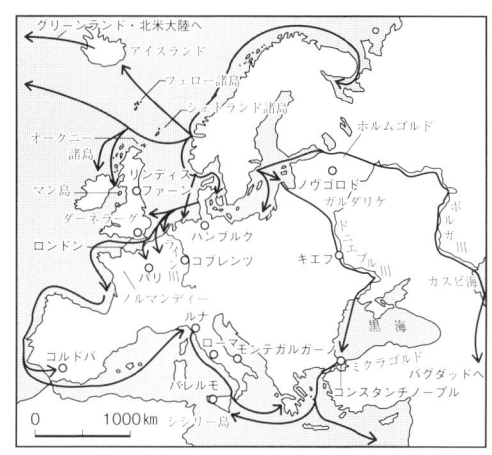

バイキングの遠征経路

（出所）　武田龍夫『物語　北欧の歴史』（中央公論新社，1993年）9頁。

なすノブゴロド国やキエフ公国の建設に関わり，ドニエプル川やボルガ川を経由してビザンチン帝国やアラブ・イスラム圏との取引も行った。ノルマンの中にはアイスランドやグリーンランドに移住し，さらには北米に到達した者もいた。

● インナーユーラシアの優越

　西暦7世紀，メッカに生まれたムハンマドは，当時のアラブ人の多神教と偶像崇拝が人々の精神を堕落させると非難した。そして自らを旧約聖書のアブラハムやヨゼフ，さらにイエスに連なる最後にして最大の預言者と位置づけ，「唯一神への絶対的帰依（「イスラム」）を説いた。彼は宗教家であると同時に政治指導者として国家機構や律法を定め，また軍司令官として自ら兵を率いてメッカをはじめアラビア半島を配下に収めた。ムハンマドの死後，アラブ人は後継者であるカリフの指導の下に大規模な征服活動を開始し，インダス川からメソポタミア，パレスチナ，小アジアにも勢力を伸ばしビザンチン帝国を圧迫，さらに北アフリカからイベリア半島に至るイスラム帝国を築いた。以後6世紀にわたり，ヨーロッパは異教徒によって外部世界へのアクセスと発展を妨げら

れる。当時，ヨーロッパ内部ではキリスト教世界の外は化け物や妖怪の住む野蛮で邪悪な世界と信じられたが，現実は真逆であった。イスラム世界が著しい躍進を遂げたのとは対照的に，ヨーロッパは科学技術や文化等あらゆる面で大きく立ち遅れてしまった。

13世紀初め，モンゴル帝国のオゴタイ・ハンはチンギス・ハンの遺命により西征を実施する。ロシアの都市を次々と攻略した後，モンゴル騎兵はポーランドやハンガリーを荒らし，ワールシュタットでドイツ・ポーランド諸侯連合軍を打ち破った (1241年)。別の一隊もハンガリー軍を撃破したが，ヨーロッパ陣営は為す術を知らず，うち震えるばかりだった。軍事的にも経済的にも，ヨーロッパはイスラムやモンゴルというインナーユーラシア勢力の敵ではなかった。神聖ローマ皇帝フリードリッヒ2世は各国諸侯に「タタール（モンゴル）人を地獄（タルタロス）に駆逐すべし」と檄を飛ばすが，ローマ教皇グレゴリウスとの不和もあり，大同団結もできなければ効果的な防御対策も打ち出せなかった。オゴタイの死という偶然によって，辛くもヨーロッパはモンゴル軍団の制覇から救われたのである。

インナーユーラシアに劣勢を強いられた中世のヨーロッパでは独立した封建貴族が国内に多数割拠し，世俗権力の分散が顕著だった。国王は形式上は貴族の最上位に位置するが，大貴族によってその行動は制約され，国王を排する貴族の存在も珍しくなかった。政治が無数の小単位に分かれる一方，ローマカソリックの宗教的支配は西ヨーロッパ全域に及んだ。国境・領域を越えて領民一人一人を直接精神的に支配するばかりでなく，教会法に基づき独自の裁判権を持っていた。階層性組織の下で大司教や修道院長らは国王や貴族から荘園を寄進されて大領主となり，教会は農民から十分の一税を取り立てた。教皇は，神聖ローマ皇帝との叙任権闘争と呼ばれる高位僧職者の任命権を巡る争いに勝利する（カノッサの屈辱：1077年）などその権威と権力は国王を遥かに凌ぐ絶大なものとなる[3]。教皇の権力が絶頂に達した中，ヨーロッパはイスラム世界への反撃に出る。

4 イスラム帝国への挑戦と挫折

●十字軍運動

　農業生産力の向上や人口増を背景に，教会主導の下でヨーロッパが先進イスラム世界へ挑んだのが，11世紀に始まった十字軍だった。第1回十字軍は1096年の秋，3万人の大軍で東に進み，3年かかってエルサレムを占領する。騎士道とは名ばかりで，彼らはエルサレム市民を虐殺し，略奪の限りを尽くした。そして地中海沿岸にエルサレム王国等幾つかのキリスト教国を建設し，異教徒の支配に初めて楔を打ち込むが，十字軍が成功したのはこの時だけであった。ファーティマ朝滅亡後，エジプトにアイユーブ朝を建設したサラディンはイスラム勢力を結集しシリアを攻略，次いでエルサレムを奪還する。聖地を守ること88年にして，キリスト教徒は再びエルサレムを失ってしまう (1187年)。

　サラディンの軍は軍規が極めて厳正で，兵士による略奪や犯罪行為はほとんど行われなかった。エルサレム占領の際に十字軍が見せた相次ぐ非人道的行為とは極めて対照的だが，この事実は，イスラム世界の先進性，反対に外の事情に通じていないヨーロッパ人の後進性を物語るエピソードだ。当時のヨーロッパ世界で海外事情に精通していたのはベニスやジェノバ等のイタリア商人だけであった。以後，エルサレム奪回の企ては悉く失敗に帰した。

　十字軍は「歴史上，最も雑多な要素の入り交じった最も統制の効かない運動」(ブーアスティン) となり，ヨーロッパの大敗北を以て幕を閉じた。この遠征で多額の戦費を費やした封建諸侯や教皇らの権勢は失墜した。他方，彼らに融資した商人の勢力が台頭し，都市経済の発展を見た。また没落した貴族・諸侯の遺領を吸収することで王権が相対的に強まり，国家の統一集権化に向けた動きも生まれる等政治・経済・社会の各領域でヨーロッパ世界に与えた影響は大きかった。

●12世紀ルネサンス

　さらに，この戦いの過程でヨーロッパはキリスト教共同体としての意識を高めると同時に，初めて東方世界に正面から眼を見開いた。そしてイスラム世界

から，医学，哲学，天文学，数学，化学，地理学等の学問や先端技術を貪欲に受容した（翻訳運動）。アラビア語とギリシャ語の大量の文献がラテン語に翻訳され，ゲルマン世界が継承していなかった古代ギリシャの学問やそれを移入し発展させたイスラム文明の精華を西欧世界は初めて学んだのである。ヨーロッパ各地に大学が誕生したのもこの頃だ（法学のボローニャ，神学のパリ，医学のサレルノ等）。この取り組みが，後のヨーロッパ近代科学発展の礎となる。

軍事の分野も例外ではなかった。中世ヨーロッパの騎士は重く不器用な鉄鎧，鉄冑を纏い，馬にまで鎧を着せていたが，このような重装備は一騎打ちにはよいが機動性を欠き，集団戦法には適しない。そこで彼らはイスラム戦士の鎖鎧を模倣した。武器では，木製の弩（クロスボウ）が導入された。中国の発明品である弩をイスラムは馬上で使用し，これにヨーロッパの騎士が悩まされたのだ。14世紀には鉄製の弩がヨーロッパでも作られ，以後，専ら歩兵の武器として活用される。イベリア半島では711年以降イスラムの支配が続いたが，ラス・ナバス・デ・トロサの戦い（1212年）に勝利した後，国土回復運動（レコンキスタ）に弾みがつく。コルドバ（1236年），次いでセビリア（1248年）の奪還に成功し，勢いを得たキリスト教勢力は，イスラム世界に再度の挑戦を挑む。

5 交易都市国家の繁栄：アドリア海の女王ベニス

200年にわたる十字軍運動によって，ビザンチン帝国の衰退は加速された。一方，交通の発達を見た西ヨーロッパでは遠隔地商業が盛んとなり，自治都市や都市同盟（ロンバルディア同盟やハンザ同盟等），広域の商業圏（北海・バルト海商業圏等）が誕生する（商業ルネサンス）。なかでも十字軍の物資・兵員輸送を一手に請け負った北イタリア諸都市は商圏を東地中海に広げ，莫大な利益を挙げた。その筆頭がベニスだった。ヨーロッパ世界がインナーユーラシアに劣位する中世にあって，ベニスは交易による富と強力な海軍力をバックに海洋帝国として地中海に君臨し，1000年に及ぶ繁栄を謳歌した。

●ラグーナに築かれた人工都市

アドリア海の北西には，海水や海水と混じった水，それに砂と泥でできた多

くのラグーナ（潟）が広がっていた。5世紀初め，アラリックに率いられたゴート族がイタリアを襲った際，逃げ場を失った住民は緊急の避難地としてこのラグーナに逃げ込んだ。その後，アッチラ率いるフン族が北イタリアを襲い，6世紀後半にはゲルマンの一種ロンバルド族がポー川流域に王国を築いた。より長期的な安全を確保するため，人々はラグーナへの移住を迫られる。ラグーナは外部から容易に近づけず，騎馬民族に不可欠な馬の牧草も育たなかった。迷路のように入り組んだ水路は，敵船の侵入を防いでくれた。こうして，蛮族の難を避けラグーナに移り住んだ人々の小漁村として，ベニスは誕生した。

　人々はカラントと呼ばれる砂と粘土の混じった軟らかい地層に，先を尖らせた長さ2〜5m程の木の杭を大量に打ち込み，それが終わるとユーゴスラビアから運んできたイストリア石を何重にも積み重ねていく。これを基礎土台としその上に煉瓦の壁を積み上げて住居を築いたが，地盤の傾きに対処するため天井や梁，部屋を分ける薄い壁には柔軟性のある木材が多用された。建物の重みで地盤が沈下するため，嵩上げ工事は頻繁に繰り返された。

●両大国の狭間で
　ベニスはローマ帝国の分裂で生まれた二つの世界，即ち東西ローマ帝国の接点に位置していた。西ローマ帝国の崩壊に伴い，ビザンチン帝国に組み込まれたベニスは，造船業や製塩業，それにビザンチン〜イタリア間の交易に従事し，商業都市として発展する。ビザンチン帝国が衰えを見せると，他のイタリア諸都市と同様に独立の姿勢を示し，697年には最初の総督（ドージェ）が選出された。一方，カール大帝がイタリアに勢力を伸ばすや，交渉によって独立都市（コミューン）の地位を勝ち取っている。9世紀末には西フランク領内の河川通行権や免税特権を獲得，10世紀にはダルマチア，クロアチア方面にも進出する。

　10世紀末，総督オルセオロ2世はビザンチン帝国と条約を結んだ。それは，帝国内でのベニスの商業活動の自由を再確認したうえで，コンスタンチノープルに入港するベニス商船の寄港料を他国の半額とする代わり，ベニスがアドリア海及びその周辺海域を制圧し，ビザンチン帝国の西の守りに貢献するというものであった。当時セルジュクトルコやアラブイスラムの侵略に悩んでいたビ

ザンチン帝国は、西の防衛には手が回らなかった。自らの脅威とはならない島国ベニスの海軍力を利用して、国防の一部を担わせようとしたのだ。

アドリア海の海賊やイスラム水軍の制圧は、交易で生きるベニスにとっても死活的な課題であり、自らの国益確保のための活動を行うことで帝国内の交易特権が得られることは申し分ない条件であった。オルセオロ2世は神聖ローマ帝国とも友好関係を築き、同帝国内での商業活動の自由も手に入れた。巧みな外交でベニスは東西両帝国との交易関係を強め、アドリア海の制海権を掌握していった。

11世紀末、ノルマン人の勢力が強まると、再びベニスはビザンチン帝国の要請に応える。ベニスの艦隊はアドリア海に侵入したノルマン人を打ち破り、その見返りに帝国領内の全ての港への入港が許可されたほか、関税の全額免除やコンスタンチノープル等重要な諸都市に貿易倉庫を設ける特権も獲得する（1082年）。両者の互助関係はその後100年近く続いたが、ベニスの力が侮り難くなると、警戒したビザンチンはそれまで認めていた特権の継続を渋り出す。ビザンチン帝国からの自立をベニスが模索し始めた丁度その頃、十字軍運動が持ち上がった。

●十字軍への参加

当初、貿易への影響を顧慮してベニスは十字軍への参加には慎重だった。しかし、ライバルのジェノバやピサが早々と参加を決め優遇措置を得たため、対抗上ベニスも参加を決意、第1～3次の十字軍遠征では騎士らの海上輸送を請け負い、東地中海沿岸諸国を勢力圏に収めた。また黒海沿岸にも進出を果たし、交易の範囲をさらに拡大させたが、特筆すべきは第4回十字軍（1202～4年）への関与である。

総督エンリコ・ダンドロは、フランス騎士団に4500頭の馬と同数の騎士、9000人の馬丁、それに2万人の歩兵を聖地エルサレムまで運搬するに必要な船舶の供給を請け負った。加えてダンドロは、自ら軍を率いてベニスも参戦するから、十字軍が征服した地の半分を貰いたいと申し出て了承を得た。十字軍事業の共同出資者になったというわけだ。

ところが、ベニスが請求する8万5000マルクの代金を十字軍側は完納できな

くなる。未返済分を戦利品で支払わせるべく、ベニスはカイロに向かうはずの十字軍を寄り道させ、ベニスに反旗を翻したアドリア海の要衝ザーラの攻略に差し向ける。その後ビザンチン帝国内部の皇位継承争いも絡み、この十字軍は結局エジプトには行かずコンスタンチノープルを襲い、同じキリスト教勢力であるビザンチン帝国から略奪の限りを尽くす。ベニスもこの戦闘に加わった。サンマルコ寺院正面入口の上に飾られている黄金色に塗られたブロンズ像の馬4頭は、この時の略奪品である。ビザンチン帝国は分割され、ベニスは帝国領の3/8を分け前として得たほか、ベニスとコンスタンチノープルや小アジア、エジプトを結ぶ交易ルート網を完成させた。さらに目的地変更の功によりエジプトとの貿易でも有利な立場を手にした。以後、約2世紀にわたり、ベニスは黄金時代を迎える。

●中継貿易で栄える海洋帝国

　ベニスは、西ヨーロッパから麻や羊毛、毛織物、銀、スラブ世界から毛皮、蜂蜜、琥珀の加工品、材木、またビザンチン帝国からは葡萄酒や絹製品を仕入れ、反対に北アフリカや小アジアなどイスラム世界からは、イスラム商人が東南アジアや中国、インドなどから集めた香料や絹、綿、香水、明礬、染料、それに奴隷等を仕入れてヨーロッパに提供する中継貿易で巨利を得た。当時人口1500万人のフランスの予算規模が100万ドカートであるのに、50万人にも満たないベニスが162万ドカートの歳入を上げていた事実から、この国の裕福さを窺い知ることができよう。

　ベニスはジェノバとの対決が表面化した13世紀頃から、ムーダ（国営定期船団）を編成した。一つのムーダは、5〜10隻のガレー船で構成された。地中海最強を誇ったベニス海軍はガレー船を使用したが、海賊や敵国船の攻撃から商品を守る手段として、商船にもこれを利用したのだ。ガレー船は2〜3本のマストを持ち、乗組員は200人の漕ぎ手と20人の弓兵で構成された。香料や毛織物等軽くて高価な商品は快速のガレー船で運ぶが、材木や穀物等重くて価値の低い商品は、非武装の丸型帆船（ラウンドシップ。ナーヴェトンダ、14世紀以降はコッカと呼ばれた）で運搬された。いずれの船も国家が建造し、利用者に貸し出された。ムーダの日程や積荷の内容、船長の任命も国家が行った。14世紀以

前は，天候の悪い冬季（10月〜翌年3月）に長距離の運航はできず，船団はイースターにベニスを出航し，荒天の季節が到来する前の9月に帰港するのが常だった。だが羅針盤の導入で冬期も地中海航路は閉鎖されず，ムーダは1年2度のレバント回航が可能になった。こうした航海技術の進歩が，ベニスの地中海交易を一層活気づけた。

● 宿敵ジェノバを降す

　イタリア諸都市が交易で活況を呈すると，当然相互の対立も熾烈を極める。ベニスの最大のライバルはジェノバであった。メロリカ島沖の海戦（1284年）でピサを撃破して全盛を誇ったジェノバは，ベニスの後を追うようにレバントや黒海に進出する。既に第4回十字軍以後，両者の対立は激しくなっていたが，シリアの香料積出し港の支配を巡りアクレで衝突（1250年），次いでニケーアのギリシャ皇帝ミカエル・パレオロゴスがラテン帝国を滅ぼしビザンチン帝国を復興（1261年）させた際ジェノバの支援を得たため，その功績でジェノバはベニスが有していた権利を譲り渡されビザンチン領内での貿易特権を手に入れる。一方のベニスはコンスタンチノープルや黒海方面の商業活動から締め出されてしまう。

　その後，ベニスの艦隊はトレパニの海戦（1264年）でジェノバ海軍を破りコンスタンチノープルの特権を奪い返すが，アドリア海のクルツオラ島沖海戦（1298年）でジェノバ海軍に大敗を喫する。マルコ・ポーロが捕虜になったのはこの時である。さらにダーダネルス海峡の戦略的要衝テネドス島の領有を巡る争いでは，アドリア海深く攻め込んだジェノバ艦隊によってベニス本島と指呼の間にあるラグーナの出口キオッジアを占領される（1379年）。喉元を押さえられベニスは存亡の危機に立つが，翌年キオッジアを奪還，ジェノバ艦隊の封鎖・拿捕に成功した。このキオッジア海戦の勝利とトリノ和平条約（1381年）で，ベニスは東地中海における優越権をジェノバに認めさせ，13世紀半ばからの抗争に勝利する。レバント交易を独占したことで，14世紀後半〜15世紀前半，ベニスの繁栄はピークを極める。

　一方，破れたジェノバは，活路を西に求めた。もともとジェノバは西方航路の開拓に積極的で，ジブラルタル海峡を越えて西アフリカに船団を送り込み

(1162年)、フランドルとの交易にも熱心だった。ジェノバの西方進出はその後、ポルトガルやスペインによるアフリカ航路開拓や新大陸の「発見」をもたらし、ベニスを衰退に追い込むことになる。コロンブスがジェノバの出身であったことは、単なる偶然ではなかった。

●ベニスの統治システム：柔軟な意思決定と高い情報力

ラグーナの小さい島国に過ぎないベニスがヨーロッパ一の富と経済力を誇り、しかもその繁栄を1000年もの長きにわたり維持できた理由は何か。その答えは、次の4点に集約できる。

(1) 柔軟迅速な政策決定を可能にした政治システム
(2) 充実した情報収集体制の整備
(3) 大陸不介入政策の堅持
(4) 安全保障コスト（プロテクションレント）の効率化

まず(1)の政治システムだが、ベニスは商人貴族による共和政を採り、一度も君主や国王を戴いたことはない。政治制度の基本は、選挙で選ばれた総督（終身制）と国政の最高機関とされた評議会（国会に相当）で構成された。1000人を超える評議会構成員（国会議員）の中からまず30人を籤で選び、さらに籤引で9人に減らし、その9人で40人を選挙する。次に40人から籤で12人を残す……という具合に、抽選と選挙を繰り返す10段階もの過程を経て、一人の総督が選出される方式であった。抽選と選挙を繰り返す複雑なプロセスを定めることで公正の確保と選挙運動の弊害を除し、談合や不正、独裁、世襲化の危険を防いだのである。また総督には2～6人の補佐官がつき、補佐官との相談なしには総督といえども何事も決められないことが明文化された。総督の家族は補佐官になれず、補佐官の任期は半年で再選は認めないなど少数の権力者による情実や専制政治に陥らないための工夫が随所に凝らされていた。

その後、ベニスの勢力が拡大するにつれ共和政は後退し、代わって有力な少数貴族による寡頭政の色彩が濃くなっていく。その代表が有名な十人委員会である。14世紀に生まれた十人委員会は、総督と6人の相談役、10人の評議員、合計17人で構成された。当初は反乱者を裁く特別裁判所だったが、後に国家機密に関わる重大事項について議論し決断を下す場となった。政策決定に関わ

る人数を制限したことで素早い戦略決定は可能になるが,一部の貴族が強大な決定権限を持つことで権力の独占濫用を招く危険も伴う。そこで評議員は1年の休職期間を経なければ再選できず,総督・総督補佐官の家から評議員は出せない等のルールが設けられた。また国家の発展に伴い議会のメンバー（国会議員）が2000人にも上ったため,13～14世紀にその身分が終身・世襲化された。大衆政治の愚を防ぎ,限定された統治階級（貴族）による共同責任制を維持するための改革であった[4]。

　時代の変遷はあるが,基本的にベニスは常に混合体制を基本に据え,民意を汲みつつも,柔軟で迅速な政策決定が下せる,しかも安定性の高い政治メカニズムを築き上げてきた。このことが長期の繁栄に繋がったのである。商機を逃さず,またビザンチンや神聖ローマ,イスラムといった周辺大国の狭間で生き残るためには,各国の思惑や外交方針の動向を常に探り,それに素早く処していく外交が求められるからだ。そのような政治・外交を可能にするには,政策判断の前提となる豊富で正確な情報の収集が不可欠だ。そこでベニスは諸外国に多くの商館（フォンダコ）を設けた。商品の備蓄や取引の場,さらには有事の際の要塞の役目も果たしたが,この商館を拠点に相手国の情報収集活動を行い,質の高い情報を本国に送り続けた。ベニスにある他国の商館も,同様の機能を担っていた。

　また資源・領土に乏しいベニスが限られた国力の中で生存と繁栄を図るためには,安全保障にかかる経費を極力抑える必要があった。ベニスは島国の利点を活かし,イタリア半島諸都市の権力闘争や領土争奪戦にコミットせず,発展の進路を海洋交易に絞り込んだ。海賊対処や他の交易都市との戦いに勝ってシーレーンの安全を確保するため,1000人以上の技師が働く国営の造船所（アルセナーレ）を築き,優れたガレー船が建造された。優秀な船員の育成も怠らなかった。15世紀当時,ベニスは100隻のガレー船と2万人の乗組員を常備するなど強力な海軍や商船隊を保有したが,地上兵力は傭兵で賄い,強大な陸軍の建設には手を出さず,国力の浪費を防いだ。

　振替銀行や為替手形,複式簿記の導入等時代の先端を行く商取引制度の導入もさることながら,優れた海運・造船技術に加え,大商人,貴族間の強い連帯意識に裏打ちされた高い安定性と機能性を備えた寡頭政システムと抜群の情報

収集力によって，ベニスは一大海洋帝国へと発展を遂げ，"アドリア海の女王"と呼ばれるようになった。

● 高まる東方への関心

　東方への関心とイスラム世界に対する反撃の意欲がヨーロッパで高まる中，インナーユーラシアにモンゴル帝国が出現し，長らく途切れていたヨーロッパ～アジア間の内陸ルートが久方振りに開放された（1250～1350年）。この時期にアジアへ赴き，彼の地の情報をヨーロッパに持ち帰った人物がいる。ベニス生まれのマルコ・ポーロである。

　1271年，宝石商人の父ニコロ・ポーロ，叔父マッフェオ・ポーロに従って東方に旅立ったマルコは1274年頃，フビライの夏の離宮がある上都に到着する。謁見したフビライ・ハンに優遇された一行はそのまま中国に留まり，元朝の官職を与えられ，17年間中国各地を旅する機会と経験を得た。やがてマルコらが帰国を望むと，イル・ハン国のアルグン・ハンに嫁ぐ元朝の王女コカチンの道行き案内者として中国を離れることを許された。王女を無事送り届けた後，一行は海路を経て1295年，25年ぶりに故郷のベニスに戻った。しかし，程なくベニスとジェノバの戦いに巻き込まれ，マルコは捕虜としてジェノバで投獄される。この入牢中，ピサ出身の物語作者ルスティケロに彼の中国での体験を綴らせたのが『東方見聞録』である。

　その内容は，中国への往路，中国国内旅行，そして帰路における寄港地情報の3部からなり，各地域の風俗，習慣，さらに元朝宮廷内部の事情等にも及んでいる。またジパングとして日本を紹介しているが，日本の存在がヨーロッパに伝えられたのはこれが最初である[5]。この本はヨーロッパ各国にアジアブームを巻き起こしたが，なかでも黄金の国と紹介された日本への関心が高まり，コロンブスはじめ多くの航海者がジパングを目指す冒険の旅に乗り出すことになる。ヨーロッパ人の日本に対する関心が，実に新大陸発見・大航海時代の機縁となったのである。

　だが，モンゴルは明王朝に政権を奪われ（1368年），漢民族は外国人に門戸を閉ざす。しかもアナトリアにはオスマントルコが誕生する。スルタン・スレイマン1世は「三つの大陸と二つの海の支配者」であることを誇ったが，この大

帝国はヨーロッパからアジアへの交易ルートを再び遮断する。ムスリムやベニス商人の手を経ず，何とかアジアから直接に香料や金銀を持ち帰ることはできないものか。強いアジアアクセス願望の中で，イスラム帝国の扼する東地中海や中近東の陸路を避け，新たな海路の開拓を目指す一群の人々が登場する。海からアジアへの接近を図る発想だ。この海洋国家としての目覚めがヨーロッパ飛躍の契機となり，ヨーロッパ覇権の時代へと途が繋がっていく。折しもマラガを奪還（1487年）し，レコンキスタの完成も目前であった。こうして時代は16世紀を迎える。

●注　釈
1）三位一体説とは，父なる神，子なるイエス及び聖霊は，三つでありながらしかも同一であるという考え方。聖書によれば，イエス・キリストは神が受肉し，つまり人の姿をして現れた神の子である。ではイエスは人間ではなく神なのか？ またイエスが昇天した10日後のペンテコステ（収穫感謝祭）に，弟子たちに聖霊が降臨したことになっているが，この聖霊も神なのか？ 父なるヤハウェ，子なるイエス，それに聖霊を同格の神と認めることは多神教的であり一神教の大前提に矛盾するのではないか？

　　こうした疑問から，三位一体論争が起きた。最大の論点はイエスが神なのか，人間なのかという問題であったが，ニケーア公会議（325年）で，イエスを人間でありその神性を認めないアリウス派が異端として退けられ，カルケドン公会議（451年）では，イエスの人性を認めない単性派も異端として排除された。その結果，イエスは人間であると同時に神でもあるとするアタナシウス派が正統派として確立した。

2）ローマ帝政末期，5本山（ローマ，コンスタンチノーブル，アンティオキア，エルサレム，アレクサンドリア）と呼ばれる教会が力を得たが，東西ローマ帝国の首都に位置したローマ（西方）教会とコンスタンチノーブル（東方）教会が最も有力だった。西ローマ帝国が滅ぶと，西方のゲルマン諸国もローマ帝国の唯一の後継者となった東ローマ（ビザンチン）帝国皇帝に服した。ユスティニアヌス帝は東方教会を皇帝権に服属させる皇帝教皇主義を採り，また東ゴート王国等を滅ぼしイタリア半島の支配を一時回復した。しかしロンゴバルド王国等に再びイタリアを奪われ支配権は縮小し，西方教会はビザンチン皇帝から離脱する傾向を強めていく。その後，ビザンチン皇帝レオン3世はイスラム教との対抗上，偶像崇拝禁止令（726年）を出すが，ゲルマン人への布教に偶像を用いていた西方教会が反発，東西教会の対立が強まる。そのため，西方教会はビザンチン皇帝に対抗できる政治権力者を必要としていたのである。1054年，ビザンチン皇帝を首長とする東方（ギリシャ正）教会とローマ教皇を首長とする西方（ローマカソリック）教会は完全に分裂する。

3）「もしも神聖ローマ帝国が理論上その管轄下にあたる全ての領地の上に集権的支配を成し得ておれば，同国と西欧諸国の関係は，中華帝国のその周辺諸国に対する関係と

類似したものであったかもしれない。だが，中世のほぼ全期間を通して，神聖ローマ帝国はそうした強力な集権力を持ち合わせてはいなかった。一つの理由は，十分な交通機関と通信制度の欠落により，広大な領土を纏め上げることが困難であったことだが，より重要な理由は，神聖ローマ帝国では教会の支配と政府の支配が分離していたことである。エジプトのファラオやローマ皇帝とは違い，神聖ローマ皇帝は宗教的に神聖であるとの特性を持っているとは見なされなかった。西欧以外の地においては，東方教会の支配地域においてさえ，その宗教と政府は，各々の要職が中央政府によって任命されるという点で統合されていた。宗教的権威者は，手段においても権威においても西方キリスト教が権利として持っていた自主独立の地位を持っていなかったのである。西欧においては，教皇と皇帝の間の潜在的な，時には実際の対立が，結果的に近代民主主義の基礎となる立憲主義や権力分立の条件を生み出した。それはまた，封建諸侯が相対立する皇帝と教皇の双方から利益を引き出すことによって，彼らの自治権を高めることを可能とさせた。その結果，大公国や州，市，司教管区等々のパッチワークからなる分裂したヨーロッパが形成されたのである」。Henry Kissinger, *Diplomacy*（New York, Simon & Schuster, 1994）, pp. 56-57.

4）「国会議員の世襲化は政治的には貴族政の導入であったが，政治に参加できるという以外の特権をこの"貴族"達は一切持っていなかった。法的な取り扱いでも，税制の面でも彼らに特権はなかった。だから，"貴族"以外にも資産家は存在した。それに，ヴェネツィアは富の集中がおこらないように，逆に庶民でも事業に参加できるような制度をほぼ同じ時期に作り上げた」。高坂正堯『文明が衰亡するとき』（新潮社，1981年）109頁。

5）「ジパングは，東の方，大陸から千五百マイルの大洋中にある，とても大きな島である。住民は皮膚の色が白く礼節の正しい優雅な偶像教徒であって，独立国をなし，自分の国王を戴いている。この国では至る所に黄金が見つかるものだから，国人は誰でも莫大な黄金を所有している。……この国王の一大宮殿は，それこそ純金ずくめで出来ているのですぞ。我々ヨーロッパ人が家屋や教会堂の屋根を鉛板でふくように，この宮殿の屋根は全て純金でふかれている。……宮殿内に数ある各部屋の床も，全部が指二本幅の厚さをもつ純金で敷きつめられている。このほか広間といわず窓といわず，一切が全て黄金造りである。……またこの国には多量の真珠が産（し）……ほかにも多種多様の宝石がこの国に産する。本当に富める国であって，その富の真相はとても筆舌に尽くせない」。マルコ・ポーロ『東方見聞録2』愛宕松男訳注（平凡社，1971年）130頁。

コラム　ヨーロッパの建築様式

●ロマネスクとゴシック

　10〜12世紀初頭，西ヨーロッパで流行した建築様式はロマネスク（Romanesque）であった。これは「ローマ風」という意味の形容詞が語源であることからもわかるように，ローマ帝国が開発した半円形のアーチを基本に，巨大な厚い石の壁で構造物を支えるもので，西ヨーロッパ全域に広まった。英国では，ノルマン人の侵入によって持ち込まれたので，ノルマン様式とも呼ばれる。ロマネスク様式の代表的な建物には，ピサの大聖堂やクリュニー修道院，マインツ大聖堂などがある。

　一方，ロマネスクに続く13〜15世紀に流行した建築様式がゴシック（Gothic）である。これは北フランスのパリを中心とした半径150km程のイル・ド・フランスと呼ばれる地域から起こった。ゴシックとは「ゴート風」つまり森の民といわれる"ゲルマン民族的な建築様式"の意で，森の木立ちの高みと天上の神への憧れを建築物で表現したものだ。高い天井と大きい窓，ステンドグラスが特徴である。技術の進歩によって，石の天井の重量を壁だけで受け止めていたロマネスクとは異なり，ゴシックではアーチを交差させて柱に天井の重みを配分し，その分，壁を薄くして窓を明けることができるようになった。ひときわ高い尖塔や大きな窓を持つ大聖堂の場合には，構造物上部の重量を柱だけでは支えきれず，建物の外側に飛び梁（フライングバットレス）と呼ばれる支柱構造が数多く張り出している。フランスにあるシャルトル大聖堂や英国のカンタベリー大聖堂，イタリアのミラノ大聖堂，スペインのトレド大聖堂等いずれもゴシックを代表する教会である。

　窓がないため薄暗く，壁画が主体であったロマネスク様式の教会とは対照的に，ゴシック教会では鮮やかなステンドグラスを通して外光が建物内部に差し込み，光の荘厳性を浮かび上がらせている。ステンドグラスには，聖書の有名な物語や説話が描かれている。文字が読めない一般庶民に，絵で説教できるようにとの工夫である。窓全体では，下から上，それぞれの段では左から右に沿って眺め進むのが一般的なルールで，小さく区切られた一つ一つの場面を順を追って見ていけば一つの物語がわかる仕掛けになっている。ちなみにステンドグラスの色合いは，パリのノートルダム寺院の丸い薔薇窓の紫色，直ぐ向かいのサントシャペルは赤色，そしてパリ郊外シャルトルの大聖堂の青色が，それぞれ最高傑作といわれている。

●森の民ゲルマンの教会

　かつて西ヨーロッパは，一面が深い森に覆われていた。やがて11〜12世紀のフランスで，森林を切り開き農地を作る大開墾運動が起こり，技術の革新も加わって農業の生産性が格段に向上する。食糧事情の好転によって，12世紀初頭に620万人だった人口は，その後の200年で2000万人を突破。農業革命に続き商業革命も起こり，西ヨーロッパの各地に

都市が発達していった。

 しかし，農村から都市に移り住んだ人々は，見ず知らずの人ばかりの生活の中で疎外感を感じるようになった。そこで都市に住む人たちに魂の安息を与えるため，多くの教会や大聖堂の建設が始まる。ゴシック教会が西ヨーロッパの各地で数多く見られるのは，このような時代の変化が関係していたのだ。自らの権威を高めようとする司教の虚栄心，さらに司教や国王間の競争意識も働いて，壮大な大聖堂の建築に拍車が掛かった。

 大聖堂とは，単に規模の大きな教会という意味ではない。本来は，司教区に一つの司教座（カテドラ）が置かれる教会のことで，司教座教会（カテドラル）とも呼ばれる。結果的に，その町で一番大きな規模の権威ある教会堂になるわけだ。目を見張る大聖堂の高い尖塔は，西ヨーロッパの原風景である森を象徴するとともに，神の住む天上界に少しでも近づこうとする信仰の表れでもあった。かように，ロマネスクとゴシックは，ヨーロッパを構成するラテンとゲルマンの2大文化にそれぞれの源流を求めることができるのである。

● **ケルンの大聖堂**

 フランスのアミアン大聖堂に対抗して，ドイツで建築が開始されたのがケルンの大聖堂だ。いずれも，ゴシック様式の一大聖堂である。大聖堂が建つ場所には，かつてカロリング朝時代に築かれた古聖堂があった。ローマ時代の遺跡の上に築かれたもので，東方三博士の遺骨が安置されていた。この聖遺物は，神聖ローマ皇帝フリードリヒ1世（赤髭王）がイタリア遠征の際（1164年），ミラノから持ち帰ったもので，多くの巡礼者を集めていた。当時のケルンは毛織物を中心に交易で栄え，3万人の人口を擁するドイツ最大の都市に発展していた。巡礼者や参拝する信徒の増加に対応すべく，1247年に新たな大聖堂への建て替えが決定され，翌年，内陣から工事が始まった。

 設計者のゲルハルトは，アミアンの大聖堂を手本としつつも規模においてそれを凌駕する大聖堂を目指した。だが工事は順調には行かず，14世紀には資金難に直面する。1560年には既に完成していた内陣を除いて建築工事は完全にストップし，南塔の上層部に建築用クレーンが取り残されたまま，以後3世紀にわたり工事は中断された。

 事業が再開されたのは，1842年であった。折からのドイツナショナリズムの興隆が，大聖堂の完成を促したのだ。ゲーテが賛同したこともあり，ケルン大聖堂の建築事業は，ナポレオン支配からの解放と小邦に分断されていた祖国統一のシンボルとなる。国家予算が投じられ，鉄も使用された。そして1880年，実に630年の歳月を要してケルン大聖堂は完成を見た。双塔の高さは157m，ドイツでは1890年に完成したウルムの大聖堂（161m）に次ぐ高さを誇るゴシック教会である。

 現在，ケルンの大聖堂は建物の一部が黒ずんで見える。大聖堂の正面は砂岩，尖塔は凝灰岩が用いられているが，凝灰岩は酸化が進みやすい。尖塔部などが黒く見えるのは，そのためである。古くからケルンの街には，「この大聖堂が完成し工事が終わったら，この世も終わる」との言い伝えがある。しかし，恐らくその心配は杞憂に終わるであろう。巨

大聖堂の修復が永遠の作業として今後も続けられていくであろうから……。

●ルネサンス〜バロック
　話を建築様式の変遷に戻そう。ロマネスク，ゴシックの中世が終わり近世に入ると，イタリアルネサンスの影響を受けて，丸いドームや古代建築に似せた列柱を特徴とするルネサンス様式が15〜16世紀に流行する。ギリシャ・ローマ建築の様式に戻った印象を受ける建物だ。西ヨーロッパでゴシックが主流となった時代にも，頑としてこれを受け容れなかったイタリアから生まれたデザインだ。フィレンツェのサンタマリア大聖堂（花の大聖堂）はその代表的建物で，サンピエトロ大聖堂の身廊や正面にもルネサンス様式が採り入れられている。
　ルネサンス様式の延長線上に発達したのが，17〜18世紀に力を得たバロック様式である。丹精で調和の取れたルネサンス様式に飽きたイタリアの建築家が，豪華複雑，不規則で変化に富んだ建築を作り出したのが始まりであった。絢爛豪華を求める王侯貴族に受け容れられたことや，カソリックの失地回復のための舞台装置として教会関係者が好んで用いたことが流行を生んだ原因といわれる。バロック様式全盛の18世紀，フランスではより夢幻優雅さを重んじるロココ調の室内装飾が流行り，宮殿や教会建築に採り入れられた。

●参考文献
　酒井建『ゴシックとは何か』（筑摩書房，2006年）。
　佐藤達生『図説　西洋建築の歴史』（河出書房新社，2005年）。
　佐藤達生・木俣元一『新装版図説　大聖堂物語』（河出書房新社，2011年）。
　デビッド・マコーレイ『カテドラル』飯田喜四郎訳（岩波書店，1979年）。

第2章　大航海の世紀：地中海から大西洋の時代へ

1　近代ヨーロッパ世界の幕開け

　16世紀のヨーロッパ国際関係を規定したのは，①海洋勢力の台頭，②フランスとハプスブルク帝国の対立，それに③宗教戦争である。この時代，ポルトガル，スペインというヨーロッパの外縁（フリンジ）に位置する国が外洋に面する地理特性を活かし，当初アジアへ，後に新大陸への進出を企図し，積極的な冒険活動を国家レベルで推進した。その結果，交易と略奪によって巨万の富を手に入れ，一躍ヨーロッパ最強の地位に上り詰めた。その間，ヨーロッパ中原では王権伸張の萌芽が見出せるフランスと，中世権力構造の残滓ともいえる神聖ローマ帝国（ドイツ）の皇帝位を独占するハプスブルク家が覇を競っていた。両者は，富と文化の源泉で，ルネサンスの発祥地でもあったイタリアを巡り激しい争奪戦を繰り広げた（イタリア戦争）。①がヨーロッパ域外への勢力伸張であり，同時にヨーロッパによる世界支配の第一歩（大航海時代の到来とヨーロッパの世紀の幕開け）でもあったのに対し，②はフランク王国の後継者によるヨーロッパ内域での支配権争奪戦で，以後長くヨーロッパ覇権闘争の基軸となる。

　ところで，ルネサンスと並び近代初頭（近世）のヨーロッパを特徴づけるのが宗教改革である。13世紀に絶頂を迎えた教皇の権力も，以後衰退に転じ，14世紀にはフランス国王フィリップ4世が教皇権の絶対を唱え聖職者への課税に反対する教皇ボニファティウス8世を捕え（アナーニ事件），教皇庁を南フランスのアビニョンに移した。以後70年間，教皇はフランス王の支配と監視の下に置かれ（教皇のバビロン捕囚），さらにアビニョンとローマに別々の教皇が立ち，互いに正当性を主張し対立，教皇や教会の権威は失墜した（教会大分裂）。その後，教会の腐敗，堕落を批判する声が各地で高まり，宗教改革を求める運

動に発展。16世紀半ば以降，新旧両派の激しい宗教戦争がヨーロッパ諸国で繰り広げられた。貴族の勢力を二分したこの戦いは，王権の強化（絶対主義国家化）を加速するとともに，17世紀にはヨーロッパ全域を巻き込む大戦争となり，その結果，聖俗二重支配という中世封建社会の枠組みが崩れ，近代主権国家システムが誕生する。

2　ポルトガル海洋帝国

●大航海時代の先駆ポルトガル

　イベリア半島が海上交易の世界史に登場するのは，前10世紀頃東地中海のフェニキア人が銅や錫等を求めてこの地に渡来し，リスボンや，マラガ，カディス等各地に交易地（港市）を築いた時からである。その後，ギリシャ人やフェニキアの末裔カルタゴ人が半島南部に定住する。前3世紀末第2次ポエニ戦争でローマがカルタゴを破り，前2～5世紀の間，ローマ帝国の支配を受ける（属州イスパニア）。ローマ帝国が衰退するやゲルマン民族が侵入，6世紀には西ゴート王国が生まれ（首都はトレド），カソリックの普及が進んだ。しかし711年，王国の内紛に乗じて，アラブ系ベルベル（ムーア）人を主力とするムスリムがジブラルタル海峡を越えて半島に攻め込み，西ゴート王国は滅亡（711年）。イベリア半島はウマイヤ朝イスラム帝国の一部となる。756年にはアッバース朝との権力闘争に敗れたウマイヤ朝一族がダマスカスから亡命，コルドバを都に後ウマイヤ朝を興す。約800年にわたってイベリア半島に留まったイスラム教徒は華やかなイスラム文化を花開かせ，特に半島南部に強い影響を及ぼした。

　これに対し，北部に追い込まれたキリスト教徒はレコンキスタ（国土回復運動）を展開し，徐々にイスラムの手から国土を取り戻していくが，その過程でスペインのカスティリア王国から分離してポルトガル王国が建設される（1143年）。反イスラム主義や隣国スペインに対するライバル意識が強い愛国心や独立自尊の気風を生み，ヨーロッパで最も早い独立国家の誕生となった。1249年アフォンソ3世はアルガルヴェに残った最後のイスラム都市ファロを征服し，領内のレコンキスタを完了した。南部の比重が高まったため，王国の首都はコインブラからリスボンに移された。

その後，14世紀にはペストで人口が激減，また隣国カスティリアとの戦いで疲弊するが，アビス朝を開いたジョアン1世がカスティリアを破り，国民の士気を大いに高めた。勝利の背景には莫大な戦費を賄った商人層の存在もあった。ポルトガルが他国に先駆けて大航海時代の幕を開けたのも，この王の時代だ。1415年8月，200隻のポルトガルの大艦隊が突如ジブラルタルの対岸イスラム勢力の本拠地セウタを襲い，わずか1日で攻略，アフリカ西岸進出の拠点を確保することに成功した。

一般にこれを以て大航海時代の始まりとするが，ポルトガルや隣国スペインが新時代の先鞭をつけ得たのは，両国が大西洋に面し，新航路・新大陸発見に有利な位置を占めていたからにほかならない。特にポルトガルの場合，海岸線の半分近くが大西洋に面しており，アフリカにも近い。しかも大西洋を時計回りに流れるカナリア海流がリスボンの沖合を通っている。コロンブスの新大陸到達の航海も，この海流に乗って行われた。ユーラシア内陸部からの僻遠さという中世の価値観では負の地政的ファクターが，南や西へ向かう際には逆にプラスの要因となったのである。両国が海洋国家の道を歩み始めたのは自然条件ばかりでなく，その活用を促した社会・経済的な動因も存在していた。それは，ベニスなどイタリア諸都市の香料貿易独占に対する強い不満と，それに対する挑戦意欲の高まり，そして商人層の成長であった。

ヨーロッパでは胡椒をはじめチョウジ（丁字），ナツメグ（肉桂），シナモン等の香料は極めて貴重な商品だった。胡椒はジャワやインドなどアジア南東部に広く産したが，ヨーロッパが最も手に入れたかったチョウジとナツメグはモルッカ諸島の特定の島でしか採れなかった。ヨーロッパ人が香料を必要としたのは，冬期に肉を保存する生活習慣に関係していた。冬は牛の飼料としての乾草が欠乏するので，秋口に屠殺が行われるが，食肉の腐敗による悪臭を防ぐ必要から香料が用いられたのだ。ドイツの地理学者マルチン・ベハイムによれば，中世末においてもヨーロッパに香料が届くまでに少なくとも12人の商人の手を介在し，その価格は銀と等しかった。しかもこの頃マルコ・ポーロの『東方見聞録』が人気を博し，ヨーロッパはアジアブームに沸いた。ムスリムやイタリア商人に高額を払うことなく，自らアジアへの航路を発見して安価に香料を入手したいとの願望と野心が高まった。ヨーロッパが人口過剰となり，にも拘

らず経済が下降期にあったことも，海外進出を促した要因の一つであった。

　両国がヨーロッパ膨張の先駆となった理由は，ほかにもある。ポルトガルやスペインがイスラム教徒と戦う中で生まれた国で，またイスラムをヨーロッパから撃退した国であることから窺えるように，イベリア半島の住民を外洋へと駆り立てた背景には，イスラムの封じ込めとキリスト教の布教拡大という大きな戦略目標が伴っていた。例えばポルトガルのエンリケは探検の目的に，"ジョアンとスパイス"の二つを挙げた。これは当時，アフリカ西岸に住むと信じられていたキリスト教君主プレスター・ジョンと手を組んでオスマントルコを挟撃しようと考えていたからである。しかも皮肉なことに，この地域が世界最高水準の文明を誇るイスラムの支配下に長く置かれていたために，他のヨーロッパ諸国以上に最先端の技術に触れる機会に恵まれたのだ。[1]

　さらに，東方貿易の主導権をベニスに握られたジェノバ商人が，経済進出の目的で12〜13世紀頃からセビリアやリスボンに住み着き，ポルトガル人やスペイン人に航海，造船の技術を教えていたことも影響した。ポルトガル沿岸の諸都市はジブラルタル経由でフランドルに向かうジェノバ船団の航海途上に位置し，両者の接触が深まるのは自然の成り行きであった。1317年にはポルトガル国王ディニスがジェノバの富裕商人エマヌエレ・ピサーニョと協約し，彼をポルトガル海軍の大提督に任じ貿易特権を付与する代わりに，ジェノバから20人の船長を誘致してポルトガル国王所有の帆船指揮の任務に従事させている。

●アジアに拡がるポルトガル帝国

　ポルトガルの，そしてヨーロッパ大航海時代の先駆者はジョアン1世の第三子でセウタ攻略でも武勲を挙げたエンリケ航海王である。アルガルベ州の総督であった彼は自らは一度も航海しなかったが，領内のサグレス岬に航海研究所を設け天文観測や航海術の研究に専念し，アフリカ西岸への探検事業に全力を傾けた。その結果，ポルトガルはカナリア（1415年），マデイラ（1420年），アゾレス（1431年）の島々を発見し，1445年にはベルデ岬にまで進出した。

　また彼は大三角帆を備えたアラブ船（ダウ）を参考に，それまでのバルカと呼ばれる低速の横帆式船に換え，3本マストにラテンセール（大三角帆）を備えた快速外洋船のカラベル船を開発した。[2] カラベル船こそは，ポルトガルを海洋

先進国に押し上げた立役者であった。中世コグ船の発展型といえるカラベル船は軽くて船足が早いうえ、舷側が高いので波浪にも強く、しかも吃水が浅いことから暗礁が多く水深の定まらないアフリカ沿岸の航海には最適であった。さらにラテンセールの装備によってカラベル船は逆風に強く、バルカ船が向かい風に対し67度以下の角度では航行できなかったのに対し、カラベル船は55度まで可能であり、それだけ遠距離航行能力が高まった。

　1460年エンリケが死去した頃、ポルトガル船は現在のリベリア付近まで進出、さらに西アフリカ沿岸の南下を続けたポルトガル船はやがて赤道を通過(1471年)する。その後カスティリアの王位継承を巡ってポルトガル王室とスペインのイザベルとの対立が起こり、70年代後半一旦探検は沈滞するが、ジョアン2世が即位した1481年以降、再び活発化する。だが南下を続けるポルトガル船の眼前に広がるのは灼熱不毛の地ばかりであった。そのため黄金海岸にエルミナ城塞を築き(1482年)、ここを根拠地にポルトガルは奴隷貿易を始めた。その後、ディオゴ・カウンがコンゴ王国に到達、さらにベニン王国に至ったアフォンソ・アベイロは原住民からキリスト教団の存在を聞かされ、これこそ捜し求めているプレスター・ジョンの国ではないかとジョアン2世に大きな期待を抱かせた。早速アフリカ探検隊が陸路派遣され、バルトロメウ・ディアス指揮の下、海路による探索も実行に移された。そしてディアスがアフリカ南端の喜望峰に到達(1488年)し、大西洋とインド洋が繋がっていることを証明したほか、1498年にはバスコ・ダ・ガマがカリカットに到着、ヨーロッパ人として初めてインド航路の開拓に成功する。

　このガマの報告で、スパイス貿易におけるインド西南部の重要性を強く認識した国王マヌエル1世、1500年に再び大船団をインドに派遣した。指揮官のカブラルは途次ブラジルを発見、翌年大量の香料を本国に持ち帰った。マヌエル1世の治下、ポルトガルは武力を背景に香料の独占を狙い、イスラム勢力の駆逐を目的に毎年のようにインドへ艦隊を派遣し、重要な香料の産地である東インド諸島とアラビア海を連結する基地を各地に建設、その過程で南インドからペルシャ湾、エジプトに至るアラブの海上貿易独占権を打破していった。1502年には再びガマの指揮下に20隻の船団が、翌年にはアルフォンソ・アルブケルケの船団がインドに向かった。1505年にはアルメイダをインド総督と

なし，1万5000人の兵員が送り込まれた。彼の後任アルブケルケはゴアを奪取(1510年)，商館と城塞を築き，アジアにおけるポルトガル最大の根拠地となす。翌年にはマラッカとモルッカ諸島を占領，二つの地はアジアにおけるヨーロッパ人最初の植民地となった。これによりポルトガルは，リスボン—西アフリカ—喜望峰—東アフリカ(モザンビーク，ザンジバル)—ゴア—マラッカ—モルッカを結ぶ"スパイスルート"を完成する。

ポルトガル艦隊に対抗するため，マムルーク朝エジプトのスルタンはベニスの懇願と支援を受けてトルコ人とアラブ人のイスラム連合艦隊を編成したが，アルメイダ率いる大砲装備のポルトガル艦隊がインド北西ディウ沖でこれを殲滅(ディウ沖の海戦：1509年)し，以降マムルーク朝は勢力を失いオスマントルコに吸収される(1517年)。逆にポルトガルがインド洋，アラビア海の制海権を一手に握り，東インド貿易を独占する。カラベル以外にもカラックやナウ，ガレオンと次々に新たな帆船を開発し，西アフリカの金や奴隷貿易，ブラジルとの砂糖貿易でも多大の利潤を獲得したポルトガルは，16世紀前半から約1世紀にわたり，一大海洋帝国として多くの富と領土を得たのである。

●ポルトガル隆盛の背景

ユーラシア大陸西端の小国ポルトガルが他国に先駆けて海外進出に成功した背景には，海洋アクセスの良さ(地政的要因)や優れた航海技術(技術的要因)，キリスト教の拡大意欲(宗教的要因)等に加え，同国が早くから国家的統一を実現し，商業ブルジョワジーを母体とした王権による中央集権体制が進んでいたことも見落としてはならない。スペイン同様8世紀末に国土をイスラム教徒に侵されたポルトガルであったが，10世紀以降徐々に失地を回復，英国の援助とローマ教皇の仲介により1143年にカスティリアより独立してポルトガル王国が建設された。1147年にはイングランド十字軍の援助を得てリスボンを占領，1250年までには全土からイスラム勢力を追い出した。スペインより2世紀も早いレコンキスタの終了である。そして14世紀末にジョアン1世は英国の援助を受けカスティリアの軍事介入を破り，海洋交易商人や中小貴族の支持の下にアビス王朝を開いた。人種，宗教，言語を等しくする国民国家の形成に成功したポルトガルは，さらに国土の1/3を領有するブラザ公ら封建貴族の反乱を

ジョアン2世が平定し（1481年），15世紀末までには安定的な中央政体が確立していった。

つまり，海外進出という国家的大事業を推進し得る政治システムと，資金面でそれを支える商人階級が，早くからこの国には存在していたのだ。東方の富を求める商業資本と領土拡大を望む国王，それにキリスト教徒の獲得を目指す教会勢力の野望と，3者の要求が一致・集束したことが国家の進路を海の彼方に向けさせたのである。スパイス交易路を制した後もポルトガルの海外進出は続き，1557年には明からマカオを租借，ここに東アジア貿易の拠点を設け，1543年には日本近海に来航し我が国に鉄砲を伝えている。首都リスボンは，香料，織物，象牙，砂糖など東方の高価な商品が溢れるヨーロッパ最大の経済都市へと発展した。

●須臾の栄華と急速な没落

だが，こうしたポルトガルの繁栄は極めて短期間で終焉し，16世紀も半ばを過ぎると早くも没落の途を歩み始める。ポルトガルの繁栄が数十年しか続かなかった最大の原因は，交易で得られた利益が王室とそれを支える特権的商人層にしか還元されず，しかも利益の大部分は奢侈，消費に充てられ，国内産業への資本投資がなおざりとなったことだ。国王の交易独占体制で官僚化した貴族が商取引に深く介入し，健全なブルジョワジーの発達を阻害し，非能率と腐敗，汚職を蔓延させたために，この国は中継貿易の域から脱せなかった。そのため，奢侈品以外の輸出品を持ち得なかったことが，ポルトガルの致命傷となったのだ。またアジアの香料を買うには銀を必要としたが，スペインと異なりポルトガルには銀鉱がなかった。そのため香料等の東方商品をドイツに売って南ドイツ産の銀を手に入れ，それを支払いに充てるのがこの国の貿易の基本パターンであった。しかし，スペインが新大陸から大量の銀を持ち込み南ドイツの銀が圧倒され，銀取引を掌中に収めたスペインにポルトガル経済も凌駕されてしまう。

さらに，人口150万人足らずの小国であるにも拘らず，あまりにも急激な海外進出を行ったため，植民地統治の根幹も原住民に依拠せざるを得ないなどその支配体制も脆弱だった。ポルトガルの勢力圏は確かに広大ではあったが，太

平洋戦争中の日本軍と同様，それは面の支配ではなく，商館を拠点とした点と線の支配に過ぎなかったのである。しかも，アジア進出の後発組であるオランダや英国等と比べ，ポルトガルやスペインの旧教国は商業上の利益追求のみならず布教というもう一つの目的達成にも拘った。そのため，未開の野蛮人にキリスト教を教え啓蒙してやるというその傲慢な姿勢にカソリックの非寛容性が加わり，現地人の反発と憎悪を買うことになる。一旦はポルトガルに屈したイスラム商人も，ポルトガルの支配に不満を抱く原住民から香料の横流しを受けることが可能となり，ポルトガル独占体制の網をかい潜って従来の内陸・東地中海ルートで香料をイタリア商人に供給し続けた。

　1580年6月アルバ公の率いるスペイン軍が侵入，8月末にはリスボンを占領し，ポルトガルはフェリペ2世によってスペインに併合されてしまう。17世紀に入るとヨーロッパ各国が競って東インド会社を設立し，ポルトガルの干渉を排して東方貿易に参画を始める。1640年ブラガンサ公がジョアン4世として即位 (ブラガンサ王朝) し，スペインからの独立を回復したが，既に東方の交易権はオランダ人の手に移っており，ポルトガルがかつての繁栄を取り戻すことは二度となかった。

③　新大陸の発見とスペインの盛衰

●イベリア半島の状況

　イスラム勢力によってスペインのキリスト教勢力は北部の山岳地帯 (北バスク〜アストリアス地方) に追い詰められていたが，9世紀，北部のサンティアゴ・デ・コンポステーラでイエスの12使徒の一人聖ヤコブ (サンティアゴ) の遺体が発見された。サンティアゴ・デ・コンポステーラは聖地とされ，国土奪還を目指す戦士の士気は大いに高まった。11世紀，カスティリア・レオン王国のアルフォンソ6世はコルドバの後ウマイヤ朝が滅亡した隙を突いてトレドの奪還に成功する (1085年)。スペイン最古の叙事詩にうたわれる騎士エル・シドは彼の家臣であった。

　13世紀になると，西部内陸部のカスティリア王国と早くから地中海に進出していた東部のアラゴン (アラゴン，カタロニア，バレンシアからなる連合王国) の

二つが有力となり，カスティリアはコルドバ（1236年），セビリア（1248年）を奪還，アラゴンはバレンシアを取り戻した後，地中海に飛躍（シチリア併合：1282年，サルジニア征服：1323年，ナポリ占領：1442年）し，開放的な交易国家の性格を強めていった。それぞれが独自の言語や政治制度を維持しながらレコンキスタを進め，いまやイスラム勢力は半島南部のグラナダ王国を残すのみとなった。

さてポルトガルがアフリカ航路の探検活動を本格化させていた15世紀後半，スペインではようやく国家の統一が実現しつつあった。この頃カスティリアが優勢を占める一方，アラゴンは衰退していった。1469年，カスティリア王女イザベルとアラゴン皇太子フェルナンドの結婚が挙行されたが，アラゴンの王子がカスティリアに婿入りすることで自国の危機を救う政略結婚であった。その後，イザベルがカスティリア女王となり，同じ頃フェルナンドがアラゴン国王となり，ここに両王共同統治によるスペイン統一王国が誕生する（1479年）。

●レコンキスタの完遂と西回り航路

イザベルとフェルナンドはレコンキスタの完成を急ぐ一方，貴族の影響力を排するとともに教会勢力を支配下に置き，国王中心の集権体制作りを進めた。東に向かうポルトガルに対し，スペインはコロンブスの献策を容れ西を目指した。

1492年8月3日，旗艦サンタマリア号に乗ったコロンブスはピンタ，ニーニャの2隻のカラベル船を率いてパロスの港を船出し，航海72日目の10月12日，バハマ諸島に辿り着いた。コロンブスはその後，93年，98年，そして1502年と3度新大陸に出掛けたが，到着地は彼の目指したジパングではなく，黄金を持ち帰ることもできなかった。しかしコロンブスの航海が契機となり，以後続々と探検船団が送り込まれた。1513年にはバルボアがパナマ地峡を横断して太平洋を発見，1519年から3年をかけてマゼランが南米大陸南端（マゼラン海峡）に至り，太平洋に進んで西回りによる人類初の世界一周航海に成功する。5隻237人でセビリアを出帆した一行は帰国時には僅か1隻18人になり，マゼラン自身もマルタン島で島民に殺されたが，モルッカ諸島から持ち帰った約26tの香料は，4隻の損失を償うに余りある価値を持っていた。

1494年にはローマ教皇アレクサンダー6世の仲介でポルトガルとトリデシラス条約を結び，ベルデ岬西方を境に西をスペイン，東をポルトガルの領土とす

コロンブス時代のイベリア半島

（出典）笈川博一『コロンブスは何を発見したか』（講談社，1992年）75頁。

ることを決め，互いの勢力圏を明確化させた。その結果，ポルトガルがインド貿易で香料を独占したのに対し，スペインは新大陸に産する大量の金銀を獲得した。1496年，イザベルの次女ファナが神聖ローマ帝国皇帝マクシミリアン1世の息子フィリップに嫁いだ。その子カルロスが1516年にスペイン王に即位，これがスペインハプスブルク家の幕開けとなった。

● スペインの新大陸支配

スペインによる新大陸開発の手法は，征服と略奪であった。征服者（コンキスタドーレス）として有名なのがコルテスとピサロである。コルテスは1519年，僅か600人の兵士と74門の大砲，16頭の馬でメキシコに侵入し，1521年にはアステカ文明を滅ぼした。メキシコには馬や牛のような大型の家畜がおらず，マヤ人は騎兵を馬と人が一体となった動物だと考え恐怖感に陥るとともに，疾走するその巨体に圧倒されなす術を知らなかったのだ。続くピサロも250人の兵と馬60頭で1533年インカ帝国を制覇した。スペイン領はこれら中南米地域

を中心に，16世紀中頃には北緯35度以南の北米大陸とブラジルを除く南米大陸の沿岸地域へと広がった。カリブ海地域では当初期待した金は少量しか産出しなかったが，プランテーション経営による砂糖生産やラム酒製造が盛んとなった。

　その間，コンキスタドーレスによる原住民の奴隷化と酷使で，西インド諸島に約30万人いたインディオは16世紀初めには6万人に激減した。そこでインディオに代わる労働力として黒人奴隷が供給された。またイザベルはエンコミエンダ（委託）制を採用し（1503年），国王が委託した領主にのみ土地とインディオ利用の権限を付与し，彼らにインディオの保護とキリスト教化の義務を負わせた。エンコミエンダを受けないコンキスタドーレスは，権限を授けられた領主の従者となるか，新たな土地を求めてさらに奥地を探検するしか途はなく，これがスペインの版図拡大の要因ともなる。原住民，後には黒人奴隷を使役してポトシュ銀山等の開発に取り組んだスペインは，水銀アマルガム製法の採用により世界全体の7～8割に上る金銀を手中にし，16世紀半ば以降栄華の絶頂を極めた。

●スペインの衰退

　スペインの繁栄と絶対主義は，カルロス1世の後を継いだフェリペ2世の代（1556～98年）にピークを迎えた。カルロス1世の退位後，ハプスブルク家は東西に分裂し，弟のフェルディナンドはオーストリアを受け継ぎ，王子フェリペがフェリペ2世としてスペイン国王に即位した。その領土はスペイン本国に加え，併合したポルトガル，ネーデルラントのほか，ミラノ，ナポリ，シチリアや中南米，さらにはフィリピンにまで及ぶ史上空前の広さとなった。

　もっとも，スペイン国内は内陸部と地中海沿岸の地域差が大きく，各地には有力な封建貴族も割拠していた。同君連合の国として発足したアラゴンとカスティリアが，さらなる同君連合化により誕生した複合的同君連合国家がスペインであり，王国とはいえ，その実態は多様な諸王国の連合体に過ぎなかった。こうした事情からフェリペ2世は，服従を強いるためにカソリックの権威を利用した。信仰心の厚いフェリペ2世は自らを旧教の保護者として位置づけ，新教勢力（宗教改革）に立ち向かうことで，専制的な王権の強化と自国領の団結を高めようとしたのである。まず彼はイタリアにおけるスペインの支配に挑戦し

たフランスをサンカンタンの戦い(1557年),グラヴリーヌの戦い(58年)で破り,1559年にはカトー・カンブレジ条約を締結してフランスのイタリアに対する要求を放棄させる。その後もフランス国内の宗教戦争に,カソリックの立場から30年も干渉を続けた。またギリシャのコリント湾レパントの海戦で,264隻からなるオスマントルコの大艦隊を撃退した(1571年)。この海戦はガレー船同士の最後の戦いとなり,イスラム海軍の不敗神話を打ち破り,ヨーロッパ防衛に成功したのである。さらに1580年にはポルトガルを併合(～1640年)しイベリア半島を統一,84年にはマドリードの北に壮麗なエスコリアル宮殿を建て,日本から来た天正遣欧使節の4人の少年を謁見している。

かように,その活躍は一見華やかであり,16世紀半ばからの1世紀はスペインの黄金世紀(シグロ・デ・オロ)と呼ばれる。『ドンキホーテ』を著したセルバンテスや画家のエル・グレコ,ベラスケス,ムリリョなどが輩出し,スペイン文化が最高水準を示したのもこの頃である。だが,当時既にこの国の王室財政と国民経済は破綻の兆しを見せていた。国運隆盛し,それに刺激されて文化・芸術も躍進を遂げ,やがて天才的芸術家の輩出を見る頃には,既に国家は衰退の坂道を駆け降りているものだ。

そもそもスペイン経済は新大陸の金銀と,その特産品である毛織物の交易で発展したが,それまで流通していた量の4倍以上という夥しい金銀のヨーロッパへの流入は逆にその価値を下落させ,激しいインフレの嵐がヨーロッパ全土を襲った(価格革命)。この出来事は地代収入で生活していた封建貴族層の没落を招く一方で商工業者の台頭や資本の蓄積をもたらし,ヨーロッパに資本主義を誕生させる大きな契機となったが,最初に銀が流入するスペインでは物価の高騰が特に著しく,国内経済を混乱に陥れた。それゆえカルロス1世の時代から財政赤字は蔓延化し,国庫収入の大部分はフッガー家など外国金融業者の手に落ちた。他方,王室は羊毛生産を高めるためメスタ(大規模牧羊者の組合)ばかりを保護し,その特権ギルド化を招来せしめた。その結果,独占的な牧羊地の囲い込みで中小自営農民は没落し,穀物供給量は大きく低下。民衆はインフレによる生活苦に加え,飢餓と疫病に悩まされ,カスティリアの人口が減り始める等労働力の減少というさらなる問題を引き起こした。フェリペ2世は広大な領土だけでなく,こうしたカルロス1世の膨大な負債も継承せねばならなか

ったのである。

　それにも拘らず，フェリペ2世のスペインは海陸の双方で攻勢膨張的な政策を採り続けた。それは，大航海時代の下，自国の地理的利点を活かし海洋国家として発展すると同時に，大陸国家の雄ハプスブルク家の冠を戴いたことで，カソリック及びキリスト教世界の守護者として振る舞うべき立場に置かれたためである。一大海洋国家たらんと欲するとともにヨーロッパ世界の守護神たらんと欲したことが，戦略行動の分裂，矛盾を招く原因となったのだ。それだけではない。この国を形成するアラゴンとカスティリアという二つの王国が，統一後も有機的一体化を図れなかったことも微妙に影響していた。そもそも東部のアラゴンは早くより地中海進出を進め，15世紀初めにはサルジニア，コルシカ両島に対する領有権を獲得するなど海洋商業国家の途を歩んでいた。これに対し半島の内陸部を占めるカスティリアは国の東西をポルトガルとアラゴンに挟まれ，しかも南は長らくイスラム勢力と境を接していたため，交易よりは軍事，それも陸上兵力中心の国柄。ハプスブルク帝国の軍事的中核を形成したのはカスティリア歩兵であり，騎士ドン・キホーテの活躍する場もカスティリアのラマンチャ地方であった。

　相反する戦略環境や気風を持つ両国は，イザベルとフェルナンドの結婚後も容易に一体化されなかった。統一スペインの誕生後もそれぞれ独自の身分制議会を持ち，法律，軍隊，通貨，税制等も互いに従来の制度を維持したほか，両国の間には税関すら存続する等互いに独立した政治単位のままであった。しかも両国の力関係は均等ではなく，カスティリアは面積でも人口でもアラゴンを凌ぐ強国であった。イザベルとフェルナンドの結婚に際し両国で取り交わされた結婚契約書の中にも，カスティリアの優位を認めることが条件づけられていた。スペインは中央集権国家を目指しながら，こうした複雑な地域関係を清算できなかったのだ[3]。この問題は，海に生きるか陸に生きるか，国家戦略の明確化を妨げたばかりか，内政を不安定化させる因子ともなった。セビリアなどカスティリア中心の繁栄と集権化にアラゴン等東部地域は反発，分離主義を強め各地で度々反乱が生起した。

　内政の不安定という点では，ネーデルラントの抵抗運動というより厄介な問題をスペインは抱えていた。ネーデルラントはスペイン産羊毛の買い手である

と同時に、新大陸で必要とする毛織物の産地でもあり、スペインがここを手放すわけにいかなかった。しかし新教徒の多いネーデルラントでは、フェリペ2世のカソリック政策への反対が強く、北部7州はユトレヒト同盟を結び(1579年)、遂に1581年オレンジ公ウィリアムを統領に抱き独立を宣言、スペインからの離脱を図って反乱を企てた。ネーデルラントの背後に英国が控えていることを知ったフェリペ2世は、メアリー・チューダーとの結婚により英国における旧教再建に成功、一度は同国をスペインの影響下に収めかける。しかしメアリーが病没、女王に即位した義妹エリザベス(1558年)がカソリックへの復帰を拒否し、英国教会体制の再建に動いたことで彼の目論見は外れた。しかも活発な私掠船活動で、英国はスペインの海上支配や旧教政策に公然と挑戦するようになる。フェリペはメアリー・ステュアート処刑への報復として、メディナ・シドニア公爵指揮下の134隻3万人の大艦隊を対英攻撃に差し向ける。だがリスボンを出港したこの無敵艦隊(インビンシブル・アルマダ)は、ドーバー海峡でドレイクや提督ハワードが率いる機動性の高い英国艦隊の迎撃に遭い、しかも暴風雨に襲われ完敗を喫し(1588年)、逆にスペインの海上支配が大きく崩れる結果となった。

　その後、フェリペ3世は英仏と親善関係を結び、ネーデルラントとも休戦し、カディス、リスボンの港はアジアや新大陸の物資集散地として往年の活気を取り戻した。しかし、スペインはオーストリアハプスブルクを助けて三十年戦争に参戦、戦後ネーデルラントは独立し、ポルトガルも独立を達成する。スペインは三十年戦争で疲弊した後も、単独でフランスと戦い続けた。フェリペ3世、4世の治下、寵人政治と宮廷陰謀が蔓延り国力の失墜を加速させた。ピレネー条約を結び(1659年)領土の多くをフランスに割譲し、またルイ14世と国王フェリペ4世の長女マリア・テレサの結婚を取り決めた頃には、スペインの覇権は完全に失われていた。1500年当時900万人だった人口も、相次ぐ戦争で1700年には600万人に減少した。さらにスペイン継承戦争の結果、ルイ14世の孫フェリペ5世が即位し(ハプスブルクからブルボンへの王朝交代)、フランスの影響がさらに強まったばかりか、フェリペ5世が相続継承を許されたのはスペイン本土と新大陸植民地のみで、ジブラルタルも英国に割譲させられた。

　ポルトガル同様、スペインも海への進出と技術的な優位を利用して一躍台頭

を遂げたが，海陸両面の攻勢戦略を採り経済・財政の破綻を加速させたことが覇権の短命化を招くことになった。その間，この国内の産業基盤や政治システム，価値観は中世を引き摺っていた。経済合理性よりも旧教の防衛という宗教的ファクターが対外膨張を支える主柱であったことは，この国が中世世界から抜け切れなかったことを物語っている。既に国際政治は宗教的利害から解き放たれ，国益がそれに取って代わりつつあったのだ。真の覇権を獲得するには，戦うべき敵がスペインには余りにも多すぎたということである。

4 フランスのイタリア遠征：領域国家の時代へ

●王権の伸張

ヨーロッパの国際関係は，海洋勢力と大陸勢力の覇権闘争が一つの軸となって展開するが，大陸勢力内部の権力争奪ゲームに目をやると，そこにはフランスとドイツの数世紀にわたる対立と戦争の歴史が浮かび上がってくる。両国のヘゲモニー争いは，近世ヨーロッパ史を規定した最大の動因の一つであった。

3分割されたフランク王国のうち，西フランクにできたフランスでは王権が振るわず，典型的な封建制度が行われた。10世紀末パリ伯ユーグ・カペーはカペー朝を開くが，ノルマンの侵入が激しかったこともあり封建的分裂は著しく，国王の直轄領はパリ周辺に限られた。王室よりも広い領土を持つノルマンディ，ブルゴーニュ（ブルグンド）諸公領，フランドル，シャンパーニュ，ブロア伯領等があり，王権の全く及ばないブルターニュ，ガスコーニュ，ツールーズ等も存在した。しかし十字軍に参加したことで，諸侯の疲弊が始まる。また12世紀末にはフィリップ2世が20年間にわたり英国のジョン王と争い，ブルターニュ以外のフランス国内にあった英国領を奪還，カペー王権は伸張を見た。

さらに14世紀前半に誕生したバロア朝フランスは，英国との百年戦争に勝利を収める。その過程で多くの封建諸侯は没落，その領地は国王に帰し王権は一気に強化された。戦争末期，シャルル7世は国王に直属する常備軍を創設して全国に配置するとともに，都市との提携を図り，諸侯に対する軍事経済的依存から脱却した。その子ルイ11世は最大のライバルブルゴーニュ公に勝利し公領の大半を没収したほか，自子をブルターニュの公女と結婚させ，次のシャ

ル8世の代にブルターニュは王権に併合された。集権化が進むにつれ、フランスの目は政争に明け暮れるイタリアに向けられた。15世紀末〜16世紀前半，歴代のフランス国王はイタリアに兵を進め，神聖ローマ帝国を支配するハプスブルク王家と相まみえる。結果的にフランスはハプスブルクの優位を覆すには至らなかったが，度重なる出兵を通してイタリアルネサンスの精華がフランスに伝播された。

● **分裂するイタリア**

　イタリアはフランク3王国の中で最も早くカロリングの家系が絶え，以後中小君主の王位を巡る抗争が頻発，さらにノルマンやサラセンの侵入も加わり半島は混乱が続き教皇権も衰退した。その後神聖ローマ帝国が成立，オットー1世以降皇帝の支配と干渉を受け，これが半島の分裂をさらに加速させた。11〜12世紀には自治都市（コムーネ）が発達，各地の自治都市は周辺の農村を支配下に置き，独立国家的な傾向を強め相互に覇を競った。12世紀半ばドイツのフリードリヒ1世が侵入した際，諸都市はロンバルディア同盟を形成して対抗したが，外部の脅威が去るや忽ち都市同盟は瓦解。各都市や貴族は叙任権闘争に関与し，教皇派（ゲルフィ）と皇帝派（ギベリン）に分かれ対立を繰り返した。

　さて，フランスが侵略の矛先を向けようとした当時のイタリアでは，フィレンツェ共和国，ミラノ公国，ナポリ王国，ローマ教皇庁，そしてベニス共和国の5大勢力が覇を競っていた。内陸都市フィレンツェは毛織物と絹織物生産の盛んな工業都市で，シエナを滅ぼした後，ピサを服属せしめてその海上権を入手，トスカナ地方一帯を治めた。15世紀以降，政治は富裕市民からなる同業組合の代表が握り，大商人で金融業者のメディチ家が台頭する。最初に政権を手にしたのはコジモ・デ・メディチで，孫のロレンツォ・デ・メディチは事実上の独裁体制を敷いた。このロレンツォの時代，フィレンツェはイタリア文芸の中心地として繁栄の絶頂期を迎えた。

　ミラノはアルプス以北との通商の要として栄えた商業都市で，ロンバルディア同盟の中心だった。教皇派の領袖ビスコンティ家が勢力を伸ばし，14世紀初頭ドイツ皇帝ハインリヒ7世南下の機を捉えてこれを破り，ミラノ支配の世襲を決定的なものとした。このビスコンティ家統治の時代がミラノの全盛期と

重なる。特に第10代当主ジャン・ガレアッツォは北・中部イタリアに領地を大きく広げ、ミラノを公国に昇格させたほか、フィレンツェ包囲網を形成した。ナポリ王国は交易の発展が遅れ、市民階級の台頭が見られぬ小君主国であった。ローマ教皇庁も、教皇による政治的干渉が絶えることがなく、俗権の一翼をなしていた。

●ベニスの戦略転換

　領土への野心を抱かず、東方との交易に専念してきたベニスであったが、15世紀に入ると次第にイタリア本土領有に関心の目を向けるようになった。近隣領主の領土拡大に対抗すべく、ベニスはトレビゾ（1389年）、バッサノ（1402年）、ベローナ、ヴィツェンツァ（1404年）、パドバ（1406年）等の都市を支配下に収めていたが、1423年総督トマーゾ・モチェニーゴは臨終に際し数人の元老を枕元に呼び、長きにわたる繁栄を保つには、半島での権力闘争への関与を極力回避すべきだと強く訴えた[4]。それはローマ帝国の初代皇帝アウグストゥスが「その領土を現状以上に拡大すること無きように」の遺言を残したのと同じ思いであった[5]。だが彼の願いは叶わず、後任の総督に選ばれたフランチェスコ・フォスカリは海洋交易一本槍の政策を改め、イタリア本土（テラ・フェルマ）の領土獲得に乗り出していく。

　ベニスが領土拡張政策を採るようになった理由についてフレデリック・レインは、穀物供給源の取得と交易ルートの安全確保の2点を指摘する[6]。経済的繁栄に伴い人口の増加が続くベニスでは、いままで以上に小麦や材木、さらには水を必要とするようになった。だが勢力を増しつつあったオスマントルコが黒海方面からの穀物供給ルートを脅かすようになり、別の糧道を確保する必要に迫られた。西欧の諸地域から香料等を求めてベニスを目指す商人の安全確保の要請もあった。ブルクハルトは、海上貿易で富んだ貴族や大商人が、財産蓄積法として農村の土地所有を強く望むようになったことを挙げる[7]。

　当時、本土ではビスコンティ家が政権を握るミラノがロンバルディア地方に勢力を増しつつあり、それに対抗するためフィレンツェがベニスに同盟の締結を持ち掛けていた。現状の維持か、他の都市との同盟に踏み切り本土の争奪戦に加わるべきか？　フォスカリは、後者の途を選んだ。かくて15世以降、ベニ

スはイタリア諸都市間のパワーゲームに深くコミットし，イタリア最大の領域都市の一つとなる。

●勢力均衡と近代外交様式の誕生

　ジャン・ガレアッツォの死去でミラノが統制を失うや，ベニスはフィレンツェと対ミラノ同盟を結び勢力の拡張に動いた。15世紀半ば，ビスコンティ家は対ベニス戦に傭兵隊長フランチェスコ・スフォルツァを雇い入れるが，スフォルツァがクーデターで政権を奪取しミラノ共和国は自壊する。スフォルツァのミラノ公位簒奪にイタリア諸都市は反発したが，折からのコンスタンチノープル陥落とトルコ脅威の増大を背景に，ベニスとミラノは平和条約を締結（ローディの和約：1454年），翌年フィレンツェ，教皇庁，ナポリも加わり（イタリア同盟），5大都市均衡の時代が到来した。

　均衡維持のバランサー役は，フィレンツェのコジモ及びロレンツォ・デ・メディチ（大ロレンツォ）が果たした。5都市の協調がイタリアの独立を保証し，外国勢力の干渉を防ぐ唯一の方途と信じたロレンツォは，各国のメディチ銀行から情報を収集したり卓抜した外交能力を発揮して周辺諸国の介入を防ぐとともに，諸都市間のバランスオブパワー維持に努めた。都市相互が勢力均衡に腐心し，また情報収集を目的に他の都市や諸外国に使節を派遣する等15～16世紀のイタリアで生まれたこの慣行は，後のヨーロッパ近代外交システムの原形となる。ロレンツォが死去（1492年）した後，フィレンツェではドミニコ派修道士のサボナローラが厳格な宗教政治を敷くが忽ち失脚，再びメディチ家の独裁に戻った。だがこの頃既に毛織物業の中心はオランダや英国に移りつつあり，いまや絹織物業を残すだけとなったフィレンツェの衰退は早かった。

　そしてミラノとフィレンツェの関係が微妙となった時，大ロレンツォの後を継いだ凡庸な子ピエロ・デ・メディチはバランサーの役割を放棄してナポリとの同盟に踏み切り，教皇もベニスもこれに倣った。一方，フランチェスコの息子でミラノの事実上の支配者であったルドヴィーコ・スフォルツァ（通称イル・モーロ）は甥のジャン・ガレアッツォを暗殺して公位簒奪を図ったが，イタリア諸都市の反対に遭い，孤立した立場を打破すべく外国勢力と結託する。アンジュー家のナポリ王位奪回を狙っていたフランス国王シャルル8世に支援を約

し，フランスをイタリア遠征に誘い込んだのだ。外国勢力の干渉を許した結果，イタリア諸都市間の勢力均衡は崩壊する。

● ベニスの衰退

　フィレンツェと同盟してミラノに干渉するなど本土の権力闘争に関与を強めたベニスは，ブレシア・ベルガモ（1428年），ラベンナ（1441年），クレモナ（1454年）等の都市を征服し北部イタリアに勢力を広げた。陸上での戦闘では，ベニスは盛んに傭兵を用いた。豊かな財力にものをいわせ，カルマニョラ，ガッタメラタ，コレオニ等当時有名な傭兵隊長らを好条件で雇い入れたのだ。領土強国としての地歩を固め，その人口は約20万人に増加した。ベニスの台頭を恐れたコジモ・デ・メディチは，ミラノ公位を奪ったスフォルツァに味方するなど今度はベニスの牽制に動いたが，シャルル8世のイタリア入りで混乱した隙に乗じて，ベニスはプーリア地方やロマーニャ地方に進出，1508年にはトリエステ，フィウメを獲得するなど領域国家化の動きを強めていく。このベニスの動きを警戒した教皇ユリウス2世はスペイン，フランス，神聖ローマ帝国とカンブレー同盟を結成（1508年）し，ベニスの排除孤立化を図った。翌年傭兵に頼むベニスはアニャデロの戦いで同盟軍に大敗し，テラ・フェルマを喪失する。

　しかも東方では，オスマントルコが東地中海の制海権獲得に動き出していた。1416年以来，ベニスとオスマントルコは海上で戦いを重ねるが，ビザンチン帝国を滅ぼした（1453年）後，オスマントルコはギリシャ全域，アルバニア，黒海のジェノバ植民地等を征服，さらに南へ西へと勢力を拡大させた。いまやベニスはオスマントルコに対するヨーロッパ防衛の最前線となった。キリスト教世界の防波堤として，ベニスはその海軍の総力を挙げて20年近い死闘を繰り広げる（第1次トルコ・ベニス戦争：1463～79年）。だが，エーゲ海の要衝ネグロポンティ（エウボイア島）を奪われた（1470年）後は守勢を強いられ，オスマントルコと結んだコンスタンチノープル条約（1479年）の結果，ネグロポンティとレムノスは放棄させられ，アルバニアからは撤退，さらにオスマントルコ領内で交易する代償として毎年1万ドカートの貢租が義務づけられた。地中海に君臨したベニス海洋帝国の黄昏であった。

16世紀，オスマントルコはエジプトのマムルーク朝を倒し，次いでプレベザの海戦で東地中海の制海権を完全に掌握する。西進するイスラムを迎え撃つ主役は，もはやベニスではなくスペインであった。イタリア本土の領土争奪戦に深く関わるようになったこと，緩衝地帯としてのビザンチン帝国を失いオスマントルコの大いなる脅威に直接晒されるようになったこと，加えて地理上の発見による香料独占体制の崩壊が，ベニスの衰退を決定づけた。

●シャルル8世のイタリア侵入とマキャベリ

　シャルル8世のイタリアルネサンスへの憧憬は強いものがあった。1494年9月，6万人の精鋭を率いた弱冠24歳のシャルル8世はアルプスを越えてイタリアに侵入，ロンバルディアを通過してトスカナに向かい，フィレンツェのピエロ・デ・メディチから譲歩を勝ち取る。次いでローマに進軍，ナポリ国王は退位し，シャルルは1495年2月にナポリ入城を果たした（前期イタリア戦争）。

　このシャルル8世の進撃に神経を尖らせたのが，イタリアに宗主権を持つ神聖ローマ帝国の皇帝マクシミリアン1世であった。ハプスブルク出身のマクシミリアンは，スペインと反仏同盟（神聖同盟）を結成（1495年），ミラノ，ベニス，英国も加わった。これはヨーロッパ初の国際同盟であり，以後，オーストリアとスペインが連携してフランスを包囲する構図が度々出現する。この反仏同盟によってシャルル8世は帰国を余儀なくされるが，彼のイタリア侵攻は都市から絶対国家優位への時代変化を象徴する事件であり，また列国によるイタリア干渉の発端ともなった。

　ところで，「イタリアは地理的名称以上のものではない」とはメッテルニヒの言葉だが，外国勢力の干渉が相次いだイタリでは，政治は倫理ではなく力の学問という認識が生まれる。それを最初に体系化したのがマキャベリだった。ニコロ・マキャベリは1469年，フィレンツェの貧しい貴族の家に生まれた。シャルル8世の軍隊がフィレンツェに入城した時，25歳だった彼は絶対国家の軍隊の規模と統率の高さに驚嘆し，これほどの軍隊を指揮する指導者の資質等について考究を巡らす。強い政治権力による統一国家の建設を志向するマキャベリの思想は，当時のイタリアでは未だ実践困難であったが，彼こそパワーとリアリズムを基本とする近代政治学の開祖である。

5 ハプスブルク帝国

●神聖ローマ帝国の成立

　10世紀末，東フランク王国（ドイツ）に神聖ローマ帝国が誕生し，爾来，ドイツ皇帝がイタリア国王を兼ねることになる。11世紀前半，ハインリヒ3世の時代，皇帝権は最強を迎えるが，オットー以降の歴代国王が神聖ローマ皇帝としてイタリア政治に深く関与したことがドイツに禍した。そもそも皇帝位を得たとはいっても，現実には一ドイツの国王に過ぎない者がドイツの内政を顧みず，超国家的な世界支配の理念に幻惑されてイタリア経営に乗り出したため，ドイツ本国では諸侯の分立が進み，国家の集権的統一を著しく遅らせることになった。皇帝は自らのイタリア政策に諸侯の同意を得るため，政治的譲歩や特権の付与を余儀なくされ，逆に教皇は諸侯中の反皇帝分子と結んでドイツの分裂，内紛を助長するようになっていく。

　さらにハインリヒ4世に始まる叙任権闘争は，その傾向を加速させた。ウォルムスの協約（1122年）により教皇に聖職叙任権が付与されたことで，帝国の教会政策は破綻し，諸侯自立の機運は一層強まった。12世紀後半，シュタウヘン朝（1138～1254年）のフリードリヒ1世（赤髭王）は帝権を強化し，イタリア遠征や第3回十字軍にも出征したが，13世紀にフリードリヒ2世がシチリア経営に没頭し，ドイツ国内の政治を怠ったため再び分権化が進み，13世紀末には大小300の諸侯が各々の領邦国家を形成していた。有力諸侯の中には東方植民（12～13世紀以降エルベ川以東のスラブ人の地への植民）の先頭に立つ者もあり，ブランデンブルク辺境伯領やドイツ騎士団領（1511年にプロシャ公国となる）のような領邦国家も出現した。

　その間，シュタウヘン王朝が断絶し，13世紀半ば，神聖ローマ皇帝位を巡る諸侯の争いは国際的な紛争へと発展した（大空位時代）。その後，カール4世の金印勅書発布（1356年）によって，神聖ローマ皇帝位はマインツ，トリール，ケルンの各大司教，ベーメン王，ブランデンブルク辺境伯，ザクセン侯及びプファルツ伯の有力7諸侯の選挙で決せられることとなり，かつそれぞれの諸侯領には独立国の地位が認められた。この文書は帝権の衰退と国内分裂を示すも

のであり，中央権力の後退と多数の領邦分立というドイツの政治的運命は決定的となる。ヨーロッパの中央に位置しローマ帝国の後継者を任じながらも，聖権への過度の拘泥によってドイツは覇権争奪戦からの後退を余儀なくされた。

● ハプスブルク家の台頭

　分立するドイツ諸邦に代わり皇帝位を独占し，大陸国家の雄ブルボン王朝（フランス）と激しく競りあうことになるのが，ハプスブルク家である。ハプスブルク家は，もともとライン川上流のバーゼルとチューリッヒを結ぶあたりから独仏国境のアルザス地方を根拠地とした小封建領主であったが，1273年にルドルフ1世が神聖ローマ皇帝（ドイツ）に選出された。帝位を狙う野心的なボヘミア王等と違い，小勢力のハプスブルク家であれば自らの権益を侵されることもあるまいと7選帝侯が判断したからである。

　だがこうした侮りとは反対に，英明なルドルフ1世は逆にボヘミア王オトカル2世を倒し世襲領であったスイスに加えて新たにオーストリアを獲得し，東欧進出の足掛かりを掴んだ。同家中興の祖ルドルフの子で初代オーストリア公となったアルブレヒト1世も神聖ローマ皇帝に選ばれるが，後に暗殺され，15世紀まで帝位は一旦同家を離れるが，1440年にフリードリヒ3世が再び皇帝の座を得た後は，帝国が解体するまでのほぼ全期間ハプスブルク家が帝位を独占。その間，ハプスブルクはヨーロッパ諸国に婚姻関係を張り巡らせることで領土を拡大させていった。

　まずフリードリヒ3世はその子マクシミリアン1世をブルゴーニュ（ブルグンド）公国シャルルの娘マリアと結婚させたが（1477年），その直前にシャルルがスイス人との戦闘（ナンシーの戦い）で陣没したため，ハプスブルクはネーデルラントをはじめとする広大なブルゴーニュの領邦を獲得する。スイス，オーストリアに加え西ヨーロッパにも進出したハプスブルク家は，以後，王権絶対化を進めるフランス（バロア，ブルボン各王朝）と敵対。先述のようにシャルル8世がナポリを占領するや，マクシミリアン1世はローマ教皇アレキサンドル6世やベニス，ミラノ等と神聖同盟を結びフランス軍を撤退させた。ハプスブルクとブルボンの対立はマリー・アントワネットがルイ16世に嫁ぐまで約4世紀にわたり続くが，大陸国家相互の抗争と潰しあいは，海洋国家英国の台頭を許す

16世紀のハプスブルク帝国

凡例：
- オーストリア・ハプスブルク家領
- スペイン・ハプスブルク家領
- ホーエンツォレルン家領
- ―― 神聖ローマ帝国の境界

（出典）　G・シュタットミラー『ハプスブルク帝国史』丹後杏一訳（刀水書房，1989年）80頁。

一因ともなった。

　さてマクシミリアン1世は，マリアとの間に生まれた息子と娘をスペインの王子，王女と二重結婚させ，息子フィリップとスペイン王女ファナの長男カールがカルロス1世としてスペイン国王に即位する。この時代のスペインはイベリア半島本国のほかにもナポリ王国，シチリア島，サルジニア島，さらには新大陸もその版図に含まれていた。マクシミリアン1世は孫のカールに皇帝位を得させるため，アウグスブルクの金融財閥ヤコブ・フッガーから巨額の資金を受けて選帝侯への買収工作を進め，有力な対立候補フランス王フランソワ1世を退けることに成功，カルロス1世はカール5世として神聖ローマ皇帝に選ばれ（1519年），ヨーロッパ史上最も広大な領土を統治する君主となった。

　さらにマクシミリアン1世は孫のマリアとフェルディナンドをハンガリーの王子ラヨシュ，王女マリアと二重結婚させたが，若き国王となったラヨシュはオスマントルコとの戦争（モハッチの戦い）で戦死，ハンガリー王家には他に王

子が存在せずフェルディナンドが王位を継承した。当時ハンガリー王がボヘミア王を兼ねていたため、ハプスブルクはスペインに次いでボヘミア（チェコ）、ハンガリー両王国も獲得した。

「戦争は他国に任せておけ。幸いなるオーストリアよ、汝は結婚せよ」。

これはハプスブルク家の家訓（格言）だが、16～17世紀、マクシミリアン1世は一滴の血も流さず、婚姻政策によってハプスブルクをヨーロッパの一大帝国へと導いたのである。

●イタリア戦争の勝利

ハプスブルク家の支配領域は、カール5世の時に最大となった。中世的普遍帝国の再興を皇帝の使命と考えたカール5世の宿敵は、シャルル8世以来イタリアへの勢力拡大を狙うフランスであった。自国の周辺をハプスブルクに包囲されたフランスでは、カールと皇帝位を争ったフランソワ1世がハプスブルクへの挑戦を決意、ベニスと結びミラノ公国を攻め、マリニャーノの戦い（1515年）で大勝しイタリア政策で優位に立った。これに対しカール5世は教皇やベニス、ジェノバ、英国等と対仏同盟を結び、ミラノ南方パビアの戦いで仏軍を打ち破る。この戦いでフランソワ1世は捕虜となり、屈辱的なマドリードの和約によって、ミラノ、ナポリ等北イタリアに対する要求の放棄とブルゴーニュの割譲を強いられた（第1次イタリア戦争：1521～26年）。しかし、釈放されるやフランソワ1世は英国や教皇クレメンス7世等とコニャック同盟を結び、再びカールとの戦争を再開する。この戦いでフランスはブルゴーニュの相当部分を奪還したが、カンブレー条約（1529年）でイタリアに対する権利は断念させられた（第2次イタリア戦争：1527～29年）。

フランスや教皇と戦うと同時に、カール5世はオスマントルコの脅威にも備えねばならなかった。スレイマン1世の治下、最盛期を迎えたオスマントルコが西方への進出を強めたからだ。オスマントルコの軍勢はモハッチの戦い（1526年）でハンガリーを破り、さらに神聖ローマ帝国の領内に侵入、ウィーンを包囲した（第1次ウィーン包囲：1529年）。カールはこの包囲を押し返したが、以後、トルコは度々ウィーンを窺うようになる。一方、復讐に燃えるフランソワ1世は、国内では新教徒を弾圧しつつドイツの新教諸侯には援助を行い、さ

らにオスマントルコにも接近，これと密約同盟を結びハプスブルクを挟撃し，カール5世の孤立化を謀った。

　カール5世とフランソワ1世のイタリアでの戦いは延べ4回に及んだが（第3次イタリア戦争：1536～38年，第4次イタリア戦争：1542～44年），結局フランスはイタリア確保の足掛かりを掴めず，カール5世はフランスの勢力をイタリアから排することに成功する（クレピーの和約：1544年）。20年余にわたったイタリア戦争（1521～44年）はカール5世の勝利で終わるが，両国の覇権闘争はカールの子でスペイン国王フェリペ2世とアンリ2世に引き継がれた。その際，教皇パウルス4世は反宗教改革の立場にありながら，スペインハプスブルクの台頭を嫌い，ドイツ新教徒やトルコと結びフランスに与してフェリペに敵対した。それでもスペインの優位は動かし難く，カトーカンブレジの和約（1559年）でフランスはイタリアに有する領地のほとんどを失い全面撤退を余儀なくされたのに対し，ミラノ公国，ナポリ王国，それにシチリア，サルジニア両王国，トスカナ沿岸を領有したスペインハプスブルクのイタリアでの優位が固まった。この後，フランスのエネルギーは専ら国内の宗教戦争に費やされる。

6　宗教戦争の時代

●カール5世 vs 新教徒

　フランスやトルコと対峙する一方，カール5世は宗教改革の波にも立ち向かわねばならなかった。ドイツの宗教改革運動は，ルターが発火点となった。ルター登場の契機は，教会の免罪符であった。時の教皇レオ10世はサンピエトロ寺院の改築費調達のため，免罪符の販売をマインツの大司教に委ねた。この大司教はその地位を買うための費用をフッガー家から借りており，免罪符売上げの半額はこの負債償却に充てられることになっていた。

　ウィッテンベルク大学の神学教授ルターは「人は信仰によってのみ救われる」という自らの宗教的信念と，教会の背後にいる高利貸（資本家）や大商人層への反感から，露骨な免罪符の販売撤回を申し入れた。しかし聞き容れられなかったため「95か条の論題」を提示し，教会に公然たる理論闘争を挑んだ。本来これは神学上の論争であるが，教皇をドイツ統一の障害と考える愛国者や自由

を求める都市市民，封建制度と教会の重圧に苦しむ農民，さらに宗教的情熱とは別に，教会の巨大な富に野心を持つ諸侯たちの幅広い支持を得た。カール5世はルターに自説の撤回を求めたが（ウォルムスの国会：1521年），ルターが拒否したため，勅令を以て新教の活動を禁止した。だが新教の勢いは抑え難く，宗教改革運動は皇帝と諸侯の抗争に途を開いた。

もっとも，フランスやオスマントルコとの戦いを抱えていたカール5世は，対仏戦に国内諸侯の援助が必要なため，一時ルター派と妥協し新教徒の布教を黙認する（第1シュパイエル国会：1526年）。だがウィーンに迫ったトルコを撃退，またイタリアに攻め入り教皇を屈伏させ対仏戦に勝利するや，一転先の決議を撤回しウォルムスの禁令を確認して新教の布教を禁じている（第2シュパイエル国会：1529年）。ルター派は直ちにこの措置に抗議した。"プロテスタント"の名は，ここに由来する。

その後，メランヒトンによるアウグスブルク信仰告白が否決され新教排撃が決議されたため，プロテスタント側はシュマルカルデン同盟を結成して旧教側に対抗するが，仏・トルコとの戦いに追われたカール5世は再び新教を容認，その助力を得てトルコを退け，またフランソワ1世を破ったことは前述した。しかし，対仏講和がなるとカール5世は再び新教を圧迫したため，シュマルカルデン戦争（1546～47年）となって爆発した。当初新教側の苦戦が続いたが，（アンリ2世の）フランスと組んだザクセン公モーリッツが新教側に寝返り，皇帝の優位は覆された。ルター派の抑圧に絶望したカール5世は「領域を支配する者が宗教を支配する」原則に基づき，神聖ローマ帝国内の領主に信仰の自由を認め，ここにルター派プロテスタントは公認された（アウグスブルクの宗教会議：1555年）。

● ハプスブルクの分裂

カール5世の時代，ハプスブルク家はヨーロッパ最大の領域を擁する勢力となるが，その力を以ても帝国内をカソリックで統一することはできなかった。1556年，持病の痛風，それに長年の統治と戦争に疲れたカール5世は引退を決意し，スペイン・ネーデルラントの統治は息子フィリップに，オーストリア・神聖ローマ帝国の地位と領土は弟のフェルディナンド1世に，それぞれ引き渡した。かくてハプスブルク帝国はスペイン系とオーストリア系の二つに分裂す

る。フィリップが受け継いだスペインハプスブルクは，海外植民地とネーデルラント，フランシュコンテ，ナポリ・シチリア王国を含むスペイン王国を，神聖皇帝フェルディナンドが引き継いだオーストリアハプスブルクは，ライン上流の旧来の所領とオーストリアをその領域とした（ハプスブルク家の分裂：1556年）。

しかし，ハプスブルクの広大な領域は軍事力で勝ち取ったものではなく，あくまで政略結婚の産物に過ぎない。そのため帝国内の一体凝集性や集権性は低かった。オスマントルコと対峙する東欧から新大陸に至る広大な領土を一人の王が統治し，しかも燎原の火の如くヨーロッパ全域に広がりつつあった新旧両派の宗教戦に対処することは，無理があったというべきだろう。

●ユグノー戦争

一方，カトーカンブレッシ条約でスペインとの関係に区切りをつけたフランスでは，この年アンリ2世が急死する。王妃カトリーヌ・ド・メディシスは，15歳の病弱な子フランソワ2世の摂政として国政を担うが，北フランス最大の領主ギーズ公を中心とするカソリック勢力は強大で，スペインの国際的なカソリック反動の支柱ともなっていた。これに対し貴族や商人等の改革派はユグノーであるブルボン家のアンリ・ド・ナバール（後のアンリ4世）の下に結束し，農民，手工業者らの支持を得てカソリックに対抗した。

翌1560年，アンボワースでユグノーの謀反計画が発覚，またフランソワ2世が夭折し，わずか10歳のシャルル9世が王位に就いた。摂政カトリーヌ・ド・メディシスは新旧両勢力の均衡を図ろうとしたが失敗，カソリック，ユグノーの対立は王権を巡る政争とも絡み，30年にわたるユグノー戦争へ発展した。旧教側はスペイン，教皇を後ろ楯とし，ブルボン家やコリニ提督ら新教側は英，蘭，スイス，それにドイツ諸侯の援助を受け，内戦とはいいながら多国間戦の様相を帯びた。一旦は婚姻政策を以て講和がなったが，カトリーヌ・ド・メディシスとコリニの反目が原因で，3万人以上の新教徒がカソリックに殺害された（聖バルテルミーの虐殺：1572年）。新教徒もブロワの虐殺で復讐に出た。両派の抗争で国土は荒廃し，フランスは南のプロテスタント共和国と北のカソリック王国に事実上分裂。全土で農民反乱も起こり，封建支配そのものが脅かされる事態となった。フランスに限らず，16～17紀のヨーロッパでは各国で新旧

両派の激しい争いが繰り広げられ，それらはすべて政治闘争と深く絡んでいた（宗教戦争の時代）。その最大のものが，ドイツにおける三十年戦争であった。

●注　釈
1) 16世紀以降，ベニスが木材不足で新しい大型帆船が作れなくなり，その航路を地中海に限定せざるを得なくなったのに対し，ポルトガルやスペイン，オランダ，英国は自国の周辺に豊かな森林資源を持っており，新航路開拓に乗り出せたとの指摘がある。安田喜憲『森と文明の物語』(筑摩書房，1995年) 139頁。
2) ボイス・ペンローズ『大航海時代』荒尾克己訳 (筑摩書房，1985年) 332頁。
3) 「カトリック両王が，25年間の治世中に，過去に長年にわたって培われてきた地域分立主義的な習慣を全て払拭するのは困難であった。……スペイン王カルロス1世の治世下，もはやたった一人の君主しかいなかったときでさえも，かつての首都の各々には"副王"を置く事が必要であった。かつての諸王国が"外国の"，つまりカスティリアから来た役人と兵士を喜んで迎える事は絶対になかった。……カルロス5世(も)フェリペ2世のドでも……古い制度を打ち壊したり支配権を確立したりはできなかった。スペインには然るべき時に，リシュリューやルイ14世のような人物が出現しなかった。……最初に中央集権化を精力的に企てたのはオリバーレスであり，それは17世紀のことであったが，このときには，スペイン中央部の経済力と軍事力は既に疲弊していた。手荒く事を運ぶにはもう遅すぎた。ポルトガルは叛乱を起こし，カタルーニャはフランス側に寝返ってしまった。この二つの事件によって，1640年にスペインという建物の構造上の欠陥の一つが白日の下に晒された。衰退によって不満の種が早くも芽生えてくると，各地方の有機的な統一はうまく維持できなくなってきた」。ピエール・ヴィラール『スペイン史』藤田一成訳 (白水社，1992年) 32～33頁。
4) George Modelski., *et al.*, ed., *Documenting Global Leadership* (London, Macmillan, 1988), p. 9-32.
5) タキトゥス『年代記 (上)』国原吉之助訳 (岩波書店，1981年) 28頁。
6) Frederic C. Lane, *Venice* (Baltimore, The Johons Hopkins Univ. Press, 1973), p. 225.
7) ブルクハルト『イタリア・ルネサンスの文化(上)』柴田治三郎訳 (中央公論社，1974年) 348頁。16～18世紀にかけてベニスの貴族は豪奢なヴィラ (庭園を備えた別荘建築) を挙って本土 (ベネト地方陸部) に建設するようになった。「16世紀の領土拡大は，ベネティア人を本土の経済政策へと向かわせ，都市から本土の田園へと，人と資金が大きく移動した。まず，リスクの増大する海上交易に比べ，領地への投資の方が確実だという経済的理由があった。さらに文化的な理由として，16世紀の人文主義的文化が，自然を見つめることの価値を再発見したため，田舎のヴィラが文化の中心にもなったのである。こうして陸土はベネティア共和国の関心を引き，ヴィラは年月とともに贅沢な住居であると同時に機能的な農場経営の場に変貌していった」。ルカ・コルフェライ『図説ヴェネティア』中山悦子訳 (河出書房新社，1996年) 87頁。

コラム　コロンブスとユダヤ人──1492年のスペインに何が？──

　クリストファー・コロンブスは，1451年頃交易都市ジェノバの機織工の家に生まれた。20代の頃，チェントゥリオーネ家やスピノラ家等が営むジェノバ商人団に雇われ，地中海を航海している。その後，西アフリカ・大西洋交易の中心都市であったリスボンに移り住む。リスボンには大きなジェノバ人街があり，弟のバルトロメも住んでいた。約9年間ポルトガルで暮らしていた間，英国やアイスランドへの航海に参加したり，マディラ諸島に砂糖の買付けに従事したこともあるようだ。
　28歳の頃フェリーパ・ペレストレロと結婚するが，彼女の父はモロッコ沖のポルトガル領ポルト・サントス島の世襲領主で，コロンブスも一時サントス島やマディラ島に住んでいたらしく，その時，嵐に流されて西インド諸島まで漂流した後，マディラに帰還した水夫に出会ったという話も残されている。これが事実とすれば，コロンブスが西回り航海に関心を持つ一つのきっかけになった可能性もある。さらにポルトガル時代，コロンブスはラテン語やスペイン語を学ぶとともに，天文地理学や航海術を習得し，海図の製作販売を生業としていた。そうした過程で地球球体説を知り，マルコ・ポーロが紹介したジパングに西回りで到達する構想を深めていった。
　1484年末，コロンブスはポルトガル王ジョアン2世に自身のアイデアを持ちかけるが，取り上げられなかった。当時のポルトガルは，バルトロメウ・ディアスの喜望峰発見で悲願のインド洋への道を見出した直後で，無名の男の西回り航海の提案に関心を示す雰囲気ではなかった。翌85年コロンブスはフランシスコ会の推薦状を携えてスペインに向かい，イサベル1世の聴罪司祭でもあった修道院長ファン・ペレス・デ・マルチェーナの知己と支持を得る。だが7年待ったものの，コロンブスの企画はスペイン王室の採用するところとはならなかった。1492年1月，失意のうちにグラナダを離れフランスに向かうコロンブスであったが，グラナダ陥落の直後，イサベルは一転してコロンブスの提案採択を決断し，同年4月，コロンブスとサンタフェ協定が結ばれる。この協定でコロンブスは，発見された土地の終身提督・副王及び総督に任じられ，それに付随する裁判権，インディアスでの戦利品や利益の1/10の権利も保証された。土壇場での逆転劇の裏では一体何が起きていたのだろうか。
　実はイサベルがこの英断を下したのは，側近でアラゴン王国の財務官ルイス・デ・サンタンヘルが，遠征事業に必要な資金の大部分を自分が負担すると申し出たからであった。コロンブスの第1回遠征に必要とした資金200万マラベディ（約5300ドカート）の大半をサンタンヘルはスペイン王室に対する借款の形で立て替えている。サンタンヘルという人物は，キリスト教に改宗したユダヤ人であった。キリスト教に改宗したユダヤ人はコンベルソと呼ばれていた。サンタンヘル以外に，やはり第1回航海でコロンブスに資金拠出したガブリエル・サンチェス，コロンブスの計画案を審議した諮問委員会座長のエルナン

ド・デ・タラベーラやその委員会で最もコロンブスに好意的だったディエゴ・デ・デサ，第1回航海に通訳として参加したルイス・デ・トーレスもみなコンベルソであった（コロンブスは何故か，ヘブライ語の通訳を同行させていたのだ）。

　コロンブスの事業に必要な資金は，ジェノバ商人も負担していた。第1回及び第2回航海に出資した王室顧問を務めた有力商人フランチェスコ・ピネッリ，第3回航海に出資したマルティーノ・チェントゥリオーネはスペインに帰化したジェノバ人で，第4回航海の資金調達に関わるスピノラ家やリベロル家などもジェノバの出自だ。東方交易を巡るベニスとの競争に破れ，またオスマントルコの西進によって東地中海貿易から排除されたジェノバは，発展の進路を西地中海や大西洋に求め，グラナダ王国の海港都市マラガやセビリャ，リスボンに次々とジェノバ人町を築いていった。さらに，カナリア諸島や西アフリカでの砂糖貿易，奴隷貿易，金融業等にも深く関わるようになっていた。地中海から大西洋にいたる商業ネットワークを築き上げていた同郷の商人たちの資金援助に，コロンブスは支えられていたのである。

　イザベルは，当初からコロンブスの提案に関心を寄せていた。しかし王室財政の厳しさから，採択に踏み切れない事情があった。王室が経費を負担せずとも，ユダヤ人とジェノバ商人が費用の面倒を見てくれることになったから，コロンブスの後援者となれたのである。つまりコロンブスの夢の実現は，改宗ユダヤ人とジェノバ人の協力と支援があったからこそ可能になったのである。同郷の冒険家の構想を聞きつけ，間もなく終わるであろうレコンキスタに代わる新たな事業での利権独占を狙いジェノバ商人が投資したのは理解できるが，ユダヤ人がコロンブスを支援したのは何故であろうか。それは，当時ユダヤ人が置かれていた社会環境に関わっていた。

　イスラム教が支配していた時代のスペインでは，ユダヤ人は領土的野心を持たない聖書の民として，独自の宗教的経済的文化的伝統を保ちつつその能力を発揮していた。ユダヤ人は，最も地位の高い宮廷ユダヤ人から商業・金融業に従事する裕福な中間層，さらに都市周辺であらゆる業種に携わる下層階級まで，スペイン社会の中に幅広く入り込み，総じて安定的な生活を営んでいた。しかし13〜14世紀に入ると，ヨーロッパではペストの蔓延や経済不振が続き，増大する社会不安の中でユダヤ人が鬱積した不満の捌け口としてスケープゴートに仕立て上げられるケースが増えていった。またキリスト教徒がレコンキスタによって勢力を回復するにつれて，コンベルソへの敵意憎悪も強まり，彼らを「マラーノ（豚）」と嘲り蔑んだ。

　15世紀のスペインには30万人程のコンベルソがいた。彼らの中には表面上はキリスト教に改宗していても，実際にはユダヤ教の宗教儀礼や習俗を固く保持し続けている隠れユダヤ教徒が少なくなかったため，キリスト教徒の不信感や敵愾心を生んだのだ。時代が下るにつれて，スペインではレコンキスタが益々勢いを増していった。レコンキスタ運動が強まれば，当然キリスト教への情熱が高まり，キリスト教への帰依が高まれば高まるほどユダヤ教徒への反感や迫害も強まる。1391年にはセビリャを震源とする中世スペイン最

大の反ユダヤ運動が発生し，コルドバやトレド，バレンシア，バルセロナ等スペイン各地に飛び火し，各都市のアルハーマ（ユダヤ教徒共同体）を壊滅させた。反ユダヤ運動は1420年代まで続き，多くのユダヤ教徒が改宗を強いられた。しかしコンベルソに隠れユダヤ教徒が多かったため，反コンベルソ運動が激しさを増し，1480年には異端審問所（宗教裁判所）が開設された。それでもレコンキスタの継続中は，戦費を賄うためにユダヤ商人らの資金協力が必要であった。しかしこの大事業が完成したならば，ユダヤ人やコルベンソを容認する必要はなくなる。イベリア半島からムスリムを追い落としキリスト教世界を取り戻す日の到来は，スペインのキリスト教徒にとってはユダヤ人をスペインから追い払う待望の日の到来でもあったのだ。

　レコンキスタ終焉後に起きるであろうユダヤ教徒へのさらなる迫害と国外追放に備えるため，コンベルソは急ぎ対策を講じねばならなかった。だが英国（1290年）やフランス（1394年）は既にユダヤ人追放令が出ており，逃げ延びる先は限られていた。もしコロンブスの西回り航海で新たな領土を獲得すれば，その地に移り住むことが可能になる。ユダヤ人への迫害と追放から逃れられる新天地を獲得すべく，コンベルソはコロンブスの事業に資金援助を行ったのではないかとの推測が生まれる所以だ。さらには，コロンブス自身もユダヤ人であった，あるいはコンベルソの子孫ではなかったかとの説（母方のフォンテローサ家がキリスト教に改宗したユダヤ人）も唱えられている。コロンブスは新大陸で高い地位を要求し，サンタフェ協定の締結交渉が難航した。何故彼が高官職に拘ったのか？

　ユダヤ人の高官がおれば，反ユダヤ主義やユダヤ人追放令が現地で適用されることを排し，高度の自治と自由をユダヤ人たちは享受できる。彼自身がユダヤ人であったから，そうした効果を期待して自らが現地の指揮を執ることに拘ったのではないか？　ほかにも，コロンブスのサインはヘブライ語で書かれていたのではないか？　彼が最初の航海に出たのは1492年8月3日だが，出港準備は前日までに終えていた。敢えて出港を1日延ばしたのは，8月2日がユダヤ人社会では厄日に当たっていたためではないか等々の推論もコロンブスユダヤ人説の根拠に挙げられている。

　コロンブスがユダヤ人であったかどうかはともかく，コンベルソが恐れていた通りの事態が進む。レコンキスタ終了直後の1492年3月31日，イザベルとフェルナンドはアルハンブラ宮殿でユダヤ教徒追放令に署名したのだ。追放令は，4か月以内（同年7月31日まで）の国外退去かキリスト教への改宗をユダヤ教徒に迫るもので，コンベルソをユダヤ教徒から切り離してカソリック信仰を強化させること，つまり政治的共同体と宗教的共同体の一体化を進めスペインの社会的結合と王権の強化を目的とするものであった。この追放令によってさらに多くのコンベルソが生み出され，15万人近いユダヤ教徒がスペインを離れていった。彼らの落ちのびた先は，イスラム諸国やオランダが多かったという。次の覇権国家となるオランダのアムステルダムには，西ヨーロッパ最大のユダヤ人コミュニティが誕生し，彼らユダヤ人の資本力や商業・金融活動がこの国の発展に寄与することになる。

この事件から数世紀の後，コロンブスが到達したアメリカ大陸は，確かにヨーロッパに住むユダヤ人たちにとって最大の移住先であり避難先ともなった。だがコロンブスがパロスから最初の船出をする直前，不幸にしてスペインのユダヤ教徒はその地を追われ，コロンブスに支援を与えたコンベルソにとってもアメリカが新天地となることはなかった。

●参考文献
青木康征『コロンブス：大航海時代の起業家』(中央公論新社，1989年)。
飯島幸人『大航海時代の風雲児たち〔改訂2版〕』(成山堂書店，2000年)。
笈川博一『コロンブスは何を発見したか』(講談社，1992年)。
小岸昭『スペインを追われたユダヤ人』(人文書院，1992年)。
小岸昭『マラーノの系譜』(みすず書房，1998年)。
クリストーバル・コロン『コロンブス航海誌』林屋永吉訳(岩波書店，1977年)。
関哲行・立石博高編訳『大航海の時代　スペインと新大陸』(同文舘出版，1998年)。
ズヴィー・ドルネー『コロンブス』小林勇次訳(NHK出版，1992年)。
萩内勝之ほか『コロンブスの夢』(新潮社，1992年)。
フェリペ・フェルナンデス・アルメルト『1492　コロンブス：逆転の世界史』関口篤訳(青土社，2010年)。
ミシェル・ルケーヌ『コロンブス　聖者か，破壊者か』久保実他訳(創元社，1992年)。

第3章　オランダの世紀

1　17世紀の国際関係

　16世紀末〜17世紀にかけて，ヨーロッパ各国では絶対王権が伸張を見せる一方で，国内における宗教対立の嵐はピークを迎えつつあった。もっとも絶対主義化が進む趨勢に反してドイツでは依然多くの封建諸侯が割拠し，それに新旧の宗教争いも加わり国内の対立は一層深まった。これに対しユグノー戦争から解放された隣国フランスは，スペイン，オーストリアの両ハプスブルク家に挟撃されている現状の打破に動く。ルター派の新教国デンマーク，スウェーデンもドイツの情勢に関心を示し，スペインの海上支配を打ち破った英国も大陸の動向に無関心ではなかった。かくてドイツ国内の宗教戦争であったものが，新旧両派入り乱れる格好で周辺諸国の干渉を受け，たちどころにヨーロッパ全域を揺るがす大戦争へと拡大していった。それがドイツ三十年戦争である。この戦争の結果，以後，宗教的普遍帝国に代わり主権国家が国際政治の主たるアクターとなる（ウェストファリアシステムの誕生）。宗教勢力は政治闘争の舞台から後退を余儀なくされ，政治と宗教の分離（聖俗分離）がヨーロッパ世界の新たな原則として確立していく。

　「（中世的キリスト教普遍帝国の樹立を目指すという）統合概念の崩壊によって，ヨーロッパに出現した国々は，その異端性を正当化し，かつこうした国家間の関係を律する何らかの原則を必要とした。彼らはそれを，国家理性（レーゾン・デタ）及びバランスオブパワーの概念に見出した。それは互いに関係しあっていた。国家理性は，国家の福利を守るためには如何なる手段を取ることも正当化されると主張した。国益は，中世的な普遍的道徳観に取って代わった。バランスオブパワーは，各国が自国の利益を追求することが，他の全

ての国の安全と進歩に何らかの貢献をするであろうとの慰めを抱くことにより，世界帝国へのノスタルジアに取って代わったのである」(キッシンジャー)[1]。
　ヨーロッパ政治の新たな主役となった主権国家，王権強化を目指す絶対国家は，勢力均衡原理の下，互いに覇を競いつつ，地域権力の分散状態に終止符を打ち中央集権的な統治組織の構築を目指す。そのためのシステムが，官僚制度と常備軍だった[2]。そして絶対王政を正当化するための政治理論として登場したのが王権神授説である。官僚や常備軍を維持するには相当の経済力が必要となる。そこで「貨幣が多い程国も富む」の発想の下，絶対王政が採ったのが重商主義であり，金銀の獲得や輸出超過による貨幣の蓄積が国家目標に掲げられた。
　さて16世紀がポルトガル，スペインの時代であったのに対し，17世紀のヨーロッパは，前半がオランダ，後半はフランスが優位を占める時代となった。16世紀末来のオランダ独立運動でスペインの衰退が決定的となり，17世紀前半，独立を達成したオランダの経済的躍進が顕著となる。同じ頃，大航海時代の潮流に出遅れた英国も国力を充実させつつあり，ともに新教国でスペインをライバル視する間柄のオランダと衝突。絶対国家のスキームに欠けるオランダは脆くも敗退する。
　一方，ハプスブルクとフランス（バロア・ブルボン）の対立は17世紀も続いたが，三十年戦争でハプスブルクとドイツ皇帝権が力を落とし，フランスが大陸における優位を占める。それゆえ，この時代は"ルイ14世の世紀"とも称される。17世紀後半，ヨーロッパの国際関係はルイ14世の対外膨脹政策とこれを抑え込もうとする英蘭等周辺諸国の鬩ぎあいを軸に展開する。そして，オランダを降し，また早々と国内の宗教・政治革命を終えた英国が大陸国家フランスに挑むのである。両国の覇権闘争はヨーロッパを越えて新大陸，アジアにも拡大し，"海洋国家対大陸国家"の構図はグローバル化の様相を呈した。

2　新教国家オランダの隆盛

●オランダ独立戦争
　オランダ（ネーデルラント地方）はブルゴーニュ公国の支配下にあったが，1477年シャルル豪胆公の娘マリアとハプスブルク家のマキシミリアン1世が結

婚したことでハプスブルクの手に移った。1516年マキシミリアンの孫でガン生まれのカール（神聖ローマ皇帝カール5世）が，カルロス1世としてスペイン王に即位，その後ハプスブルクの分裂でこの地方はカルロスの子でスペイン王のフェリペ2世に継承され（1556年），以後スペイン領となる。中世後期以降のヨーロッパには，バルト海，北海を活動拠点とするハンザ同盟と，地中海からオリエントにかけて交易に従事していたイタリア諸都市という南北二つの経済圏が存在したが，その中間に位置し中継貿易や毛織物工業で栄えたのがネーデルラントであった。なかでも15世紀末〜16世紀にかけて繁栄したアントワープ，あるいはガン等の南部ネーデルラント諸都市がその中心で，住民はラテン系でフランス語を話し，カソリックが多かった。元来，南ネーデルラントの中心はフランドルのブルージュであった。しかしドイツ・ハンザと結びついたブルージュの繁栄は，ハンザ同盟とともに衰えた。さらに英国が羊毛，毛織物の輸出先をブラバンドのアントワープに移したことがブルージュにとって致命傷となり，代わってアントワープが北ヨーロッパの貿易，金融の中心地となる。アントワープは毛織物業の中心でもあった。16世紀半ばには南ネーデルラント産の毛織物がアントワープを経緯してスペインに輸出され，セビリアに集められ新大陸に運ばれた。一方ホラント，ゼーラント，ユトレヒト等北部ネーデルラントはゲルマン系で新教徒が多く，土地が特に低いため南部に比べて商工業の発達は遅れたが，13世紀に入り堤防組織が整い始めると経済も発達，「オランダの海の金鉱」と呼ばれた北海の鰊漁や造船・海運業も盛んであった。

　ところで，ネーデルラントの新教徒は当初ルター派が多かったが，時代が下るにつれカルビン派支持の中産市民層者が増加した。彼らはゴイセン（乞食）という屈辱的な名で呼ばれていた。フェリペ2世は彼ら新教徒の撲滅を企図し宗教裁判所を設ける等激しい弾圧を加えた。また，相次ぐ対外戦争のための軍資金不足を解消するためアルカバラの重税（1％の所有税，5％の土地売買税，10％の消費税）を賦課した。そのため，商業勢力とプロテスタンティズムが"同盟"した。宗教裁判の停止を求める領主貴族と都市代表はブラッセル集会で騒乱（1566年）を起こし，これが発端となりオラニエ公ウィレムを指導者に仰ぎスペインに対する独立戦争（80年戦争）が始まった（1568年）。[3]

　フェリペ2世は1万人の軍勢を率いるアルバ公を総督としてネーデルラント

に派遣(1567年)し徹底的に新教徒を弾圧した。アルバ公の6年間にわたる恐怖政治でエグモント伯，ホールン伯等の反対派貴族が逮捕・殺害される等8000人が処刑され，海外に逃亡した者は10万人に上った。ネーデルラントは独立的な自治州の集まりから成り立っていたが，全ネーデルラント17州はガンの協約を結び，一致団結してスペインに当たることを誓う(1576年)。その後，旧教徒の多い南部10州(現在のベルギーの起源)は，カンブレーでの敗北(1578年)を機にアラス同盟(79年)を締結しスペインと和平し戦線から脱落したが，北部7州は同年互いにユトレヒト同盟を結んで結束をさらに固めた。ウィレムの率いるセーゴイセン(海乞食)と呼ばれる集団(義勇艦隊)は大小の河川や運河を利用し，小型の快速艇でスペインの補給線を攻撃するゲリラ戦法を駆使して奮闘。1581年にネーデルラント連邦共和国(7州中ホラント州が指導的地位を占めたのでオランダ共和国とも呼ばれる)として独立を宣言する。宗教的寛容の立場からネーデルラント全体の統合を願ったオラニエ公がカルビニストに排斥，暗殺される事件も起きたが，その子マウリッツが抵抗運動を引継いだ。英仏の支援やアルマダの敗北もあり，補給の続かないアルマ公のスペイン軍は撤退を余儀なくされ，オランダはスペインと12年間の休戦条約締結に漕ぎ着け(1609年)，ウェストファリア条約で独立が承認された。

●オランダ覇権の時代

独立戦争の際，アントワープをはじめ南部の各都市がスペインに占拠，破壊されたため戦後ネーデルラントの商工業は北部に移動し，毛織物業はライデン，貿易はアムステルダムが中心となった。既述したように，16世紀末からスペインの毛織物業が衰退し，代わってスペインの支配から脱したオランダが毛織物業で優位を占める。またポルトガルを併合したスペインがリスボンへのオランダ船乗り入れを禁じたため(1580年)，これを機にオランダは直接アジアへの進出を決意する。当初北方航路の開拓を試みたが失敗。1595年にはインド洋航路による東方進出に乗り出し，スマトラの西エンカ島に到着，胡椒の獲得に成功した。そして東インド会社を設立(1602年)するとともに，ポルトガル領アンボイナを占拠する(1605年)など香料貿易の根拠地確保のため各地に商館を築いた。

東インド会社総督に任命されたクーンはジャワ島を占領しバタビア（ジャカルタ）に城砦を建設（1619年）、東洋貿易の拠点とし、ペルシャの絹、インドの綿、中国の陶磁器、日本の銅、チモールの白檀、モルッカ諸島の香料等が取引された。そのためジャワ、モルッカ諸島で香料獲得を目指す英国と抵触、オランダはモルッカ諸島のアンボイナ島で英国植民地会社を急襲し、英国商人を排斥する（1623年：アンボイナ事件）。オランダ船隊は各地でポルトガル船を襲い略奪を繰り返したが、この頃既にポルトガルのアジア植民地はすっかり退廃していた。1641年オランダはポルトガルからマラッカを奪い取り、アジアの香料貿易を独占するに至った。こうして17世紀前半、オランダの東洋支配体制が確立する。オランダの海外進出はアジアに力点が置かれたが、新大陸にも関心を示した。ハドソンに北米探検をさせハドソン河口に要塞を築いて植民地開発の基礎を開いた（1609年）。また西インド会社を設立し（1621年）、ニューアムステルダムを建設（1626年）したほか、一時ポルトガルからブラジルを奪った。

　この間、オランダ人はフライト船という、新タイプの安価な商船を生み出している。この船は快速のうえ、船底が平らで、浅瀬の多いザイデル海での航行に適していた。また低重心で船倉も広く、バルト海貿易の主要産品である穀物や材木の大量輸送が可能なため、オランダは輸送コストをそれまでの2/3〜1/2に引き下げることに成功。フライト船からなるオランダ商船隊は北欧貿易の主導権を握った。造船や海運業の発達に加え、北海の鰊漁でもオランダは常時600〜800隻の大船団を繰り出し、その規模は他国を圧倒した。樽詰め鰊は、17世紀後半ネーデルラントの主要輸出品となる。目覚しい海洋進出により、オランダはバルト海、地中海を制覇するとともに、大西、太平両洋の海上権も掌中に収めた（パクスネーランディカ）。エリス・バーカーの『ネーデルラントの盛衰』によれば、1634年当時オランダの所有する船舶総数は3万4850隻に達した。これは英国、フランス、スコットランドの合計を遥かに上回り、オランダ船の総トン数（1670年）は英仏西葡独5か国の合計に匹敵した。

　バルト海交易を中心とした中継ぎ貿易と南ネーデルラント伝来の毛織物業を端緒とし、海運と漁業、さらにアジア及び新大陸との貿易によって、オランダの繁栄が生み出された。1630年代の有名な"チューリップ景気"は、アムステルダムを中心とするオランダの活発な経済活動の象徴でもあった。16世紀の

ポルトガル，スペインに続き，17世紀前半はオランダの時代となったが，人口僅か250万人，領土も狭隘でしかも建国間もないオランダが，何故これほどの急成長を成し得たのであろうか？

●オランダを繁栄に導いたもの

もともとオランダは人間の生活に適した土地では決してない。ド・ウィッテの書いたといわれる「政治格言」の中に，同国の地理的欠陥が列挙されている。

「その第一は冬が非常に厳しく，かつ長い。ゆえに他の温暖な地方に比べると多くの燈火，燃料，衣服，食物を必要とし，また牧場の家畜はこれを建物の内に入れてやらねばならず，より多くの費用と労力を要し，1年中放牧可能な国に比して利益が少ない。第二には，オランダの気候は農業に不利で栽培に注意せねばならない。種子は湿潤の地ではすぐ腐敗するし，かつ生育に適する季節が短いから蒔き直すのが不可能である。第三には海が近く土地が低平であるから，不健康だし，風が吹いて春には果樹の花を傷め，秋にはその成熟前に落としてしまう。第四にもっと大きな欠点として，土地が海より低いため洪水防止に莫大な費用を要し，……第五にこの国には鉱物も鉱山も全くない。土から採れるのは粘土と葦のみで，それすら採れば土地が直ぐ悪くなる。オランダの土地の大部分は砂，荒地，沼地より成り立っているから，ほかから土を持ってくるか，もしくは肥料を施さねば耕作ができない」。このような劣悪な自然環境にありながら，オランダ人は不利益を逆に国家発展の資に利用した。まず堤防を造り，ポンプで水を汲み出し，次に風車で地下水を吸い出す。さらに風車で得たエネルギーは穀物を粉にし，造船や材木を切るために用いられた。数々の弊害をもたらした風がオランダにおける最も重要な動力となったのである。土地が偏平で低いことは農業や道路建設には不都合であったが，反対に運河建設は容易で，海洋利用技術の発達にも貢献した。厳しい自然環境が創意工夫の才と堅任不抜の精神を産んだのだ。オーエン・フェルダムが「オランダ人は世界の蟻である。彼らは草の提供する以外の何物も持たず，しかもあらゆる物品の倉庫である」と述べたように，勤勉，節約で有名な国民性も土地の貧困や気候の悪さに起因している。この国にカルビニズムの精神が根づいたのも同様の理由からであった。客嗇にも近いオランダ人の節約

や高い貯蓄性向こそが，同国の産業発達の礎になった。

　無論，逆境がもたらしたこれらの要因だけでオランダの躍進全てを説明することはできない。それらが繁栄を生み出す潜在的因子とすれば，それを土台として現実の繁栄を開花させたファクターも存在した。まずオランダがヨーロッパの重要な通商路，即ち西ヨーロッパからバルト海に進むルートと，南ヨーロッパからライン川を経て英国に達するルートとの交差路に当たっていた地理的利点を見逃すことはできない。当時の時代背景もオランダには幸いした。戦乱相次ぎ，スペインが没落する一方，英仏両国は依然国内の争乱を抱え，絶対国家としての基盤を確立できておらず，オランダの台頭が始まった17世紀初頭にはその進出を妨げる有力なライバルが未だ存在しなかったのである。

　さらに，そしてより重要な点として，オランダ社会における統制権力の欠如と，それがもたらした自由の謳歌が挙げられる。グロティウスが，『海洋自由論』(1609年) において「如何なる国民も自然法と万民法の原則に従い，海洋を自由に航行し，他の国民と自由に交易する権利を有する」と述べ，東インドにおけるポルトガルの通商独占権を否定したように，オランダが海洋の自由や自由貿易を国是としたことは有名だが，この自由尊重の気風がその後の商業の拡大発展の原動力となった[4]。商業に携わる国家では大なり小なりこうした気風が育まれるものだが，オランダの場合，商業活動の発展が自由の気風をもたらしたのではなく，独立自存の連合体から国家が形成されるという独特の社会構造に根ざしたものであった。しかもそれは，ホイジンガが

> 「オランダ人をして世界貿易の支配者たらしめたものは断じて商業組織や経済理論の領域における優位などではなかった。それどころか，まさに国家の干渉がなかったことこそオランダ人に幸いしたのである。オランダ人をして大ならしめたものは制度や組織ではなく，むしろ制度や組織の欠如であった。あるいはより適切にいうならば，中世の人々が自由と呼んだあの極端に排他的な態度を取る組織を固守したことであった。そのような組織とは，それぞれ自己の圏内では厳しい拘束を課し，局外者はできる限り排除するけれども，中央政府からは何らの制限も加えられない独立小自治体のことである」[5]

と論じたように，自由思想とはいっても，フランス革命以降の近代的自由とは異なる中世的な自由思想であった。奇妙なことだが，この国の繁栄はむしろ時

代遅れと呼ばねばならない枠組みの中で進展していったのである。

3 英国：辺境からの脱却

●相次ぐ渡来勢力による支配

　1万年以上前，ブリテン島はヨーロッパ大陸と未だ地続きであったが，氷河の後退に伴い大陸から分離して島となる。紀元前4000年頃イベリア半島から地中海人種が移動し，ブリテン島に巨石文化を築いた。ソールズベリー近郊のストーンヘンジはその代表である。前7世紀以降，ケルト人が鉄器を持って大陸から移り住む。ケルト人の渡来は数世紀の間，何波にも分かれて続き，初期に移住した種族はゴイデル人，後から移り住んだ一派ベルガエ人はローマ人からブリタニ（ブリトン人）と呼ばれた。この名称が，この島を意味するブリタニアの語源となった。ケルト人は紀元前1世紀までには島をほぼ制圧するが，30程度の部族に分かれたままで統一はできなかった。紀元前55年，ローマのカエサルがガリア地方のケルト人を支援するブリトン人を討つためブリタニアに侵攻した。ローマの軍団はイングランドとウェールズを版図に収め，北部を除きブリトン島はローマの属領ブリタニアとなる（ローマ駐屯軍はテムズ河畔の地ロンドニウムをその根拠としたが，これが後のロンドンである）。しかし，本国の衰退に伴いローマ軍は島から撤退，入れ替わって5世紀頃からゲルマン民族の侵入を受ける。ユトランド半島の西海岸〜西北ドイツに住んでいたアングル人，サクソン人，ジュート人らの混成で，一般にアングロ・サクソン人と総称される。ケルトを西や北に追いやり，ブリタニアを制圧したアングロ・サクソン人は，7王国時代を経て829年にウェセックス王エグバートが統一国家を樹立する（アングロ・サクソン王国）。

●ノルマン征服王朝

　9世紀末，ブリテン島はノルマン（バイキング）の一派デーン人の侵入を受ける。ウェセックス王アルフレッド大王はデーンの進出を食い止めるが，ほどなくしてノルマンディ公ギヨームが王位継承権を根拠にイングランドに侵攻し，ウィリアム1世としてノルマン王朝を開設する（1066年）。12世紀半ば，王位を

巡る内乱から、仏領主アンジュー伯アンリがヘンリー2世として即位しプランタジネット王朝を開き、ノルマン朝以上の強力な王権の下に封建的国家体制を整えた。

だが同世紀末に即位したリチャード1世は第3次十字軍に出征し、膨大な出費のため諸侯の反発を招く。次王ジョンは仏国王と争い大陸所領の多くを失ったばかりかローマ教皇から破門され、イングランド全土を改めて教皇から封土として受ける政治的失態を演じた。さらに重税に叛旗を翻した封建諸侯の要求に屈し、マグナカルタに署名(1215年)。諸侯は次王ヘンリー3世にも国政を監督するオックスフォード条項を認めさせ、13世紀半ばエドワード1世の時代には、国王と臣下の話合いの場として模範議会が設けられた。この中世議会はエドワード2世の時代にさらに発展し、都市市民の政治参加に途が開かれる。

続くエドワード3世はフランドル諸都市の利権や仏王位継承権を巡りフランスと百年戦争(1337〜1453年)を開始する。この長期戦争は、クレーシーの戦いを機に英国が優勢に立つ時期もあったが、ジャンヌ・ダルクらの活躍で最終的には英軍が大陸から駆逐されてしまう。この敗戦で高まった封建諸侯の不満が、ランカスター家とヨーク家の王位相続を巡り爆発、30年にわたる内乱(バラ戦争)となる。この過程でヨーク朝が誕生、また貴族相互が共倒れし、王権の強化が進んだ。

● スペインに挑戦

ユーラシアの辺境に位置し、ローマからも遠隔で、しかも大陸の拠点を失う等英国はヨーロッパ世界で最も後進的な国の一つであった。しかしヘンリー7世からエリザベス1世に至るチューダー朝約100年の統治を通して王権は伸張し、集権体制も整えられた。内政の充実を背景に英国は海洋国家への途を志向し、先発海洋国家を徐々に射程距離に捉え、覇権国家としての基盤を築いていく。

1485年、バラ戦争最後の戦いとなったボズワースの戦いでリチャード3世を倒したヘンリー・チューダーは、宿敵であるランカスター、ヨーク両家の結合を図り、ヘンリー7世としてチューダー王朝を開設した。封建貴族の力をそぐため、封建家臣団の解散や司法権の中央統制を目的に星室裁判所を設置する等王権の強化と官僚機構の整備に努める一方、毛織物業を保護し、王室財政の確

立に取り組んだ。また長男のアーサーをスペインのイサベラとフェルディナンドの間に生まれた娘キャサリンと結婚させ，6か月後アーサが死去するや次男ヘンリーを再びキャサリンと結婚させて覇権国家スペインとの同盟関係を築いた。この時期，英国でも初の探検航海が試みられ，ジェノバ人のジョン・カボットが北米海岸沿いに航海しアジアへの道を探索 (1497年)，ニューファンドランドやノバスコシアを発見する。続くヘンリー8世は常備海軍を創設 (1532年)，艦艇保有数の増加や大口径大砲の積載に取り組み，世界初の舷側砲装備艦メリーローズ号を就役させる等英国のシーパワーと海外発展の礎を築いた。英国はそれまでの羊毛輸出国から毛織物の輸出国へと変身を遂げつつあり，市場開拓のため北（北極圏）回りでアジアを目指す北西・北東航路の開発を盛んに試みた。既存ルートへの参入がスペインを刺激することを危惧しての選択であった。

エリザベス1世の時代に入り，英国の絶対王政は最盛期を迎える。エリザベス1世は毛織物輸出商人たちに独占的特許状を与えてその活動を保護したほか，東インド会社を設立 (1600年)，さらにバージニアの植民地化を推進する等貿易や領土の拡大に努める一方，スペインのフェリペ2世の求婚を退けオランダの独立運動を支援した。対蘭支援は宗教上の理由だけでなく，英国の対岸フランドル地方にスペインの強大な権力が存在することを嫌ったためである。英国の商船がアフリカやカリブ海に乗り込んで貿易活動を行うようになると，当然権益を侵されるポルトガル，スペインとの関係は悪化した。エリザベス1世は即位直後，アフリカ航海の禁止を解きポルトガル大使の抗議を撥ねつけたが，スペインとの関係には慎重な姿勢を見せ，安易な好戦論は退けた。その反面，ホーキンズやドレイクなどシードッグといわれた海賊がスペイン商船隊に対する略奪行為を繰り返すことは事実上公認した。ホーキンズはスペインの目を潜ってアフリカの黒人奴隷を西インドや南米に売り込み，カリブ海域のスペイン商船を襲った。ドレイクは英国人として初めて世界周航をなし遂げ (1577～80年)，その途次スペイン植民地や商船から30万ポンドを超える莫大な分捕り金を持ち帰った。英国は海賊行為を容認することで覇権大国スペインに非公然たる挑戦に出たのである。

1588年，フェリペ2世はネーデルラントの新教徒を支援し，しかもトルデシラス協定を無視し新大陸との交易を侵す英国に掣肘を加えるため，無敵艦隊

（アルマダ）を派遣したが，逆に英国がこれを破りスペイン海上支配に打撃を与えた。リスボンを出港した130余隻，兵員3万人を越えるスペイン艦隊に対し，わずか34隻の軍艦と海賊船を掻き集めただけの英国海軍では戦力に格段の開きがあったが，大型船の多いスペイン艦隊に軽快な小型帆船で縦横に攻撃を加え，勝利を掴み取った。その後，エリザベス1世が死去しチューダー王朝は断絶。メアリ・スチュアートの子でスコットランド国王のジェームズ6世がジェームズ1世として即位し，スチュアート王朝を開いた。これでイングランドとスコットランドは同君連合となる。この王朝の下，清教徒革命と名誉革命の2度の革命，騒乱を経て英国は内政の安定が実現，18世紀における覇権獲得の基盤が築かれた。

さて17世紀に入ると，英国もオランダに刺激され，王室収入の増加を狙いにエリザベス女王の特許状によって東インド会社を設立した（1600年）。当初はインドネシア方面で香料を求める個別航海の形が取られ，1601年に最初の商船隊を派遣，ジャワに商館を設ける等アジア進出に乗り出した（英国のアジア進出）。だがアンボイナ事件（1623年）を機に，英国は拠点を東インド諸島からインドに移す。香料貿易でオランダに敗退した英国は，投機性の高い奢侈品貿易を早い段階で断念し，交易対象を日用品に代えたのだが，この政策が後の産業革命，そして大英帝国建設に途を拓いた。即ち，英国は自国製毛織物の市場を北部インドに見出し，反対にインドからはキャラコ，更紗，モスリン等の木綿製品，染料のインディゴ，硝石等の原料を入手した。木綿は本国の経済で日増しに重要性を増し，火薬の原料となる硝石は当時のヨーロッパでは不可欠の輸入品だった。ジャハンギール皇帝から代理店開設の許可を得て西海岸のスラットに商館を建設（1612年），以後，マドラス，ボンベイ，カルカッタと次々に拠点を置き，商館の設置・拡充と要塞化を進めた。クロンウェルは，東インド会社を近代的な株式会社組織に改組する（1657年）。

一方，北米での植民活動は国王の特許状を得た会社企業の形式で行われた。17世紀初め，まずバージニアにジェームズタウン（1607年），次いでバミューダ島にも植民地が設立された。スチュアート朝下の国教強制を逃れ，信仰の自由を求めて清教徒や旧教徒が数多く移住し，1620年ピルグリム・ファーザーズと呼ばれる清教徒の一部がメイフラワー号でプリマスに上陸，ニューイング

ランド植民地を開設。1630年にはやはり多数の清教徒によってマサチューセッツ植民地が築かれた。その後も多くの入植地が築かれ，18世紀前半までに13植民地が建設された。農業を主とし，人口も多く，自由独立の気風が強い点で他国の植民地とは異なった性格を有していた。アンボイナ事件後英国の対蘭感情は悪化したが，英国の植民活動が進むにつれ，各地でオランダとの対立が強まる。主な争点は①北大西洋での漁業（鰊，鯨），②インドにおける貿易拠点の確保，③アフリカ，西インド諸島での奴隷貿易等に絡むもので，北米でもオランダのニューネーデルラント植民地とその南北に連なる英国のバージニア，ニューイングランド植民地の利害が衝突した。

4　英蘭戦争とオランダの衰退

●英国の嫉妬と航海条例

オランダの奇跡は，時には称賛の，しかし多くは敵意ある嫉妬と注視に曝された。そのため，各国は自らの経済圏からオランダの仲買人を締め出す統制主義に傾斜していった。中継貿易で栄えるオランダが自由貿易政策を採ったのに対し，ヨーロッパ諸国は重商主義政策を以てオランダの商業覇権に対抗したのだが，その先鞭をつけたのがクロンウェルの英国だった。当時，北大西洋の鰊漁も蘭英の絶え間ない紛争の種であった。鰊漁は6月から年末にかけてオークニ島からテムズ河口にかけてスコットランド，イングランド沿岸水域で展開されたからである。その漁獲高は200万ポンドに達し，これは当時の英国の毛織物輸出額の総計に匹敵した。オランダ代表として英国との漁業紛争の調停に当たったのが，グロチウスであった。彼の海洋自由論は，英国沖での蘭船の鰊漁を擁護するためのものでもあった。しかし，目の前でみすみすオランダに漁業資源を奪われる英国はこの理論に納得しなかった。しかも新大陸の英植民地から本国に送られる商品の大部分は，オランダ船で運ばれるという状態であった。

そこで英国は航海条例を制定し，自国の貿易からオランダを公然と排除し始めた（1651年）。航海条例とは，(1)英国及びその植民地の産物は英国の船で，しかも乗組員の3/4以上が英国人である船に限り輸出を許す，(2)外国の産物は英国船またはその生産国の船でのみ輸入を認める，(3)英国近海の魚類は英国船に

よってのみ輸入し得ること等を定めた露骨なオランダ締め出し規定で，200隻にも及ぶオランダ船がこの適用を受け，英国に積み荷を没収されてしまう。

また英国はオランダの毛織物業に打撃を与えるため，同国への羊毛輸出も禁じた。英国の挑発にも拘らずオランダは平和的な態度で応じたが，英国の嫉妬心はあまりに強かった。結局，英国軍艦に対する敬礼を蘭船が怠ったという英国の言い掛かりが端緒となり，3度にわたる激しい海上戦（英蘭戦争：1652～74年）が繰り広げられることになった。コルベールの活躍するルイ14世治下のフランスもオランダに挑戦，国際貿易からの締め出しを図るべく高関税の導入等自国産業保護政策を打ち出すとともに，陸軍をオランダに進めた（1672年）。スペインという共通の敵が消えた途端，かつての友邦英仏がともにオランダの敵に変じたのである。

● 海洋国家の激突

戦端が開かれるや，ホラント州首相ヤン・デ・ウィットの政治指導やトロンプ，ロイテル各提督の活躍等オランダはよく戦った。だが着々と海軍力の増強に取り組んできた英国に対し，オランダはウェストファリア条約以来軍備の縮小を進めていた。また商船団の護衛を主目的とするオランダ艦隊に比べて英艦隊は艦形も大きく，搭載する大砲の数でも質でもオランダを凌いでいた。さらにオランダの場合，海軍が各州に所属するため，その統一運用に手間取る等国家統制力の欠如が有効な戦略決定を阻害した。こうしたハンデのため，苦戦は免れなかった。第1次英蘭戦争（1652～54年）では，ウェストミンスター条約によって英国は航海条例をオランダに承認させたほか，アンボイナ事件の賠償金獲得とモルッカ諸島における交易地の確保に成功した。

その後，英国のニューアムステルダム（ニューヨーク）占領に端を発し第2次英蘭戦争（1665～67年）が勃発，ロイテル率いるオランダ艦隊がテムズ川を遡航してロンドンを脅かす等オランダ海軍は英国と互角の戦いを繰り広げた。しかし，ルイ14世が南ネーデルラントの相続権を主張し，ピレネー条約以降休戦状態にあったスペインとの戦争を再開（ネーデルラント相続戦争：1667年）させた。フランスと国境を接することを恐れたオランダは，急遽英国と和睦（ブレダの和約），宿敵スペインとも同盟を締結した。この結果，英国は東インド諸島の

権利を放棄する代わりにニューアムステルダムを手に入れた。翌68年には英蘭にスウェーデンを加えた3国の対仏同盟が成立, フランドルの一部を得たフランスは, アーヘン (エクスラシャペル) の和約で戦いを取り止めた。

だがフランスは直ちに次の戦争準備に入り, スウェーデンと英国をオランダから引き離すことに成功する。チャールズ2世とドーバー密約 (1670年) を結んだルイ14世はオランダに侵略, これを機に第3次英蘭戦争が開始された (1672～74年)。英国による海からの攻撃のみならず, 仏軍数十万人による陸からの侵入も蒙ったオランダでは, 戦局悪化に憤激した暴徒によって執政官ヤン・デ・ウィットが虐殺されたが, ロイテルの艦隊が英海軍の侵入を防ぐ一方, 総督となったウィレム3世が堤防を決壊させる洪水戦術で仏軍に激しく抵抗しその進撃を食い止めた。その後, フランスの強大化を恐れる列国の動きを利用し, オランダは英仏との講和に漕ぎ着ける。議会に迫られた英国のチャールズ2世はウィレムと和平条約 (ウエストミンスター条約) を締結し, 対仏同盟条約 (ドーバー密約) の破棄と開戦前への状態復帰を約したのである。だが20年以上にわたる英国との死闘で, オランダの国力は衰弱した。近隣に強力なライバル海洋国家 (英国) と大陸国家 (フランス) がほぼ同時に出現したことが, この国の不幸であった。

● オランダ衰退の原因

他国の強い嫉妬心が招いた戦争で, オランダの地位は揺らいだが, ジェラシーや戦争の惨禍ばかりがオランダ衰退の原因ではなかった。国土狭小で資源にも恵まれない等覇権国家の要件を十分に備えていなかったこともあるが, オランダの繁栄が短かったより大きな理由, それはポルトガルやスペイン同様, この国が加工貿易あるいは中継貿易に終始し, 毛織物などの自国生産業の保護, 育成を怠ったことにある。

「オランダ人の経済は, まったく他国の物産で成り立っている。つまり, ただ買っては売り, 取り寄せては送り出すに過ぎず, 輸出するものといえば, ほとんどあるいはまったく, さきに輸入したものばかりだ。オランダで製造するものといわれる麻織物でさえ織糸の大部分はシレジアやサクソニアから, その他の亜麻もロシアやポーランドから輸入している。……オランダには,

取り寄せたり，見つけたり，運んだりする海運業者や船員としての働きの他には，自国の土産物・海産物もなければ，自国民の労働の生産物もない」。

ダニエル・デフォーがこう指摘したように，オランダは「買っては売り，輸入しては輸出する中継貿易の国」であった。外国産品に手を加えても，せいぜい追加・従属的な軽加工に限られ（例えば英国産の毛織物を半製品で輸入し，それに漂白や染色，仕上げをして消費地へ輸出するケース），仲立ち貿易に依存した従属的加工業（トラフィーク）の域を脱することは最後までなかった。ところが，経済力を身につけた英仏が自国産毛織物の加工を自国で行い，完成品の輸出も自らの手で進めるようになると，オランダの仲立ちに依存する必要はなくなってしまう。こうしてオランダの中継貿易システムは急速に瓦解していった。

オランダも重商主義を取り入れて国内織布業者の保護育成に努めるべきだったが，国内の政治的実権は17世紀半ば以降，レヘントと呼ばれる商業ブルジョワジーに握られ，彼らの利益が優先され国内産業の育成が疎かになったのである。しかもレヘントらはランチェ（金融資本家）化し，手元に残った豊富な資本や技術をライバルの英国等に投資し，その産業革命の手助けまで行ってしまった。よくいえばインターナショナリズムに徹したこと，悪くいえば商人層の独走が国を没落に導いたもので，国家が国内産業を積極的に保護育成した英仏とは対極的であった。

この国が商人層突出の政治に陥ったのは，国内の政治体制と関係していた。7州の連邦として発足したオランダでは，先述した如く中世都市型の自由意識が抜けず各州の独立意識が極めて強かった。国家組織として総督と中央連邦議会（国会）が設けられたが，各州は州議会を持ちそれぞれが自治権を主張した。そのため経済的利害関係を重視するレヘント（商人貴族）を中心に，対外的には和平推進を，対内的には州と都市の独立を強調する分権派（共和派）と，中小市民や農民支持の下に中央集権を目指すオランダ総督オラニエ公一派（総督派）の対立が独立後も続いた。前者は宗教的に寛容だったが，後者はカルビン主義による信仰の統一を望んだ。つまり，この国の実態は統一国家からほど遠く，有力なホラント州をはじめ7州の"緩やかな連合体"に過ぎなかったのである。

両派の対立は，当初総督派が優位に立っていた。1609年にオランダがスペインと12年間の休戦条約を締結した際，オラニエ公の盟友で休戦実現に尽力

したホラント州の首相オルデンバルネフェルトと戦争継続を主張するウィレムの子マウリッツが対立したが，マウリッツら総督派はオルデンバルネフェルトを逮捕，反逆罪で処刑するという強権的手段によって共和派を粛清・一掃した。逮捕されたメンバーの中にはグロチウスも含まれていた。和平派の後退によりスペインとの戦争を再開，三十年戦争に巻き込まれる中で総督権限は強化され，その地位はオラニエ家の世襲となるが，オランダ経済が発展を続ける限り，それを支えるレヘントらの勢力は抑え難く，1639年には「オランダの主権は国会に存せず，この国を構成している諸州に存在する」旨の宣言が出され，43年には州を代表して国会に選出された議員に対し，予め州の意見を尋ねることなく一切の決議に加わってはならない旨の訓令をホラント州が出す等分権派が勢いづいた。三十年戦争が終結するや，スペインとの戦いをなお継続しスペイン領南ネーデルラントの解放を目指す総督ウィレム2世と，和平による軍備削減を求める共和派が再び対立。この時もウィレム2世は共和派逮捕に踏み切り，一旦は強権による軍事支配を実現した(1650年)。だがその直後に彼が死去し，共和派が巻き返しに出た。そしてホラント州指導のドで各州の代表者からなる大会議が催された結果，総督職は廃止され，軍隊の指揮や将校の任命は各州が独自に行う等分権主義が前面に打ち出されるようになった。

　こうして17世紀，中央集権化の時代潮流とは反対にこの国では分権派が優位し，なかでもアムステルダム商人が牛耳るホラント州の利害優先の政治が進められていく。強力なリーダーシップや国民意識の醸成に苦しんだばかりか，例えば海軍も各州議会の支配下にある五つの海軍本部の寄せ集めでしかなく，英蘭戦争に当たっても最後まで統一海軍は成立しなかった。躍進の要因がまさに凋落の引き金となったわけである。凋落のオランダに対し，英国の海外貿易は著しい発展を遂げた。王政復古〜1700年の間にロンドン港の輸出量は一挙に3倍に増加，アメリカ・アジア方面の貿易が増加し，ヨーロッパ向けを凌ぐようになった。それに伴い基幹産業だった毛織物以外の製品が増え，新大陸から輸入した原料を基にタバコ，コーヒー，砂糖が，アジアからの原料で絹，綿が輸出された。ヨーロッパ以外から原料を輸入し，それを加工して輸出する加工貿易のパターンが生まれる。一方ヨーロッパ大陸の覇権闘争は，英国に敗れたオランダや三十年戦争で後退したドイツ，ハプスブルクに代わりフランスの

5　ドイツ三十年戦争とハプスブルク帝国の陰り

●三十年戦争の勃発

　ハプスブルク家の分裂後，スペインではフェリペ2世が攻勢的な対外政策を展開したが，急激に国威が衰退したことは既に見た。しかも18世紀に入ると，ユトレヒト条約でスペインハプスブルクがブルボン家に吸収され，200年でその幕を閉じた。一方，オーストリアハプスブルクは神聖ローマ帝国の皇位を独占したが，名君が輩出せず，歴代君主の宗教政策に一貫性がなかったため政治的には生彩を欠いた。さらにオスマントルコの脅威が顕在化したほか，領内ではキリスト教新旧両派の対立が強まり，やがて三十年戦争へと繋がっていった。即ち，皇帝カール5世はアウグスブルクの和議で，諸侯，自由都市にはカソリック，ルター両派に対する信仰の自由を認めた（1555年）が，個人に対する宗教の自由は依然許されず，カルビン派は除外されたままだった。新旧の勢力争いに諸侯らの政治経済的利害も絡み，新教側はファルツ選帝侯フリードリヒ4世を首領として新教連合を結成，対するカソリック側はバイエルン公マキシミリアンを盟主にカソリック同盟を組織した。

　そうした折，皇帝マティアスが即位するが，子供がなく，従弟のフェルディナンドをボヘミア王及びハンガリー王とし帝位相続者に指定した。先駆的宗教改革者フスの故地ベーメンはカルビン派が勢力を増していたが，フェルディナンドは徹底したカソリック信者のためベーメンの新教徒は強く反発する。1618年5月，ルドルフ2世が発した信仰自由を保証した勅書（1609年）をフェルディナンドが破棄したため，憤激したベーメン貴族が皇帝の代官らをプラハ城の窓から突き落とし反乱を起こした。翌年マティアスが死去しフェルディナンドが皇帝に就任（フェルディナンド2世）するや，ベーメンの新教徒は彼を王位から追い落とし，新教連合の盟主ファルツ選帝侯フリードリヒ5世をベーメン王に擁立し，ハプスブルクからの分離独立を図ろうとした（三十年戦争の勃発）。

　これに対しフェルディナンド2世はカソリック同盟を率いるマキシミリアン公と連合し，スペインの援助の下，フリードリヒ軍を倒しベーメンを回復。ス

ペイン軍はフリードリヒの本拠ファルツを攻撃し，新教連合を瓦解させた。ベーメン回復後，フェルディナンド2世は新教勢力の処刑と追放，それに徹底した旧教政策を打ち出した。こうして三十年戦争の前半は皇帝・旧教側の完勝で終わったが，ハプスブルクの勢力拡大や旧教勢力の復活を阻む目的で，デンマーク，スウェーデンそれにフランスが相次いで戦争に介入したため戦いは長期化した。まず英蘭の軍費援助を受けたルター派のデンマーク王クリスチャン4世がカソリックの復権阻止と新教徒の保護を名目に北ドイツに侵入したが（1625年），皇帝側の最高司令官ボヘミア出身の傭兵将軍ワレンシュタイン率いる軍とティリー率いるカソリック同盟軍に敗北し，リューベックの和約（1629年）で従来通りホルスタインの領有を認められる代わりにドイツへの介入を断念させられ，デンマークへ退散した。

　次いでスウェーデン王グスタフ・アドルフがドイツへ侵攻した。スウェーデンの背後にはフランスがいた。ハプスブルク打倒を目指すリシュリューが，占領地域でのカソリック信仰の継続を条件にスウェーデンに戦費援助を行っていたのだ。自由農民からなる歩兵と新様式の騎兵隊を主力とするグスタフ軍は，不敗の将軍ティリー率いる皇帝軍を打破するなど連勝を続け，カソリック同盟の指導者ババリア選帝侯の都ミュンヘンも陥れ，オーストリア国境に迫った。驚いた皇帝側はワレンシュタインを急ぎ召喚し，ライプチヒ郊外でグスタフ軍とワレンシュタインの皇帝軍各々2万人が衝突した（リュッテンの会戦：1632年）。戦いはスウェーデン軍の優勢で終わり，ワレンシュタイン軍はライプチヒに後退したが，グスタフ自身は戦死を遂げる。グスタフを失ったスウェーデン軍は6歳の女王クリスティーナを擁する宰相オクセンシェルナの指導の下，その後もドイツで戦い続けたが苦戦を強いられ，ネルトリンゲンの戦いではスペイン・皇帝の連合軍に大敗を喫した（1634年）。ここに至り，それまで表に現れていなかったフランスが参戦する。

　かくて，当初は宗教戦争の性格が濃かった戦争も，後半はハプスブルク対ブルボンという2大大陸王家の覇権争奪戦の様相が強まった。リシュリューが死去するやマザランが戦争の指揮を執り，コンデはフランス北東部国境のロクロアの戦いでスペイン歩兵部隊を撃破（1643年），チュレンヌが率いる軍もフライブルクからバイエルンに攻め入る等仏軍は攻勢を続け，44〜45年にかけて皇

帝軍を圧迫した。フェルディナンド2世の後を継いだフェルディナンド3世は，国力の疲弊と戦況の芳しくないことを考慮し停戦を決意，フランス，スウェーデンもこれに応じた結果，1644年暮れ，北ドイツのウェストファリア地方で，皇帝やドイツ66か国諸侯，それに仏瑞西等ヨーロッパ諸国の代表が集い講和会議が開催された。

● ウェストファリア会議

ウェストファリア会議はヨーロッパ史上最大の国際会議で，各国利害が複雑に交錯し，討議は4年の歳月を費やした。1648年神聖ローマ皇帝はミュンスターでフランス，デンマーク，蘭，ローマ教皇と，またオスナブリュックでスウェーデン及び新教諸侯と和平条約を締結した。これらをウェストファリア条約と総称する。この条約ではまず，カソリック，ルター派それにカルビン派も含め信仰の自由が承認され，3世紀にわたった宗教戦争に決着が着けられた。但しここにいう信仰の自由とは「個人の自由」ではなく「各諸侯の自由」であった。「領土の属する者に宗教も属す」（cuiusregio, eius religio）の原則が公に承認され，各諸侯には臣民の信教を決定する権利が認められた。この条約で最も利益を得たのはフランスとスウェーデンであった。フランスは，ハプスブルクからアルザス（除くストラスブール）とメッツ，ツール，ベルダンの要衝を含むライン左岸を獲得したほか北イタリアのピネローロを占拠し対仏包囲網の打破に成功，併せてドイツ帝国議会への参加権も得た。スウェーデンは西ポメラニア，ブレーメン，フェールデン等ドイツ北岸の要地（オーデル，エルベ，ウェーゼル3大河の下流地域）を確保し，北海，バルト海の守りを固めることができた。またドイツ内に領土を獲得，フランス同様ドイツ帝国議会に参加する権利を与えられた。ハプスブルク領であったオランダ，スイスの独立も正式に承認された。一方ドイツ諸侯は領土主権を認められ，各邦相互及外国との同盟締結権を獲得し，ここにその領邦化が完成。以後それぞれ独立した国家として自国の強化に取り組んでいく。この会議に参加せず，ウェストファリア条約も承認しないスペインは，なお10年間フランスと戦い続けた。

三十年戦争はヨーロッパの主要勢力全てが参加した初の大戦争で，宗教改革と宗教戦争の総決算でもあった。多大の犠牲を払った新教徒は信仰の自由を獲

得，これに対し神聖ローマ帝国はその後なお約1世紀半にわたりハプスブルク家を名目上の君主として存続するが、皇帝の権威は完全に失墜、帝国は事実上解体した。長期の戦乱でドイツの人口は3000万人から1200万人に減少し、国土の荒廃著しく、戦闘での破壊や疫病の流行に加え、傭兵の略奪暴行に起因する被害も多かった。傭兵軍が食糧その他必要な物資を現地調達に頼っていたからである。戦後、ドイツの中心は比較的戦禍の少ない東部に移動した。「リシュリューはドイツの統一を2世紀遅らせた」（キッシンジャー）といわれるように、他の諸国が中央集権化を急ぐ中、逆にドイツは分裂に向かい、19世紀後半まで統一国家の出現を見ることはなかった。オーストリアハプスブルクはドイツでの影響力を著しく退潮させ、普遍的世界帝国の夢は遠のいた。国土が戦場とならなかったスペインハプスブルクも疲弊が進み、ライバルであるフランスのブルボン家が大陸の覇を唱えることになる。ウェストファリア条約は仏革命までの1世紀半、ヨーロッパの国際関係を律する基本枠組みとなった。

●墺土戦争とハプスブルクのドナウ進出

　神聖ローマ帝国の支配力を弱めたオーストリアハプスブルクであるが、自らが統治するオーストリアやボヘミア、ハンガリーでは反宗教改革（プロテスタント抑圧）に成功し、カソリックを基盤とする一体性を確保することはできた。だがウィーンには別の脅威が迫っていた。オスマントルコである。スレイマン大帝による第1次ウィーン包囲（1529年）を凌いだ後、スペインのフェリペ2世はキリスト教諸国からなる連合艦隊を編成し、レパントの海戦でオスマン海軍を撃破する（1571年）。だがフランスの画策もあって再びハプスブルクは2正面脅威に直面させられたのである。1683年、フランスと結んだカラ・ムスタファ率いる9万人のオスマントルコ軍が再びウィーンに迫った。皇帝レオポルド1世らはパッソウに撤退、2か月にわたるウィーン包囲攻撃の後、9月に行われる最後の大攻撃でもはやウィーンも陥落かと思われたが、辛くもハプスブルクはトルコ軍を撃退。撤退するオスマン兵からの戦利品として、コーヒーがヨーロッパに伝えられたのはこの時との伝説も残された。逃げるオスマン軍をサボイ公オイゲンがハンガリーに追撃し、ゼンダの戦い（1697年）で勝利する。締結されたカルロビッツの和約によりハプスブルクはトルコの脅威を取り除くと

ともに，ハンガリーのほぼ全土とクロアチア等ドナウ川中流域の全てをトルコから譲り受けた。オスマントルコがその領土を他国に割譲したのは，これが初めてであった。彼はその後も南進を続けベオグラードを征服 (1717年)，ハンガリーの全土とセルビア，ボスニアを獲得しハプスブルクドナウ帝国の基礎が形成された。ドイツでの後退を埋め合せるかの如く，ハプスブルクはドナウへの進出を果たしたのである。

その後，ヨーゼフ1世やカール6世が統一ハプスブルク復活を夢見たが，実現はしなかった。このカール6世の娘がマリア・テレジアである。彼女は帝国の集権化を進めたが，もともとハプスブルク帝国は各領土の寄せ集めで，ゲルマン人のほか，ボヘミアにはチェコ人，ハンガリーにはマジャール人やスラブ系という具合に，11にも及ぶ諸民族が領内に混在，風俗，言語，宗教も雑多なため帝国の一体化は困難な課題だった。マリア・テレジアの子ヨーゼフ2世は啓蒙専制君主として，進歩的な"ヨーゼフ主義"を追求する一方，積極的に税制改革を行い封建貴族を排して国家の集権化を目指したが，ネーデルラント，ハンガリーの反乱や諸階級の抵抗に苦しみ十分な成果は挙げられなかった。東に出たハプスブルクの前に，やがてバルカンの支配を争う国が出現する。それが，ロシアである。

6 フランスの興隆：ルイ14世の時代

●絶対主義への途

オランダの離脱，エリザベスのアルマダ撃破でスペイン世界帝国は大きく傾き，さらに17世紀に入るとアンリ4世の登場と三十年戦争によって，ヨーロッパ大陸の覇権はハプスブルクからフランスへ移る。フランス絶対主義の起源は百年戦争末期のシャルル7世に遡れるが，それが本格化したのは宗教戦争を終息させたアンリ4世の時代である。ジャン・ボーダンが『国家論』を著し (1576年)，強力な王権の登場を願ったのも，そのような時期であった。

さて，ユグノー戦争で国内が混乱したフランスでは，ギーズ公を暗殺したアンリ3世自身も暗殺されてバロア朝が断絶，ブルボン家のアンリ4世が即位 (1589年) する。アンリ4世が背負った課題は，宗教戦争に乱れた国内の秩序と

平和の回復であった。当時フランスの大部分は旧教勢力が支配しており，プロテスタントのアンリ4世に従うのは王国の1/6程度。パリを中心とするカソリック勢力は新教徒の彼を異端の国王として承認せず，スペインも武力介入を行ってきた。そのためアンリ4世はカソリックに改宗し（1593年：彼はプロテスタント⇨旧教⇨プロテスタント⇨旧教と3回その信仰を変えている），両勢力の和解を図ったうえで翌年パリに入城。98年にはナントの勅令を発し国民に宗教の自由を認め，ユグノーに官職を開放し，諸都市のユグノー支配を許した。この政治的妥協により宗教紛争は下火に向かい，以後フランスは覇権大国に向けた動きを活発化させていく。

　ユグノー戦争を終結させたアンリ4世と宰相シュリーは，国内再建を急ぐ必要から平和共存を対外政策の基本に据えた。その一環としてアンリ4世はヨーロッパ諸国の連合創設を提唱したが，これは「アンリ4世の大計画」として知られ，後世の国際連合思想の先駆となった。もっとも，フランスを東南北の三方から包囲するハプスブルクの威信低下と孤立化には執念を燃やし，オランダの独立運動を支援したほかドイツプロテスタント諸侯やスイスのユグノーを味方につけ，さらにオスマントルコとも連携を図った。また商工業の発展に尽力し，絹織物業の基礎を築いたほか，海外進出にも熱心で，東インド会社の設置やケベック建設（1608年）等カナダ植民地の開発を進めた。

● リシュリューとマザラン

　1610年アンリ4世が狂信的カソリック教徒の手に倒れ，ルイ13世が即位したが，幼少のため母后のマリ・ド・メディシスが摂政として親スペイン的なカソリック反動政治を展開し，ユグノーの反発を買う。その後，引退したメディシスに代わり国政を担当したのが宰相リシュリューである。フランスの興隆はリシュリューとその後継者マザランの政治手腕に負うところが大きい。リシュリューはナントの勅令以後勢力伸張の著しい新教徒を打破すべく，ユグノーの本拠として事実上の独立共和国と化していたラ・ロシェルを包囲，陥落させたほか，王権を脅かす貴族勢力を抑圧，また強大な権限を持つ地方監察官を国内各地に派遣する等王権の強化と集権化を進めた。対外的にはドイツ三十年戦争に干渉し，宿敵ハプスブルクの力を減殺し，フランスの影響力を拡大させた。[6]

ルイ13世の死後，幼少のルイ14世が即位 (1643年) し，政務は宰相マザラン が担当した。彼はリシュリューの政策を受け継ぎ三十年戦争に介入を続けた。 仏軍は北東部国境でスペイン軍を撃破 (ロクロアの戦い)，東部国境でもチュレ ンヌ率いる軍が優勢を確保し，44～45年にかけて皇帝軍を圧迫，戦後のウェ ストファリア条約で神聖ローマ帝国は名目上の存在と化し，東方の脅威を取り 除くこと成功した。またアルザスの大部分とメッツ，ツール，ベルダン等ライ ン左岸の地を獲得した。その後もスペインとの戦争を継続し，ピレネー条約 (1659年) で国境争いに決着をつけたほか，スペイン領ネーデルラントの一部を 獲得。さらにスペイン王に彼の娘とルイ14世の結婚を承諾させる (但し莫大な 持参金の見返りに，仏王はその妻のスペイン王位継承権を放棄するものとされた)。か くてフランスはヨーロッパ最強国の地位を獲得する。その間，国内では貴族や 中産階級の反発からフロンドの乱が勃発 (1648～53年)。一時マザランや王室は パリから逃れるが，彼の招集した軍隊が内乱を鎮め貴族勢力を完全に無力化し， 王権の強化は一層進んだ。

●ルイ14世の親政：コルベール主義

　マザランの死去に伴い，22歳のルイ14世が親政を宣言する (1661年)。ユグ ノーの反抗は既に鎮まり，三部会は閉ざされたままで，衰退ハプスブルクとは 対照的に仏王権の伸張は目覚ましいものがあった。この時期，ルイ14世を補 佐し内政全般を取り仕切ったのがコルベールである。収賄で失脚したフルケに 代わり財務総監に任命されたコルベールは財政改革に着手するとともに，海外 から優秀な技師や手工業者を集めたり王立工場を設立する等商工業の保護育成 に取り組み，毛織物，絹織物業やガラス，陶器業等の発展を促した。海外進出 にも積極的で，北米ではルイジアナを得たほかカナダの植民地化を推進，イン ドではポンディシェリーを獲得 (1672年)，翌年にはシャンデルナゴルを買収し てフランス支配の基礎を築いた。さらにアフリカにも植民地を建設，東インド 会社も設立した (1664年)。交易を支える必要から，海軍の育成や造船所の設置 にも腐心した。彼が進めた国家権力が経済の保護育成に当たる重商主義の政策 は，コルベール主義と呼ばれた。

　絶対王政を支えるもう一つの柱である軍事力の整備に関しては，テリエとそ

の子ルボアが活躍した。彼らは貴族が持っていた軍隊招集の権能を縮減し，軍隊を直接国王の管理下に置き常備軍の制度を整えた。軍隊の武装や編成の改革にも手腕を発揮した。三十年戦争で名を馳せたコンデ，チュレンヌ等の名将に加え，築城家ボーバンは160以上の要塞を構築・改修し，約40回にわたり要塞攻囲戦を指揮した。ボーバンは，ピレネー，アルプス，ライン川，それに大西洋をフランス国境にすべきとの自然国境説を唱え，この考えを基にルイ14世の対外膨脹政策が進められた。1666年には7万2000人だった兵力が78年には28万人に増加する等ルイ14世の治下，フランスは欧州最強の陸軍国家になる。

●相次ぐ対外戦争の幕開け：ネーデルラント継承戦争

　ルイ14世が親政を開始する以前より，ともに海洋国家である英蘭の間では戦争が始まっていた。第2次英蘭戦争（1665～67年）で両国が行動の自由を失っている最中，王妃マリー・テレーズの父スペイン国王フィリップ4世が死去し（1665年），カルロス2世が後を継いだ。ルイ14世は，王位継承権が初婚の子に帰すというブラバンドの法に基づき，スペイン領ネーデルラントの領有をカルロス2世の異母姉に当たる王妃マリー・テレーズの権利と主張し，チュレンヌの率いる3万5000人の軍をフランドル（スペイン領ネーデルラント）に侵攻させた（フランドル戦争ないしはネーデルラント相続戦争：1667～68年）。これを発端に，ルイ14世の相次ぐ対外戦争（4大戦役）が開始される。

　僅か8000人のスペイン軍に対し，チュレンヌ率いる仏軍はフランドル，リール等を次々に占拠しブラッセルに迫る勢いを見せた。フランドル地方をフランスとの緩衝地帯と位置づけるオランダは危機感を抱いた。英国も自国の対岸がフランスの手に落ちることは容認できなかった。オランダのデ・ウィットは英国首相ウィリアム・テンプルと協議し，和睦（ブレダの和約：1667年）が成立。英蘭は対仏同盟を形成し，スウェーデンも誘いハーグ三国同盟（1668年）となし，フランスを牽制した。当初ルイ14世は攻撃の手を緩めず，東部フランシュ・コンテへの侵攻作戦を開始し，2万人の仏軍は3週間で同地域を制圧した。だがシーパワー勢力の結集を警戒し，三国同盟の呼び掛けに応じスペインと和を結び，軍隊を引き上げた（アーヘンの和約：1668年）。この和約でフランスはフランシュ・コンテをスペインに返還したが，フランドル地方のリール，シャル

ルロア等12の都市を獲得し、ボーバンに命じてリールに要塞を築かせた。反仏同盟の謀主オランダに対するルイ14世の憎しみは強く、これが次の戦争を招く原因の一つとなった。

●オランダ侵略戦争

　コルベールはオランダ商品の締め出しを狙いに、高関税政策を打ち出した(1667年)。フランドルの一部を奪い、オランダ経済に果たし状を突きつけるフランスにオランダのウィレムは強い警戒心を抱いた。しかし復讐に燃えるルイ14世は外務大臣リヨンヌをして、さらなる対蘭孤立化外交を展開する。まずハーグ3国同盟を切り崩すため英国に接近、年間300万ルーブルの資金援助とオランダ諸港を与えることをチャールズ2世に約し、その見返りに海軍力をはじめとする英国の対仏支援を引き出した(ドーバーの密約：1670年)。また大金を与えてスウェーデンとも対蘭密約を結び、3国同盟を死物化させたほか、ブランデンブルク、ミュンスター、ケルン、ファルツ選帝侯等ドイツ諸侯からも盟約や中立の確約を取りつけた。

　こうしてオランダの孤立化が進められた1672年3月、英国が口火を切り対蘭戦争を宣言(第3次英蘭戦争)、次いでコンデ、チュレンヌの仏軍もラインを渡河しオランダへの侵攻を開始した(オランダ侵略戦争：1672〜78年)。オランダの貿易独占やフランスの葡萄酒に関税を賦課したこと、さらにフランスからの亡命者を受け入れたこと等が侵略の口実とされた。英国海軍の支援の下、陸上兵力で優る仏軍は蘭軍を撃退し、アムステルダムに迫った。オランダではハーグ革命が起き、デ・ウィット兄弟が殺害され、徹底抗戦を主張する民衆はオラニエ公ウィレムをオランダ共和国総督に迎えた(72年8月)。彼は水門を開いて海水を入れ、仏軍を水攻めにする国土水浸作戦でコンデの進軍を阻んだ。海上ではロイテルの蘭海軍が英海軍を打ち破っていた。

　この善戦を背景にウィレムはオランダ孤立網を打破し、逆に反仏同盟の形成に動く。まずスペイン及び神聖ローマ皇帝レオポルドと対蘭支援のハーグ条約を締結(73年8月)、次いでドイツ諸侯やデンマークもオランダ側につけ、74年2月にはウェストミンスター条約を結び対英講和にも成功し、英蘭戦争を終結に導いた。やむなく仏軍はオランダから撤退し、新たにスペイン、ドイツと戦

端を開いた。仏軍はアルザスに侵入した皇帝軍を撃退，またフランシュ・コンテを占拠し，76年には地中海でオランダ・スペイン連合艦隊を打ち破っている。6年に及ぶ一進一退の戦いの末，ナイメーヘンの和約（1678年）でフランスはオランダと講和し，次いでスペインとも講和する。フランスは高関税政策を廃止させられたが，フランシュ・コンテをスペインから得たほか，フランドルの一部とロレーヌを確保した。オランダはフランスに占拠された地域の全てを取り戻し，賠償支払いを強いられたスペインは没落の度をさらに早めた。

● 反仏包囲網とファルツ継承戦争

2度の侵略戦争の後も，フランスはトルコのヨーロッパ侵入で神聖ローマ皇帝が身動きできない隙に乗じてアルザスやリュクサンブール等を併合したほか，3万人の軍を差し向けてストラスブールや北イタリアを占領した。ライン川左岸の2/3を支配下に収め，自然国境確保の目標は概ね達成され，フランスの大陸での影響力はかつてない程に高まり，1680年代，その覇権は絶頂期を迎えた。

だがその力がピークにあった1685年，ルイ14世はナントの勅令を廃止するという大きなミスを犯した。ナントの勅令はフランスの宗教戦争に終止符を打ち，限定的にせよプロテスタントに信仰の自由を認めたものだが，この廃止措置によりカソリックへの改宗を強いられることを嫌った20万人余の新教徒はオランダ，スコットランド，北米へ移住していった。その中には優れた技術者や手工業者らが多数含まれており，これが仏経済に大きな打撃を与えた。

ルイ14世に対する新教国の反発を利用し，反仏政策を採るオランダのオレンジ公ウィレムは，オーストリアハプスブルクやスペイン，スウェーデン，それにドイツ諸侯を加えた反仏同盟（アウグスブルク同盟）を結成（1688年）し，共通の敵フランスを軸に新旧教両勢力を一つに纏め上げた。この対仏包囲網を打ち破るため，ルイ14世はさらなる対外戦争に乗り出す。それがファルツ継承戦争であり，以後，戦いは英仏両国の覇権争奪戦の色彩を強めていく。

● 注　釈

1） Henry Kissinger, *Diplomacy* (New York, Simon & Schuster, 1994), p. 58.

2） 絶対主義国家の成立といっても，早くは英国のエリザベスが16世紀後半，ルイ14世が17世紀半ば～18世紀，ピョートルが17世紀後半～18世紀，遅くはフリードリヒ大王が18世紀半ば以降であったように，国によりその時期は16～18世紀と3世紀の幅が存在した。そのため，絶対化が早い英国では，ヨーロッパ大陸で絶対主義が浸透する17世紀半ばには既に民衆革命が生起し，絶対主義を否定するブルジョワ革命の波が生まれていた。

3） C・ウィルソン『オランダ共和国』堀越孝一訳（平凡社，1971年）26頁。オランダ独立戦争については *Spain and the Netherlands 1559~1659* (Glasgow, Fontana Press, 1979) が詳しい。

4） 「オランダ共和国の半レッセフェール的政策は，この新生"国家"に製造業や商業・金融上の技術，営業上の人間関係のネットワークなどを大いに増進させ，資本と船舶を激増させた。……こうしたことがなければ，オランダの発展はもっと遅く，もっとささやかなものになったであろう」。C. H. Wilson, "The Historical Study of Economic Growth and Decline in Early Modern History", E. E. Rich & C. H. Wilson, eds., *The Economic Organization of Early Modern Europe* (Cambridge, Cambridge University Press, 1977), p. 18.

5） ヨハン・ホイジンガ『レンブラントの世紀』栗原福也訳（創文社，1968年）25頁。

6） 「枢機卿としてのリシュリューは，神聖ローマ皇帝フェルディナンドによる正統派カソリック信仰を回復しようとする動きを歓迎すべきであった。しかるに彼は，フランスの国益を如何なる宗教的目標よりも上に置いたのである。……リシュリューの心配は，故なきことではなかった。ヨーロッパの地図を思い描けば明らかなように，フランスはその全周をハプスブルクの領地によって包囲されていた。南にはスペインが，南東には主にスペインによって支配されていたイタリア北部の諸都市が，さらに東部ではフランシュコンテ（現在のリヨン，サボイ付近）もスペインの支配下にあり，北もスペイン領ネーデルラントだった。スペインハプスブルクに支配されていないわずかな国境は，オーストリアハプスブルクの支配下にあった。ロレーヌ公国はオーストリアの神聖ローマ帝国に忠誠義務を負い，現在のアルザスに当たるライン沿いの戦略的要衝も同様だった。もしも北部ドイツまでがハプスブルクの支配に落ちれば，フランスは神聖ローマ帝国に対して危険な程に脆弱化しよう」。Henry Kissinger, *op. cit.*, pp. 59-60.

コラム　キリスト教の基礎知識

　16〜17世紀のヨーロッパは，キリスト教の教義を巡る新教と旧教の対立が頂点に達し，宗教戦争が各国で繰り返された時代である。カルビン主義がオランダの経済的躍進の原動力になったという指摘もなされているように，カソリックかプロテスタントかの違いは，その後のヨーロッパの政治や国家関係にも大きな影響を及ぼした。ここでは，両派に関する極く基礎的な知識や教会建物のレイアウトについて整理しておこう。

●カソリックとプロテスタント

　父と子と聖霊の三位一体（trinity），救世主であるイエス・キリストを信じることはカソリック・プロテスタントとも共通である。逆にこれを認めない宗派は，正規のキリスト教とは認められていない。しかし，カソリックとプロテスタント両派の相違点も多い。
　まず聖職者の呼び方が違う。カソリック教会は神父（正式には司祭），プロテスタント教会は牧師。神父とは，父のようにカソリック信徒の魂の世話をするという意味。牧師は，「わが羊を救え」というイエスの言葉から名づけられた。神父は妻帯が禁じられているが牧師は認められている。神父は秘蹟の特権があり，告解（信徒が犯した罪を司祭に告白し，許しを請うこと）の秘蹟では神の代理として罪を許すことが認められている。プロテスタントに告解はない。
　カソリックは，聖ペテロの後継者であるローマ教皇を頂点に抱き，司教，司祭，信徒のピラミッド型の階層構造を堅持している。聖書と並んで教皇の教えや古くからの伝承も重視する。カソリックは聖母マリヤを重要視するのでカソリックの国には，聖母教会（our lady church＝ノートルダム教会）が多い。聖人崇拝（セント・ニコラスやセント・バレンタイン等）や聖遺物を崇拝するのもカソリックだ。これに対しプロテスタントはマリアを特別扱いせず，聖人を認めない。聖遺物の存在を以て教会の権威を高めようとする発想も乏しい。プロテスタントは聖書のみを重視し，地上において人間が作った教皇や教会の権威を認めない組織である。逆にそれが一因となって，教理のどの部分を強調するか，洗礼の方式をどうするか等をめぐりプロテスタント内部には多数の宗派が生まれた。
　祭祀を見ると，カソリックはミサ，プロテスタントは礼拝と呼ぶ。聖歌（カソリック）と讃美歌（プロテスタント）も呼称が異なる。ともに祈りや聖書朗読，説教などを行うのは共通だが，ミサではその順序しきたりが明確に規定されているが，プロテスタントの礼拝は教会毎で多様だ。儀式そのものを重視するカソリック，説教に比重を置くプロテスタンといえる。カソリックの十字架には磔刑のイエス像があるが，プロテスタントは十字架のみである。現代社会との関わりでは，カソリックは信徒の離婚や避妊，中絶を認めず，婚前の性交渉も禁じているが，プロテスタントは概して容認的である。

教会（大聖堂）の平面図

（出典）　酒井健『ゴシックとは何か』（講談社，2000年）9頁。

●ヨーロッパの教会
　ヨーロッパにある大聖堂など規模の大きな教会は上から見るとわかるが，ほとんどが十字架の形をなしている（バシリカ型教会）。珍しい例として，ロンドンのテンプル地区にあるテンプル教会（映画「ダ・ヴィンチ・コード」にも登場した）のような丸型（ドーム型）の教会や，正方形，正十字型の教会もあるが，これらは墳墓の形に由来していると考えられる。
　十字架型教会の場合，長い縦軸の一方の端が教会の入口で，通常は西を向いている。その反対側，つまり東端は後陣と呼ばれ，祭壇が設けられている。入口は西向き，後陣は東，即ちエルサレムの方向を向いているわけだ。後陣の窓には美しいステンドグラスがはめ込まれており，昇る太陽の光が差し込み，荘厳な雰囲気を醸し出すことで神の存在を暗示させている。信徒が文字を読めない時代にあって，ステンドグラスで聖書の物語を描き出し，説教に利用された。
　入口（西端，拝廊と呼ぶ）から教会に入ると，まず手を清めるための聖水盤や洗礼盤がある。次いで信徒が祈りを捧げる長椅子が多く配列されている。このスペースを身廊と呼び，ベンチのような座席は会衆席と呼ばれる。一般の信者が祈りを捧げる場である。東に向けて奥に進むと，縦軸と横軸の十字交差部分がある。この上に，教会の塔（中央塔）やドームが聳え立っている。交差部から東が聖職者のスペースで，内陣と呼ばれる。内陣には主祭壇とその手前（身廊に近い方）中央の通路を挟んだ両側に聖歌隊席（クワイヤ）が設けられている。
　大きな教会では，身廊や内陣と並行してその外側に走る長い廊下部分（側廊）があり，アーケードで身廊と仕切られている（身廊や側廊の部分を外陣と呼ぶこともある）。拝廊，身廊から内陣，後陣と連なる長い縦軸と直角に交差する横軸は翼廊と呼ばれ，副祭壇などが配されている。教会の外に目を向けると，建物上部の壁や軒のあちこちに怪物の顔かた

ちをした装飾物が配されている。この怪物をガーゴイルと呼ぶ。ガーゴイルは雨樋の先端部分に当たり，怪物の口の部分が雨水の放出口になっている。

●参考文献

八木谷涼子『なんでもわかるキリスト教大事典』(朝日新聞出版，2012年)。

ホセ・ヨンパルト『カトリックとプロテスタント』(サンパウロ，1986年)。

第4章　英仏の激闘

1　18世紀の国際関係

　18世紀のヨーロッパでは，ポーランド継承戦争，オーストリア継承戦争等絶対国家間の王位継承戦争が相次いだ。そして七年戦争の過程で所謂外交革命が起こり，フランス王家対ハプスブルク家というそれまでの対立軸は消滅した。覇権争奪のアクターではなかったロシアやプロシャという新興大陸国家の躍進も見られた。海洋国家vs大陸国家の視点で捉えると，第2次百年戦争と呼ばれる英仏の激しい覇権争いが繰り広げられた。この戦いはヨーロッパ域内に留まらず，戦場は新大陸やアジアにも及び，闘争はグローバル化の様相を呈した。そしてこれに勝利した英国が，ヨーロッパ覇権闘争の最終の勝利者となる。パクスブリタニカの誕生である。もっとも，フランスを倒した英国も世紀末にはアメリカの独立を許し，一時その覇権は陰りを見せる。

　ところで，王朝戦争の時代，戦いの主役であったヨーロッパの君主，貴族の間には，自分たちは同じ文化の中に生きているという認識の共有があった。日々利害が交錯し，緊張と敵意が戦争へと発展することは日常茶飯事だったが，祖国を守るため，あるいは敵国を殱滅するため全人民が武器を取って立ち上がるのではなく，あくまで王室相互の権力闘争であり，戦争の目的も規模も，そして期間も極めて限られていた（制限戦争の時代）。しかるに啓蒙思想の普及に伴い，王朝支配の体制に動揺が生まれる。まず新大陸アメリカが王室支配というアンシャンレジームに異議を唱え（米独立戦争），ヨーロッパではフランスがこれに続いた（仏革命の勃発）。以降，限定戦争としての王朝戦争から市民軍による戦争へと時代は移り行く。そのような変化の中で，政治理念や理想，それに民族意識等に支えられた巨大軍隊（マスアーミー）を率い，旧秩序に生きるヨ

ーロッパ諸国を席捲し革命思想を伝播させるとともに、英国の覇権にリベンジする人物が水星の如く現れた。それがナポレオンであった。

2 英仏の覇権闘争：第2次百年戦争

●ファルツ継承戦争

　1689年から、海洋国家英国と大陸国家フランスの覇権戦争が開始される。両国の抗争はナポレオンが没落する1815年まで100年以上続いたため、『英国膨脹史論』の著者シーリーによって第2次百年戦争と名づけられた。それは、ファルツ(1689〜97年)、スペイン(1701〜14年)、オーストリア(1740〜48年)の各継承戦争と七年戦争(1756〜63年)の四つの王朝戦争から成り立っている。まず第2次百年戦争の幕を切ったファルツ戦争だが、オランダが敷いた反仏包囲網(アウグスブルク同盟)に先制攻撃を加えるとともに、ドイツとアルザスの間に緩衝地帯を設けることを目的に、ルイ14世はファルツ選帝侯領の相続問題に介入した。1685年ファルツ選帝侯カールが没し男系が絶えると、義妹オルレアン公妃がカールの妹であったことを口実に継承権を主張し仏軍にファルツの占拠を命じる。ファルツとは、ライン川西岸の南ドイツ領である。そうした折、英国で名誉革命が起こり、ルイ14世の支援するジェームズ2世が追放され、オランダのウィレムがウィリアム3世として英国王位に就き英蘭の提携が成立、英国もこの反仏同盟に加担することになった。フランスのスペイン宣戦を皮切りに戦争が勃発(ファルツ継承あるいはアウグスブルク同盟戦争：1689〜97年)、この戦いは、ドイツにとってはアルザス奪回とファルツを占拠されたことへの報復戦であり、国内体制の建て直しを終えた英国にとっては、以後約100年にわたるフランスとの覇権争奪戦の幕開きとなった。

　当初ルイ14世はフランスに亡命中のジェームズ2世の復位を図ったが、ジェームズと仏軍がアイルランドで英軍に破れ失敗(ボイン川の戦い)。その後、ビーチーヘッド沖で仏海軍が英蘭連合艦隊を破り一時優勢に立つが、陸上戦では決定的な勝利を得ることができなかった。さらにトゥルヴィル提督の率いる仏海軍が英蘭連合艦隊に大敗し(ラ・オーグの海戦：1692年)、フランスの海上権力は大きく後退した。また新大陸の英仏植民地も戦場となった。英国優位で推移

した戦争はライスワイクの和約（1697年）で終結，フランスはアルザス，ストラスブールの領有やスペイン領ネーデルラントとの国境に要塞を建設する権利を得たが，ファルツの獲得は断念させられた。またオレンジ公ウィリアムを英国王と認め，占拠したオランダの領地も返還させられた。

●スペイン継承戦争

　しかし，スペイン王カルロス2世の死（1700年）で，ルイ14世の野心は再び勢いづいた。というのは後嗣を持たないスペインハプスブルク第4代の王カルロス2世が，遺言で義兄に当たるルイ14世の孫フィリップを後継者（フェリペ5世）に指定したため，2大王家のハプスブルクとブルボンが合体しヨーロッパ最強の帝国が出現する可能性が生まれたからだ。ルイ14世は早速彼をスペインに差し向け，フェリペ5世として王位を継承させたが，オーストリアハプスブルクのレオポルド1世も姻戚を理由に次子カールの相続権を主張した。フランスのスペイン併合を危険視した英国のウィリアム3世は勢力均衡を図る必要からオランダとともにレオポルド1世の支持に回り，ポルトガル，サボイ，プロシャも加わり再び反仏大同盟が生まれた（1701年）。両陣営がネーデルラントから北イタリア，北米，それにインドの各地で戦ったのがスペイン継承戦争である（1701〜13年）。十数年にわたる戦乱となり，英国のジョン・チャーチル（後のマルボロー公），サボイのプリンス・オイゲン等の名将が活躍し，同盟側は仏王政を財政破綻と軍事的敗北に追い込みかけた。

　だが，二つの出来事によって戦争は終結された。まず英国でトーリー党が選挙に勝利し，主戦派のホイッグ内閣崩壊を受けてアン女王がマルボローを呼び戻した。また戦い半ばに死去したレオポルド1世を継いだ皇帝ヨーゼフ1世も死去（1711年）し，弟のカールが皇帝位に就いたため，再びオーストリアとスペインが合体する可能性が生じた。ハプスブルク帝国の再現はヨーロッパの勢力地図を一変させるため，列国は力の弱まったフランスとの和平を選択したのである。英蘭ポルトガルとフランスは1713年にユトレヒト条約を締結。翌年にはフランスと神聖ローマ帝国の間でラシュタットの講和が成った。

　スペイン継承戦争は50年にわたるルイ14世の治下，最後の侵略戦争となったが，列強が連合して彼の覇権主義に抵抗したため，成果は乏しいものに終わ

った。ユトレヒト条約の結果、フランスはスペイン王位の継承権（フェリペ5世）は認められたが、フランス・スペインの両ブルボン家の合同は許されず、南への領土拡大も果たせなかった。相次ぐ戦争は国力の消耗を招き、コルベールが改善させた財政は再び悪化した。さらに新大陸の仏植民地が英植民地に包囲され、将来の発展性が阻害された。スペインは新大陸の植民地は維持できたが、イタリア領（ナポリ、サルジニア、ミラノ）とネーデルラントを（王位継承権喪失の代償として）オーストリアハプスブルクに譲渡させられた。ヨーロッパの全植民地を失ったばかりか、戦略的要衝ジブラルタルも英国に奪われたスペインは、覇権国家の地位を完全に喪失した。オーストリアもスペイン王位を得られず、国力の疲弊を招いた。大陸各国には得る所の少ない戦争であったが、英国はフランスの野望を挫き、ハノーバー朝の王位継承権を承認させたばかりか、新大陸でも利を得た。

●新大陸での争い

その後、シレジアの領有権を巡る普墺の対立から、オーストリア継承戦争及び七年戦争が勃発した。前者でフランスがプロシャにつけば英国はオーストリアに、逆に後者の戦いでオーストリアをフランスが支援すれば、今度は英国がプロシャに味方するといった具合に、絶えず英国はフランスの勢力拡大を阻止し続けた。こうした英国のヨーロッパへの介入は、大陸での勢力均衡を維持し、ヘゲモニー国家の出現を阻止するという大きな戦略目的からなされたものだが、英仏両国はこの四つの王朝戦争と並行して新大陸で行われた一連の植民地争奪戦で正面から激突、互いの覇を競った。

早くからカナダに植民地を建設したフランスは、17世紀半ば5大湖付近に進出、その後ミシシッピー川を南下し、その支配は新大陸の中部全域に拡大した（この地はルイ14世に因み、1682年にルイジアナと名づけられた）。これは英国植民地の西進を妨げる格好となり、両国の関係は悪化した。やがて両植民地はファルツ戦争で干戈を交え、続くアン女王（スペイン継承）戦争で英国はノバスコシア、ニューファンドランドやハドソン湾をフランスから、ジブラルタルやミノルカ島、それに植民地との奴隷貿易権（アシエント特権）をスペインから獲得する。その結果、仏植民地は東海岸から遮断され、英植民地に包囲されてしまう。

また英国はカリブの制海権を手に入れ，当時新大陸からヨーロッパへの主要輸出品であったタバコと砂糖の貿易権を独占する[1]。

その後のジョージ王戦争（オーストリア継承戦争）は占領地の交換に終わった（アーヘンの和約）が，続くフレンチ・アンド・インディアン戦争（七年戦争）はそれまでにない大規模な戦いとなった。ミシシッピー以東のインディアンがフランス側についたこと，英植民地相互の連帯が悪く，また英国軍と植民地兵との連携も拙く戦況は当初英国に不利であった。しかし大ピットがヨーロッパではプロシャへの財政支援のみに留め，主力を北米とインドに振り向けた（北米には正規軍2万人を投入）。数で優る英国はやがてフランスに優位し，1759年にはケベックを，60年にはモントリオールを攻略してカナダを征服，勝利を飾った。パリ条約で英国はフランスからカナダ，ルイジアナ東部，それに西インド諸島の割譲を受け，スペインからはフロリダを獲得，フランスは西ルイジアナをスペインに譲り，北米の領土を完全に失った。カナダからフロリダに及ぶミシシッピー以東の広大な領土を手中に収めた英国は，新大陸での植民地争いに完勝，英植民地はフランスの脅威から解放された。英国はインドでもフランス・ベンガル土侯の連合軍をプラッシーの戦いで破り，独占的支配を達成する。

● **パクスブリタニカをもたらしたもの**

大航海時代が幕を明けた15世紀以降，ヨーロッパで繰り広げられたオーシャンヘゲモニーの覇権争奪戦は，16世紀にスペイン，17世紀にオランダを倒し，さらに18世紀にはフランスの勢力拡大を阻止した英国が最終の勝利者となり，パクスブリタニカ（英第1帝国）の時代を迎える。

パクスブリタニカが実現した最大の理由は，ヘゲモニー争いのプレーヤーのうち英国のみが島国であり，到来した大航海時代に優位な位置を占めていたこと（シーパワー発揮の地理的優位性）や侵略の恐れが小さく，他国が陸軍兵力の整備に充てる分を海軍力の増強に集中できた点にある。無論，植民地での戦闘には陸軍が必要だが，本国から遠く離れた地での戦いは補給力の如何に大きく左右されるため，強大な海軍力によりシーレーンの確保に成功した英国が優位に立てたのである。また大陸での覇権争いには勢力均衡策で臨み，ハプスブルク・ブルボン両勢力の共倒れを招来せしめた柔軟な外交戦略も躍進の一因であ

った。さらにヘンリー8世による宗教改革で，教権の王権への干渉を防いだことも幅広い国家戦略の展開を可能にした。

　長期にわたる戦争遂行には，それを支える十分な経済力が不可欠だが，他国に先駆けて民主革命を経験した英国では，ハノーバー朝以後，国家が特定の大商人層のみを保護するというオランダ等が採ってきた方針（初期重商主義）が否定され，商工業全般を国が広く保護し（後期重商主義），毛織物，綿織物等の生産が飛躍的に増大した。あくまで商業が中心で，それに追随する程度の加工貿易に留まったオランダに比べ，英国では農村工業を基盤に工業化が順調に進み，さらにそれが契機となって都市の勃興，国内市場の拡大も可能となった。英国の毛織物も初期には染色・仕上げ等の技術面でオランダに劣り，半製品のままアントワープに輸出され，そこで仕上げ加工されたのち各地に再輸出されたが，17世紀になって薄手の新毛織物の開発に成功するや，オランダに従せず，英国から直接ヨーロッパ各地や新大陸に製品を輸出するようになった。

　興隆する英国と，衰退したオランダという2大貿易国家の産業構造を比較したダニエル・デフォーは，その著『英国経済の構想』（1728年）で次のように述べている。

　　「私の知る限りで，（英国経済は）世界にその比を見ないものだ。つまり（そこでは）元本はすべて国内で得られる。経済がすべて国内に由来することは英国経済の特色のひとつなのだ。が，他の国の場合はそうではない。オランダ人の経済は，まったく他国の物産で成り立っている。……オランダ人は買って売るが，英国人は植え，耕し，羊毛を剪り，それを織って売る。我が工業製品は国産であるばかりか，原料もほとんどすべて国産なのだ」。

　国民の生活や生産活動とは無関係に行われたオランダの中継貿易と異なり，英国の場合，毛織物業を軸とした国内の工業生産力と市場の充実を基盤としての輸出貿易であった。この強固な国民的産業の存在が，大商人の利益優先の経済政策になりがちなフランスをはじめとする諸外国との覇権競争に勝利できた要因だった。

　フランスの場合，その絶対王政は英国と異なり議会の拘束を受けることが少なかったが，その反面，英国の毛織物業のように国民的規模の産業を持たず，国内の社会的分業も未熟であった。そのためフランスはコルベール主義を採用

して国家の監督・統制という上からの指導で輸出向け産業の保護育成に取り組んだが、内需向け農村工業の自由な発展が阻まれ、国内市場の狭隘さゆえに英国資本主義との格差は遂に埋まらなかった。しかるにルイ14世は陸軍のみならず海軍力の拡充にも乗り出し、また対外戦争を繰り返す等軍事偏重の政策を採り、多くの国費と人民を浪費した。さらに国外市場を求めてヨーロッパ域外でも対外戦争を重ねるが、膨大な戦費を投じたにも拘らず、新大陸という自国製品の有力な輸出市場を確保できなかったこともフランスが英国に遅れを取った原因であった。[3]

一方、英国はそれまでの主要産業であった毛織物業に加えて綿織物業を発達させ、[4]18世紀の半ばには世界初の産業革命を成し遂げる。アルマダや蘭海軍、さらにトラファルガーで仏海軍を打ち破ったロイヤルネイビーの精強さだけでなく、ヨークシャーの織機が織り出す綿布も英国海上制覇の強力な武器だったのである。他国に先駆けて英国で産業革命が実現した理由としては、(1)18世紀の中頃にはフランスを破り世界の海上権を握り、ヨーロッパ第1の商業国として資本の蓄積が他国よりも進んでいたこと、(2)農村を中心とする毛織物工業が国民規模で広がっており、マニュファクチュア（工場制手工業）が形成されていたこと、(3)16～17世紀の囲い込みに続き、18世紀半ばからの農業生産力向上に伴う第2次囲い込み運動で自営農民が没落し、賃金労働者の供給が可能になったこと、(4)植民地帝国となり商品の消化力が大きかったこと、(5)国内に石炭や鉄等の工業資源に恵まれていたこと等が指摘できるが、フランスとの比較で考えればわかりやすい。

既にブルジョワ革命を経験し、しかも議院内閣制や政党政治が機能し始めていた英国と異なり、フランスでは他の大陸国家と同様に、ルイ14世の頃から仏革命に至るまで一貫して絶対王制という権力集中型の政治システムが支配し、新興資本家階級の経済的要求を政治的に吸収し、それを国策に反映させるメカニズムが不在であった。しかも島国の英国とは違い、強力なライバル国家と直接国境を接するフランスは、海外の植民地獲得や防衛のための海軍力と強大な陸上兵力の双方を同時に整備せねばならず、これは課税負担の増加となって民間を圧迫し、資本の蓄積を阻害した。さらに相次ぐ革命・政変による安定政権の不在は、経済活動の妨げとなった。英国では1694年にイングランド銀行が

設立されたのに対し，フランス銀行が設置されたのはナポレオン治下の1800年であった。この一事を取っても，資本主義発展のレベルで両国に大きな格差が存在していたことが窺える。

3 プロシャの台頭

●軍国プロシャの躍進

　三十年戦争の結果フランスが勢力拡大を果たしたのに対し，ドイツの疲弊・荒廃は著しいものがあった。皇帝権は弱体化し，世界帝国実現の夢は遠のき，ハプスブルクもその勢力を退潮させた。一方ドイツ帝国内の領邦や自由市は独立主権と外交権を獲得，300余のドイツ諸侯が独立国家として割拠したことでドイツの分裂が決定化した。19世紀後半まで統一国家は出現せず，それを実現したのは，戦争で荒廃した西ドイツに代わり，エルベ川以東を基盤とする東ドイツの有力な領邦国家，具体的には鉱物資源の豊富なシュレジェン地方を挟んでハプスブルク家と対峙するプロシャであった。プロシャのホーエンツォレルン家は南独シュワーベン地方の小領主であったが，15世紀にブランデンブルク選帝侯に任じられ，ベルリンを中心とする北ドイツを領有するようになった。16世紀にルター派に改宗して新教国家群の中心となり，17世紀にはドイツ騎士団領東プロシャを併合した（ブランデンブルク・プロシャ公国）。大選帝侯フリードリヒ・ウィルヘルムは三十年戦争に参加して領土を拡大，フランスからの亡命新教徒を保護して国内産業の開発を奨励，続くフリードリヒ1世はスペイン継承戦争でオーストリアハプスブルクの側に立って参戦，代償として王号を認められ（1701年），プロシャ王国と称し首都をベルリンに定めた。

　18世紀以降，プロシャはオーストリアハプスブルクと伍するまでに勢力を増大させたが，その礎を築いたのはフリードリヒ・ウィルヘルム1世である。彼はユンカーと呼ばれる封建土地貴族を軍隊の幹部や官僚に任命し王権の確立を図るとともに，重商主義政策によって国庫の充実に努めた。ヨーロッパ随一の軍隊建設を目指したウィルヘルム1世は，全国に徴兵区（カントン）を設けて農民を強制的に兵士に徴募することで3万8000人の兵力を8万人に増強したほか，軍規を厳正にし，士官将校には有能な貴族の子弟を抜擢した。彼の王子フ

リードリヒ2世(フリードリヒ大王)も富国強兵政策を推し進め、その非凡な軍事政治的才能によってプロシャの国際的地位を大いに高めた。やがて北ドイツの新教諸国はプロシャを中心に連携するようになり、他方、南ドイツのカソリック諸国はオーストリアの下に結集し、以後両国はドイツ統一を巡る主導権争いを演じる。その最初の衝突が、オーストリア継承戦争であった。

● **オーストリア継承戦争**

　フリードリヒ2世が即位した1740年、オーストリアハプスブルク家では皇帝カール6世が死去し、娘のマリア・テレジアが後を継いだ。カール6世には男子の世継ぎがおらず、領土の永久不分割と女子にも相続を許す国事詔書を生前に発表していた(1724年)が、バイエルン(ババリア)選帝侯カール・アルブレヒトは彼女の即位に異を唱え自らの継承権を主張、ハプスブルク打倒を目指すフランスもそれを支援し、この問題に干渉した。プロシャのフリードリヒ2世は天然資源の豊かなシレジアの領有を欲し、シレジア割譲を条件にオーストリアに与するとの提案をなしたが、マリア・テレジアがこの申し出を拒否したため、フリードリヒ2世は突如シレジアを占領した(第1次シレジア戦争：1741～42年)。シレジア奪還を目指すオーストリア騎兵軍はモルビッツの戦いでプロシャ軍に敗北。プロシャの精強ぶりを見たフランスはバイエルン等とともにプロシャに与し、オーストリアに迫った。

　当時新大陸では英国とスペインが交戦していた(ジェンキンズの耳戦争)が、フランス、スペイン等がプロシャ支援に回ったため、英国はマリア・テレジアに味方するようになった。もっとも英国の支援は金銭面に留まり、ヨーロッパ内部への関与は消極的で、オーストリアは引き続き苦戦を強いられた。マリア・テレジアはプロシャのシレジア領有を認め(ブレスラウの和約：1742年)、以後バイエルン、フランスとの戦いに兵力を集中し、神聖ローマ皇帝カール7世となったカールをバイエルンから追放するが、オーストリアの優勢を危惧したフリードリヒ2世が再びオーストリアと戦端を開いた。後にカール7世が死去し、ドレスデンの和約で、プロシャのシレジア領有を再確認すること、マリア・テレジアの夫をフランツ1世として皇帝となすことで普墺の戦争は終結する(第2次シレジア戦争：1743～45年)が、その後もネーデルラントやイタリア、

新大陸で英仏の戦争は続いた。全ての戦闘が終結したのは1748年（アーヘンの和約）で，ここにマリア・テレジアの相続権が正式に認められた。鉱工業の発達したシレジアの獲得は，プロシャの近代化に利するところ大であった。

●外交革命と七年戦争

　シレジア奪還と対プロシャ報復の念断ちがたいマリア・テレジアは，国力の充実と集権化を急いだ。プロシャに倣って軍隊や官僚制度の整備を進め，軍制改革では，それまで各領邦の軍隊に依存していた制度を改めて10万人の常備軍を編成した。外交面ではカウニッツの献策を容れ，プロシャの包囲孤立を目的に，宿年のライバルフランスへの接近を試みる。駐仏大使カウニッツは，ルイ15世の愛妾ポンパドール侯爵夫人を味方に取り込み，ブルボン王家に接近した。一方ドイツにあるハノーバーの所領（英王室の故郷）がフランスの手に落ちることを恐れた英国王ジョージ2世は，対墺同盟の樹立を希望したが，オーストリア継承戦争の際，大した援助を得られなかったことからマリア・テレジアはこの申し入れに関心を示さなかった。そこで英国は一転してウェストミンスター条約を結び（1756年）プロシャに接近した。英普の連携を察知したルイ15世は，ハプスブルクとの和解を決意，カウニッツの申し入れに応じ，ベルサイユ条約を結んで同盟関係に入った（1756年）。ここにハプスブルク対ブルボンというそれまでの欧州国際関係の基本図式は根本的な変化を遂げる（外交革命）。この同盟にはプロシャの強大化を恐れるロシアやスペイン，ババリア，サクソニア（ザクセン），それにスウェーデンも加わり，マリア・テレジアとカウニッツが望んだプロシャ包囲網が出来上がった。

　自らの孤立を悟ったフリードリヒ2世は1756年，宣戦布告をせずザクセンに奇襲攻撃を仕掛けドレスデンを占領，七年戦争が開始された。フリードリヒ2世の卓抜した指揮と優秀な軍隊の活躍でプロシャは善戦し，ライプチヒ郊外ロスバッハで仏軍を破るや，返す刀でシレジアのロイテンでオーストリア軍を撃破した。しかしクネルスドルフの戦いで墺露連合軍に破れてからは劣勢が続き，ベルリンも占拠される。その後，女帝エリザベータの死去で露軍がオーストリアから撤退，続くピョートル3世はフリードリヒ2世の信奉者で，プロシャと同盟を結びオーストリアを攻めた。結局マリア・テレジアはあと一歩で目的を

果たせなかった。パリ（フベルツスブルク）条約（1763年）でプロシャのシレジア領有が改めて確認され，同国は列強の一翼を占めるに至った。

4 アメリカ独立を巡る英仏の抗争

●本国・植民地間の軋轢

　フランスとの植民地争奪戦は大英帝国の勝利に終わったが，英国も1億3000万ポンドの負債を背負い財政的に疲弊した。そのため戦費と1万人の軍隊駐留経費（年間30万ポンド）の大部分を植民地に負担させるべく，1764年英本国は砂糖法を，翌年には印紙法と軍隊宿営法を制定した。税負担の重さもさることながら，植民地人にとっては，植民地議会を無視して本国が一方的に課税することは認められなかった。1765年，バージニア議会ではパトリック・ヘンリーにより「代表なくして課税なし」との印紙法反対決議が採択され，ニューヨークでは9植民地が印紙法は英国憲法に違反するとの採択を行った。植民地の反対で印紙法は廃止され砂糖法も改正されたが，本国は「英国議会は植民地に関するあらゆる立法権を有する」との宣言法を発して植民地の憲法論を否定した。しかも67年にはいわゆるタンゼント諸法を制定し植民地での密貿易取締りを強化したほか，本国からアメリカに輸入される茶，ガラス等特定の商品に課税し，その収入を駐留する軍隊の経費と植民地官吏の俸給に充てようとした。

　再び植民地が課税反対の動きを強めたため本国は同諸法を撤廃するが，両者の対立は73年の茶法制定で3度激化した。茶法は財政破綻に瀕した東インド会社を救済し，かつアメリカへの茶の密輸入を防ぐため，東インド会社にアメリカでの茶の独占的直売権を認める法律であった。同社は本国の課税が免除されたため，オランダから密輸入される茶よりも安くアメリカで茶を販売できた。植民地にとっても安価な茶は歓迎すべきであったが，本国の一特許会社に植民地貿易の一部を独占させることは植民地自治に対する重大な脅威であり，フィラデルフィアやニューヨークでは茶船の入港を拒否，ボストンではインディアンに変装した約60人の市民が入港した茶船を襲い，342箱1万5000ポンドの茶を海中に投げ捨てた（ボストン茶会事件）。激怒した英国は"耐え難き諸法"と呼ばれる一連の法律を定め，ボストン港の封鎖や英軍駐留に加え，マサチューセ

ッツにおける裁判権の制限や，総督の同意なしにタウンミーティングを開くことを禁止する等の報復措置を打ち出した。植民地側はこの強圧政策に立ち向かうため，74年9月ジョージアを除く12植民地の代表がフィラデルフィアに集い，植民地に対する英議会の立法権を全面的に否定したほか，本国との通商断絶や武力行使の準備を進めることを決議した（第1回大陸会議）。

● 独立戦争

　英本国もアメリカへの軍事威圧を強め，現地司令官ゲージ将軍に活動家の逮捕を命じる。1775年4月18日，相当の武器弾薬がボストン郊外コンコードに集められているとの情報を得たゲージ将軍は，その押収を決意し英軍の出動を命じた。これを知ったポール・リビアは，早馬でコンコードに連絡。約800人の英正規軍が翌朝レキシントンに到着した時，町の広場で待ち構えていた約50人の植民地民兵（ミニットマン）がこれを迎撃，次いでコンコードでも戦闘が起こり，ここにアメリカ独立戦争の幕が切って落とされた。

　5月にはフィラデルフィアで第2回の大陸会議が開催され，全植民地が結束して戦うことを決める（「武器をとる理由と必要の宣言」）とともに，大陸軍を組織してジョージ・ワシントンを総司令官に任命した。これに対し英国王ジョージ3世はドイツ人の傭兵を派遣，英議会も植民地との通商禁止と船舶捕獲を決定した。6月ボストン郊外バンカーヒルで植民地民兵と英軍が激突，戦いは植民地側の退却に終わったが，英軍にも多数の犠牲者を出す等大陸軍は善戦した。大陸会議は11月，同盟国確保の必要から外国政府との接触を図るため秘密通信委員会を設置したほか，革命戦争への参加を拒否したカナダへの侵攻と併合を決議した。カナダに進撃した大陸軍はモントリオールを占拠したが，ケベックの襲撃に失敗，以後後退を強いられ遠征は惨敗に終わった。

　この敗北で植民地の士気が沈滞していた76年1月トマス・ペインが『コモン・センス』を発表し，英国王を弾劾するとともにアメリカの即時無条件独立を要求した。『コモン・センス』は，出版後3か月で11万部が発行される等凄まじい反響を引き起こした（当時の人口は約200万人）。それまで大部分のアメリカ人にとって自分たちの敵は国王ではなく議会であり，戦いは独立のためではなく植民地自治の確保が目的であった。だが，君主制そのものを否定し，独立

を主張するペインのパンフレットは植民地世論を自治から独立へと一変させた。76年7月4日，大陸会議はジェファーソンらが起草した独立宣言を採択した。

●米仏条約とヨークタウンの勝利

　大陸会議は同盟国を得るため対ヨーロッパ外交の準備を進めていたが，英国のライバルフランスやスペイン，なかでもフランスはアメリカの独立を支援するだろうとの期待感を抱いていた。1776年12月，大陸会議はフランクリンらをパリへ派遣し，仏外相ベルジェンヌとの交渉に当たらせたが，ハウの率いる英軍がロングアイランドの戦いでワシントンに大勝し戦局の行方が微妙となり，フランスはアメリカとの条約締結に慎重な姿勢を崩さなかった。しかしサラトガの戦い（77年10月）で大陸軍がバーゴインの英軍を打ち破り，強硬な態度を取っていた英国もアメリカとの講和を考えるようになった。英米和解を恐れたベルジェンヌは直ちに独立承認と条約締結の意志をアメリカに伝え，78年2月に友好通商条約と同盟条約が締結された。両国の動向は逐一英本国にも届いていた。ノース首相は米仏接近を防ぐためアメリカに事実上の自治を認める和解案を提示したが，完全独立を求めるアメリカとの開きは大きく，大陸会議は5月に満場一致で2条約を批准，6月には英仏が戦争状態に入った。

　この間，英軍に比べ戦力劣勢の大陸軍を率いるワシントンは，奇襲やゲリラ戦により長期持久の構えで対抗した。77年10月，ゲーツ将軍指揮の大陸軍は，カナダから南下するバーゴイン将軍の英軍とインディアンの連合軍をサラトガで撃破し，戦局はアメリカ有利に傾いた。その後，北部戦線は膠着し，英国は国王派の多い南部で勢力奪回を図るべく，チャールストンやサバンナ等ジョージア，カロライナ地方を制圧した。しかし81年10月，ヨークタウンの戦いで，ワシントンとフランスのロシャンボー将軍率いる米仏連合軍が英軍を降し，独立戦争はアメリカ勝利のうちに終結した。

　1783年9月パリ条約が締結され，アメリカはその独立が承認されるとともに，カナダ，ノバスコシアは得られなかったが，南はフロリダ北部から北は5大湖まで，西はミシシッピー川に至る広大な領土とニューファンドランド周辺の漁業権を獲得。アパラチア山脈以東40万平方マイルの領域が89万平方マイルに倍増した。アメリカが勝利した理由は，フランスの支援を引き出したこと，本

国から遠隔なため英軍が補給に苦しんだこと，さらに英本国が対米戦争に対する世論の支持を十分に得られなかったことに加え，白人男子のほとんど全員が銃を保有するアメリカの驚くべき武器普及率の高さが指摘できる。労働力が不足し，かつインディアンとの戦闘に備えねばならなかったアメリカでは，農民自身が武器を持ち，一朝有事の際は直ちに全員が参集（それゆえ彼らはミニットマンと呼ばれた）し，兵士として戦う社会システムになっていた。この民兵（ミリシア）制度の存在が，革命戦争の勝利に貢献したのである。こうしてアメリカは，自由と平等の実現という民主主義革命を達成し，世界最初の民主共和国となった。

5 フランス革命とナポレオンの挑戦

●フランス革命

　1789年7月14日，パリ民衆のバスティーユ牢獄襲撃を機にフランス革命が勃発，議会は封建的特権の廃止を決議し，さらに人権宣言を出して革命の指導原理を明らかにした。しかし国王ルイ16世はこれを認めず，議会を圧迫したため，逆にベルサイユ宮殿に押しかけた市民らに拘禁される。国王逮捕の報に接した各国君主は，革命勢力に恐怖心を抱いた。王妃マリー・アントワネットの実家に当たるオーストリア皇帝はプロシャ国王とピルニッツに会し，フランス革命非難の宣言を発した(91年8月)。こうした周辺国の態度は仏国内の共和主義勢力を勢いづかせ，翌年春好戦的なジロンド党が内閣を組織するや，国王を強制してオーストリアに宣戦を布告させた。だが戦局はフランスの有利には展開せず，普墺連合軍が国境を突破してパリに接近する。この時，立法議会の呼び掛けに応じ各地からパリに結集した義勇兵が，侵入軍をバルミーで打ち破った。素人集団の国民軍が職業軍人を打ち破ったのだ。ザクセン・ワイマール国の宰相としてプロシャ軍に加わり，この戦いを観戦したゲーテは「この場所から，そしてこの日から，世界史の新たなる時代が始まった」とその感動を書き記した。以後フランスが攻勢に転じドイツに進出，マインツ，フランクフルトの諸都市や墺領ネーデルラントを占領した。その後国王ルイ16世が処刑され，列強に強い衝撃を与えた。フランスの勢力がネーデルラントに及ぶことを

恐れた英国のピット首相は，国王処刑の機を捉えフランス包囲同盟の形成に動いた。そして露蘭西葡瑞と第1回対仏大同盟を結成 (93年3月) し，フランスとの戦端が開かれた。

　北からはオーストリア軍が侵入，南部のツーロン軍港は英軍に占領され，危機に陥ったフランスでは，ロベスピエールらに率いられたジャコバン派が強力な中央集権政策で事態を乗り切ろうとジロンド派を国民公会から追放して独裁を開始 (93年6月) する。ジャコバンは公安委員会を最高の中央行政機関とし，反革命分子を処刑し革命政治の徹底を図ったが，この時公安委員会の軍事委員カルノーの採用したのが徴兵制だった。国民総徴兵法で得た多くの兵士と彼の大胆な戦術で，10月頃から戦局は再びフランス有利に展開し，オランダ，イタリアに加えライン左岸のドイツも占領した。プロシャはフランスと単独講和し対仏包囲から離脱 (95年4月)，オランダ，スペインも戦線を離れ，英墺と北イタリアのサルジニアのみがフランスに敵対を続けた。この間，ジャコバン内部の権力闘争でロベスピエールが失脚 (テルミドールの反動)，国民公会ではジロンド派が復活し反動化が進んだ。95年秋にはブルジョワ共和政の総裁政府が誕生したが，インフレによる物価高騰，食糧難等の社会不安を解決できず，バブーフらの共産主義的陰謀もあり政情は安定しなかった。

●ナポレオン帝国：フランス第1帝政

　この流動的な情勢を巧みに利用し，権力を握ったのがナポレオンであった。ツーロンの英軍を撃退 (1793年) し総裁政府の将軍に任命されたナポレオンは，王党派の暴動を鎮圧してさらに名を上げ，イタリア派遣軍司令官に任じられた (96年)。翌年，総裁政府はオーストリア攻撃を開始。第1，第2の両軍は破れたが，ナポレオン率いる第3軍は北イタリアでオーストリア，サルジニア両軍を各個撃破し，オーストリア領内深く攻め込み，北イタリアのロンバルディアと墺領ネーデルラント (ベルギー) を獲得 (カンポフェルミの和約)。ここに第1回対仏同盟は打ち破られた。本国に戻ったナポレオンは宿敵英国を打倒すべく，エジプト遠征を実施。アイルランド上陸作戦の噂を流し英国を欺瞞しつつ，アレキサンドリアに上陸したが，アブキール湾の戦いで仏海軍がネルソン指揮下の英国海軍に全滅，また不順な天候のため，ナポレオンはエジプトで孤立状態

に陥った。

　この機会に英国は墺露と第2回対仏同盟を結成（99年3月）。仏軍は各地で敗北し，イタリアはオーストリアに奪還された。急遽パリに戻ったナポレオンは総裁政府を打倒し統領政府を樹立，自ら第1統領に就任した（99年11月）。政治権力を掌握したナポレオンは翌年アルプスを越えてイタリアに入り，マレンゴで墺軍を破り，リュネビールの和約で先のカンポフェルミの和約を再確認させるとともに，ライン左岸のドイツに対する優越権を獲得する。英国では主戦派のピット内閣が倒れ，和平論を主張したアディントン内閣はフランスとアミアンの和約を結んで第2回対仏大同盟を解体，占領地の大部分を返還し，フランスの獲得地及びその保護下に成立した諸共和国を承認した。

　しかし，翌年英国はアミアンの和約を破棄し，首相に返り咲いたピットが独墺と第3回の対仏大同盟を形成（1805年8月）。国民投票で皇帝位（ナポレオン1世）に就いたナポレオンは対仏同盟を各個撃破すべく，まずウルムの戦いでオーストリア軍を倒しウィーンを占領。次いでアウステルリッツで墺露連合軍を撃破した（三帝会戦）。ロシアは戦線を離脱，オーストリアは単独ナポレオンとプレスブルクの和約を結び，フランスは北イタリアからオーストリア勢力を一掃しベニスを獲得する。ナポレオンは，兄ジョセフをナポリ王，弟ルイをオランダ王に即位させたほか，墺露両国に対抗するためババリア，バーデン等西南ドイツとライン右岸の16邦を以てライン同盟を結成させ，自らその保護者となった。この結果，神聖ローマ帝国は正式に解体し，ナポレオンの脅威を感じたプロシャはそれまでの中立を捨て，ロシアと組みフランスに開戦する（1806年）。ここに第4回対仏大同盟が結成されたが，イエナ，アウエルシュタットの戦いに破れたプロシャは，チルジットの和約（1807年）によってエルベ川以西の地と旧ポーランド領等国土と人口の大半を失い多額の賠償金を課せられた。

　一敗地に塗れたプロシャでは，ナポレオン支配の排除には思い切った国内改革が必要との声が官僚・軍人の間から高まり，宰相シュタインやハルデンベルクは農奴解放や行財政改革に取り組んだが，ナポレオン打倒の目標と直結したのが軍制改革だった。それまでプロシャには傭兵が多く，他方，将校は貴族の独占物であった。そこで革新派軍人のシャルンホルスト，グナイゼナウらは軍隊の近代化とフランスのような国民軍の建設を目指し，傭兵制度や軍隊内にお

ける貴族特権を廃止（試験による将校の採用）したほか，一般兵役義務制を導入し国民皆兵による近代的国民軍を誕生させた。また文部長官フンボルトは教育改革を進め，初等教育制度の整備やベルリン大学を創建した。ナポレオン占領下にも拘らず，フィヒテは「ドイツ国民に告ぐ」という講演を行い国民の奮起を促した。

●トラファルガー海戦とロシア遠征

　エジプト遠征に失敗したナポレオンは直接英本土への上陸を企図したが，3度試みるも英艦隊の存在でいずれも挫折。特にビルヌーブの仏艦隊がトラファルガー沖でネルソン提督の英艦隊に大敗（1805年10月）したため，英国との軍事対決を断念したナポレオンは対英戦を経済戦に移行させ，ベルリン勅令を発し大陸諸国と英国の貿易を禁止した。さらにミラノ勅令では英国の港に出入りする船舶の拿捕・没収を命じ，英国製品を大陸から排除して商工業に打撃を与えようとした。だが，密貿易は後を絶たなかった。封鎖体制をより厳重にすべく，ナポレオンはポルトガルやスペインに介入したが，払った犠牲も大きかった。そのうえロシアにも兵を進めたことが，彼の没落を招く契機となった。

　1812年6月末，普墺と同盟したナポレオンは67万人の大軍でロシア遠征を開始した。ロシアを叩いた後，仏露連合軍を率いてインド遠征を行う壮大な夢が彼にはあった。ナポレオン軍はビルナ，スモレンスクを占領したが，露軍が終始戦闘を避け退却を続けたため決定的な勝利は得られなかった。露軍総司令官クツーゾフ将軍は，ボロジノの激戦で仏軍に打撃を与えた後に戦略的退却を実施したため，ナポレオンはモスクワに無血入城を果たした（9月14日）。だが翌日，ロシア側は自らモスクワに火を放ちこれを灰燼に帰せしめた。ナポレオンは休戦を目指したがロシアにその意志はなく，兵糧攻めで抵抗した。10月に入り，冬の到来を前にナポレオン軍はやむなく退却を開始するが，クツーゾフ率いる露軍やコサック，農民パルチザンに苦しめられ，さらに寒気と飢餓が仏軍を襲った。翌年1月ナポレオンは辛うじてパリに戻ったが，兵士30万人が厳寒の焼野原に置き去りにされ，うち10万人がロシアの捕虜となった。

　ナポレオン敗北の理由は，冬将軍のためばかりではなかった。厳寒は彼の退却後に始まったのである。マントバやアウステルリッツの戦いのように，ナポ

レオンが勝利を重ねてきた戦場は，山々に囲まれたさほど広くない，肥沃で現地での物資調達が可能な地であった。また砲兵と騎兵の速攻による短期戦が彼の得意技であった。それゆえ，ロシアの広大な平原を利用したクツーゾフの長期消耗戦やパルチザン活動，焼土戦術は彼を困惑させた。相次ぐ侵略戦争による兵の疲弊や略奪の横行等士気の弛緩も敗因の一つであった。ナポレオンのモスクワ遠征失敗を受け，プロシャのフリードリヒ・ウィルヘルム3世はロシア皇帝と連携，英墺等も加わり第6回対仏大同盟が結成され，同盟軍はライプチヒの戦い（諸国民戦争：1813年10月）でナポレオン軍を打ち破る。その後パリも同盟軍に占領され，ナポレオンはエルバ島に流された。フランスではブルボン王家が復活，ルイ16世の弟がルイ18世として即位し，対仏同盟参加諸国との間で講和条約（第1次パリ条約）が締結された。ウィーン会議開催中の1815年3月，突如ナポレオンはエルバ島を脱出し再起を企したが，ワーテルローで敗北（6月18日）し，セントヘレナ島に流罪となった。

● 注　釈

1）「マハンが喝破したように，『この戦争前には英国はシーパワーの一つに過ぎませんでしたが，戦争後には彼に継ぐ者なき唯一のシーパワーとなった』のです。シーリーが『ユトレヒトは英国を世界における第一位に上らせ，数年間は対抗者なしにその地位にあった』といったのは適切です」。神川彦松『近代国際政治史』（原書房，1989年）58〜59頁。

2）「バランスの維持を外交の要諦とする国家の出現によって，ヨーロッパ大陸の均衡は管理，強化されることとなった。英国の政策は，均衡を是正する必要が生じれば，より弱く，脅威を受けている側に与することに基礎を置いていた。この政策を最初に用いたのは，生まれつき厳格で世俗的なオランダ人である英国王ウィリアム3世であった。生国のオランダにおいて，フランス太陽王（ルイ14世）の野心に苦しめられていた彼は，英国王になるや，ことあるごとに反ルイ14世の同盟作りに動いた。英国は，その国家理性がヨーロッパの中で領土拡大を必要としない唯一の国家だった。ヨーロッパの均衡維持が自身の国益になるとの認識を持ち，単一の力によってヨーロッパが支配されるのを防ぐということ以外には，大陸に何も欲しなかった唯一の国であった。かかる目的追求のため，英国は大陸支配の野心を抱く国に反対する国々の如何なる同盟にも協力した。ヨーロッパを支配しようとするフランスの企てに対抗し，英国指導の下に様々な政治的連携が生まれることにより，バランスオブパワーが次第に形成されてきた。この原動力は，18世紀に戦われたほとんど全ての戦争と，フランスの覇権に対する英国主導の政治連合の中核をなすものであった。……バランスオブパワーはうまく機能した。けだし，フランスの支配に対抗する国々の力はフランスが打破しえ

ない程強力で，1世紀半にわたるフランスの拡張政策がこの国の富を次第に枯渇させていったからである」。Henry Kissinger, *Diplomacy* (New York, Simon & Schuster, 1994), p. 70.

3） 英国の大西洋貿易の量は，フランスのそれを大きく引き離した。それは17世紀後半，英国が西半球に定住植民地を建設したのに対し，フランスが移民にあまり関心を示さなかったためである。17世紀に西半球で新たに設けられた植民地は28件に達したが，3件はオランダ，8件がフランスであったのに対して，英国は17件に上った。1700年当時，英国人の植民地人口は奴隷を含めて35万人から40万人であったが，フランス人は7万人に過ぎなかった。アメリカ植民地は砂糖，綿花，煙草の供給源だけでなく製品と再輸出品の市場としての役割も担ったが，この機能を果たすには，全体として十分大きな実質所得を生み出し，比較的高い生活水準を維持しているヨーロッパ人の定住者が必要だったのである。英国はこの種の植民地の開発に成功し，1700年まで「大西洋で一番儲けている国」になったが，フランスはそれに失敗したのだ。英国は市場としてのヨーロッパを——長い間ネーデルラントを通じてのことではあったが——必要としており，北米植民地も創設する必要があった。時あたかも海上交通の方が陸上のそれより安上がりになってきた時代であったため，国内市場が十分大きくはないという英国のディレンマが，かえって利点と化したのである。さらに，1689年から1714年までの諸戦争で英国がフランスを抑えることができたのは，オランダとの同盟関係，といっても軍事的支援のためではなく——それも重要でなかったわけではないが——オランダ人が投資をすることで，英国を金融面から支えたためである。オランダ人投資家は，英国政府が安上がりに借金をし続けることを可能にし，そのおかげで英国は自国経済の混乱を最小限に抑えながら戦争を継続できたのである。ヘゲモニー国家と新たに勃興しつつあった国との共生関係が，一方には優雅な引退後の所得を保障し，他方にはそのライバルに対する決定的な一撃を可能にした。同じパターンは，その後にも繰り返され，1873年から1945年までの間，英国がオランダの役割を演じ，アメリカが英国の役割を演じることになる。J・ウォーラステイン『近代世界システム1600～1750』川北稔訳（名古屋大学出版会，1993年）113～116，329～336頁。

4） 綿織物業（木綿工業）が毛織物業を凌ぎ台頭した理由としては，①羊毛に比べ綿糸は硬く切れにくいため機械操作に耐え易いこと，②第2次英仏戦争の勝利による制海権の掌握で，北米，インドからの綿花輸入のルートが確保できたこと，③綿布の需要が年々増大してきていたこと，④ホイットニーによる綿繰機の発明以後の労働生産性の向上等が指摘できる。神武庸四郎他『西洋経済史』（有斐閣，1989年）34頁等。

コラム　北方帝国——武勇受け継ぐバイキングの末裔たち——

●バイキングの外征とスカンジナビア3国

　シーパワー勢力として9～11世紀のヨーロッパを恐怖に陥れた勇猛なバイキングたち。彼らはその後どうなったのだろうか。北欧における覇権争奪の軌跡を追ってみよう。

　スカンジナビアのゲルマン，即ちノルマン人の社会では5～9世紀にかけて部族間の統合が進み，デーン，ノール，メーラルといった王国が成立，後のデンマーク，ノルウェー，スウェーデン3国の祖型となった。バイキング（「入り江の人」の意）と呼ばれた彼らは，8世紀末～11世紀初めにかけて略奪，通商，植民等の目的でヨーロパ各地に進出，デンマークやノルウェーバイキングはイングランド，フランス，ドイツの沿岸を襲撃，さらに河川を遡り内陸の都市，修道院，農村を荒廃させた。その一部は地中海にも勢力を伸ばし南イタリア（シシリー島）を征服，別の一派はアイルランドとアイスランドを支配下に収め，10世紀後半には北米大陸にまで到達する。またスウェーデンバイキング（ルーシ）は，フィンランドからボルガ，ドニエプル川流域に進出，バルト海と黒海を結ぶ商業路をマジャール人から奪い，コンスタンチノーブルやバクダッドとも交易を始める。

　かように活発な外征活動を展開したノルマン人も，次第に征服先で定住化し，キリスト教化が進んだ。セーヌ河口を支配したノルマンの首領ロロはノルマンディ地方を西フランクの封土として獲得し，ノルマンディ公国を形成（911年）。ロシアでは，スラブ人を平定したルーシが9世紀後半，ノブゴロド国やキエフ公国を建てノルマンの支配を確立するが，やがて圧倒的多数のスラブと同化していった。

　一方，北欧では11～14世紀にかけて，デンマーク，ノルウェー，スウェーデンの各王国が誕生する。11世紀初頭，デンマークの王子クヌートはイングランドを征服（デーン朝の開祖），デンマークの王位継承後はノルウェー王を兼ね，さらにスウェーデンやスコットランドの一部も支配し，北海を内海とする一大海上帝国を建設した。彼の死によってこの北海帝国は瓦解するが，13～14世紀にワルデマール2世や4世が再建に努めデンマークはバルト海に進出，エストニアやゴッドランド，スコーネ（スウェーデン南部）を征しバルト海貿易を掌握する。

●カルマル同盟とデンマークの優越

　14世紀末，ノルウェー王と結婚したデンマーク王女マルガレーテは，甥のエーリックをデンマーク，ノルウェー，スウェーデンの王に据え同君連合を実現し，3国の統合に成功する（カルマル同盟：1397～1523年）。以後1世紀余にわたり，カルマル同盟を率いるデンマークが北欧の主導権を握った。

　しかしマルガレーテの死後，エーリックはノルウェー，スウェーデンに重税を課し，反発を買った。またデンマークに優秀な指導者が現れず，ノルウェーやスウェーデンは自立

の動きを強めていく。デンマーク王クリスチャン2世は，カルマル同盟からの離脱を阻むためスウェーデン貴族らを大粛清（ストックホルムの血浴事件）するが，逆に農民や鉱夫の支持を得たグスタフ・バーサがデンマーク軍を駆逐し，スウェーデンはカルマル同盟を離脱し独立を達成する（バーサ王朝）。国王に就いたグスタフ・バーサは，勢力を伸ばしていたルター派と手を結び，カソリック教会の財産を没収して財政の安定を図るとともに，重商主義政策を推進，近代国家への体制を整えた。16世紀後半ハンザ同盟が衰退すると，スウェーデンとデンマークはバルト海の覇権を巡り衝突。デンマークはポーランドを味方につけスウェーデンの奪還を目指したが，7年間続いた戦争でも目的は達成できなかった（北方七年戦争：1563～70年）。

● **大陸国家ロシアの誕生**

　10世紀末，キエフ公国のウラジミール1世はビザンチン皇帝の妹と結婚してギリシャ正教に改宗し，ビザンツ文化を採り入れ公国の集権化を進めた。しかし13世紀前半，スラブ世界はモンゴルの侵入を受ける。バツの遠征軍は諸公国を次々に征服（1237～41年）し，2世紀半にわたりロシアはモンゴル（キプチャク汗国）の支配に下った。この時，モンゴルがロシアに強いた苛斂誅求は，"タタールの軛"と称された。

　キプチャク汗国は現地の統治をロシア諸公に委ねたが，その過程でキエフに代わりモスクワ大公国が力をつけた。そしてイワン3世がキプチャク汗国を滅ぼし，モンゴルのロシア支配に終止符を打つ（1502年）。"全ルーシの君主"を名乗ったイワン3世は君主制の強化に取り組むとともに，最後のビザンチン皇帝コンスタンチヌス11世の姪ソフィアを妃に迎えた。またギリシャ正教の首長の地位と帝国の紋章"双頭の鷲"を継承し，モスクワをローマ，コンスタンチノーブルに続く"第3のローマ"と称した。ラテン語の"カエサル"を語源とするツァーリ（皇帝）の称号を最初に用いたのも彼であった。彼の孫イワン4世（雷帝）は，常備軍の創設や鉄砲の活用等ロシアの軍事的基礎を固めるとともに，封建貴族や僧侶を抑え公国の絶対主義化を進めた。コサックの首領イェルマークのシベリア遠征を推進する等ロシアの東方進出に着手したのも雷帝である。だが西欧諸国との接触は未だ薄く，モスクワ・ロシアは未だ東方の一小国に過ぎなかった。

● **グスタフ・アドルフとスウェーデンの覇権**

　さて，北方七年戦争を引き分けに持ち込んだスウェーデン国王ヨハン3世は，次にポーランドと結び対露戦争を開始し，支配するフィンランドの領域を東に広げた。弟カール9世はルター派を国教化し新教国家スウェーデンの立場を固めるとともに，内部分裂に悩むロシアに攻め入り，その皇帝位をポーランドと争うが，逆にポーランド，ロシア，デンマーク3国に包囲されてしまう。

　この苦難の時期，国王に就いたのがグスタフ2世（アドルフ）である。グスタフ2世は，まずロシアとの休戦を実現（1617年）し背後の安全を確保した後，攻撃の矛先をポーランドに向け，これを抑え込んだ（1629年）。翌年フランスから援助の確約を得てドイツ三十

年戦争に参戦、ドイツ新教徒救援を名目にヨーロッパ大陸に遠征した。グスタフ2世はリュッツェンの戦いで戦死するが、スウェーデン軍はデンマーク軍を破り、ウィーンに迫る勢いを見せた。戦後スウェーデンはバルト海周辺に留まらず、西ポメラニアやブレーメン教会領も含む一大帝国へと発展、逆に広大な領土を失ったデンマークはバルト海の覇権を喪失。クリスチャン4世の死（1648年）は、この国の衰退を象徴する出来事であった。

●北方戦争とロシアのバルト海進出

　バルト海沿岸の大半を領有し、鉄工業と貿易で繁栄を遂げたスウェーデンの覇権は17世紀に絶頂を迎え（バルト帝国）、いまやバルト海はスウェーデンの内海と化した。これに挑戦したのが、ロシアのピョートル大帝である。1689年、摂政である異母姉ソフィアの失脚により親政を開始したピョートルは、イワン3世以来の富国強兵と領土拡張政策を受け継いだ。ロシアの躍進には西欧文明の吸収が不可欠と考えた彼は、自らも参加する250名の大使節団を英蘭に派遣、1年半の西欧諸国視察を通して造船や軍事、医科学等を学び、1000人近い技術者を雇い入れた。さらに即位したばかりのカール12世が18歳の年少王であり、またスペイン継承戦争を目前に西欧諸国に干渉の余裕がないことから、バルト海の覇権を握るスウェーデンの打倒を決意する。

　1700年、ピョートルはスウェーデンに奪われた領土の奪回に燃えるデンマーク、ポーランドと三国同盟を結成し、スウェーデンとの戦いに踏み切った。だが若輩ながらカール12世は有能で、機先を制してコペンハーゲンを陥落しデンマークを同盟から脱落させた後、8000人の軍を率いてフィンランドに上陸、吹雪をついて6万人のピョートル軍をナルバ河畔に破った。だがカールは露軍を追撃せず兵をポーランドに向けたため、ロシアに立ち直りの時間的余裕を与えてしまった。ピョートルは敗北を国民に知らせず、一層の軍備強化に努める。またネバ川の河口に新たな首都サンクトペテルブルクを建設し、クロンシュタット要塞を築いた。この動きを警戒したカール12世はモスクワ目指しロシアに攻め込むが、ポルタヴァの戦いで火力に優る露軍に大敗を喫した（1709年）。トルコに逃れたカールは5年間同地に滞在し、スルタンと対露同盟を画策したが失敗。再度兵力を整えたカールは、デンマークからノルウェーを奪う目的でオスロに進軍するが、その途次、ハルデンの攻防戦で戦死を遂げる。

　北方戦争に敗れたスウェーデンは、ニスタット条約（1721年）でバルト海東岸の領土を全て失い、その覇権に終止符が打たれた。一方スウェーデン領を譲り受けたロシアが、バルト海の新たな覇者となるのである。

●参考文献
　武田龍夫『物語　北欧の歴史』（中央公論新社、1993年）
　武田龍夫編『北欧を知るための43章』（明石書店、2003年）
　百瀬宏ほか編『北欧史』（山川出版社、1998年）

第5章 パクスブリタニカとウィーン体制

1 19世紀の国際関係

　19世紀ヨーロッパの国際関係を特色づけるのは，英仏普墺露の5大国列強によるヨーロッパ協調の体制である。この世紀はフランス革命のうねりが続く中，ナポレオンによる対外攻勢で幕が開き，全ヨーロッパが混乱に陥った。しかし，英国が対仏同盟の構築に主導権を発揮し，ナポレオンの野望を退けた。かくて第2次百年戦争は英国の勝利で幕を閉じた。ナポレオンの失脚後，5大国はウィーンに会し，正統主義，復古主義の原則を掲げ革命前の政治秩序回復を目指すとともに，ナポレオンのフランスのように，飛び抜けて強大化した一国にヨーロッパの覇権が握られぬようにすることを共通最大の外交目標に据え，そのような国が現れた場合には，大国が互いに協議，連携してその企てを阻むことが行動準則とされた（ウィーン体制）。各国が別個に発動していた勢力均衡（バランスオブパワー）の術策を，国際秩序維持の共通原理として受け容れたのである。キッシンジャーは次のように述べている。

　「幾つかの国家が相互に関係しあう場合，事実上，勢力均衡は常に生じるものである。問題は，国際システムの維持が意識された計画となることができるか，あるいは，それが一連の力の衝突の中から生まれて来るかどうかである。ナポレオン戦争が終わりに近づいた頃，ヨーロッパはその歴史上初めて，勢力均衡原理に基づいた国際秩序の計画を準備し始めたのである。……国力というものは，国際秩序の信頼し得る指標とするには，その評価があまりにも難しく，また力を実証しようとしても，あまりにも多くの形態を取り得る。もし共通の価値観についての合意によって均衡が支持されているならば，均衡はうまく機能する。それは国際秩序を覆す能力を禁止する。共有され

た価値観に基づいた合意は，国際秩序を覆そうとする欲望を抑制する。正統性に基づかない力は，力を試そうという誘惑にかられる。力の裏づけのない正統性は，空虚なジェスチュアーとなる恐れがある。両方の要素を併せ持つことがウィーン会議の課題であり，またそれが成功した所以であった。それは，大戦争によって妨げられることなき1世紀にわたる国際秩序を確立させたのである」[1]。

勢力均衡原理に基づくヨーロッパ協調体制は，ウィーン会議に続く四国同盟や神聖同盟という制度的枠組みの下で最も有効に機能し，ヨーロッパ世界は16世紀以来の長期にわたる平和を享受した。この体制を支えたのが，パクス・ブリタニカにほかならなかった。海外植民地に対して貪欲であった一方，英国はヨーロッパ域内ではバランサーとして"列強間の均衡"に腐心したのである。列国協調による勢力均衡のメカニズムが機能したのは，各国とも外交の舵取りを上流階層の一部が独占しており，しかも彼らの教養や意識が国を越えた共通の基盤に支えられていたことも影響していた（名望家政治）。言い換えれば，未だナショナリズムや大衆世論を考慮する必要がなかったということである。

しかし19世紀も半ばを過ぎると，ウィーン体制にも動揺が出始める。メッテルニヒの失脚後すぐにクリミア戦争が勃発，その後もイタリア統一戦争，普墺戦争，普仏戦争等再び列強間の戦争が相次いだ。これらの戦争ではウィーン体制を支えてきた5大国（英仏墺露独）が敵対関係に立って交戦し，大国協調による平和維持の原則は解体した。この転換を最初に示したのが，クリミア戦争（1853～56年）だった。これは，衰退著しいオスマントルコにつけ込んで勢力拡大を狙うロシアと，それを阻止しようとする英国が衝突した戦争であった。

ロシアは17世紀後半以降，南下政策を続けてトルコと対立，同時に東方でも膨張を続け，18世紀にはカムチャッカ半島を占領しその版図は太平洋に達する等ナポレオン帝国崩壊後，英国に挑戦し得る最大の存在となりつつあった[2]。英国の戦略目標は海上での優越的支配の維持にあり，そのためにはヨーロッパ列強を相互に抑制させ（勢力均衡），英国の地位を脅かす強国の出現を防ぐ必要があった。当然それは，ロシアの野望とは両立し難かった。こうして18世紀後半以降，大陸国家ロシア（熊）と海洋国家英国（鯨）というヨーロッパの東西両翼に位置し，ともに世界国家化しつつあった2大帝国の抗争と勢力バランスの上に，ヨーロッパの平和が保たれることになった。英国は19世紀のほとん

どをロシアのバルカン半島や中東，さらにインド進出の阻止に費やした。

　さてクリミア戦争でウィーン体制は崩壊したが，パリ会議 (1856年) での列強間協議を経てロシアの膨脹を抑える形で処理がなされ，勢力均衡の原理は基本的に機能し続けた。続くドイツ帝国の出現やイタリアの統一はパワーバランスを変化させ，70年以後ヨーロッパの国際関係は新たな段階に入ったが，ここでも勢力均衡のメカニズムが直ちに崩壊したわけではなかった。プロシャの躍進を導いたビスマルクは1870～80年代にかけてフランスの孤立化を図り，反独連合の結成を阻止するとともに，英露，露墺の対立が激化することを回避し，ヨーロッパの現状維持と勢力の均衡に取り組んだ。露土戦争後，彼はベルリン会議を主催し，サンステファノ条約でロシアがオスマントルコから得た利得を抑制させたが，これはウィーン体制と同様，一国の膨脹を許し，ヨーロッパのパワーバランスを不安定化させないための措置にほかならなかった。その結果，普仏戦争以後40年以上にわたり，ヨーロッパでは列強相互が直接対峙する戦争は回避された (ビスマルクの平和)。かように，パクスブリタニカを基盤として，1848年まではメッテルニヒ，その後はビスマルクが勢力均衡ゲームを巧みに差配し，政策上の要請に感情的な要素を交えず，絶妙なバランス維持によって大戦争の勃発を回避したのである。だがこの古典的な勢力均衡の原理も，宰相ビスマルクの失脚後は急速にその有用性を失っていく。

2　ウィーン体制

●会議は踊る

　革命と戦争で攪乱されたヨーロッパを再建するため，1814年9月から翌年6月にかけて全欧州諸国 (90の王国，53の公国) の代表がウィーンに集った。ウィーン会議では仏革命とナポレオン戦争以前の政治秩序と領土関係にヨーロッパを戻すとともに，当時の主権者を以て正統な国家代表とすることが基本とされた (復古 (反動) 主義と正統主義)。だが原則では一致しても，具体的な領土の確定となると各国の思惑が交錯し，意見は容易には纏まらなかった。オーストリアの将軍リーニェ公が「会議は踊る，されど進まず」と語った如くであった。

　英国のカッスルレーは，戦争中に獲得した海外の要衝を併合して海洋植民地

帝国の拡大を進めるとともに、欧州大陸では勢力均衡の回復を目指した。具体的には、フランスの再起を阻止する一方で、新たな覇者たらんと欲するロシアへの警戒も怠らず、この国が中東に勢力を拡大してインドルートへの脅威とならぬようその膨張を抑えることを目標に据えた[3]。会議の主催者オーストリアのメッテルニヒも、フランスの国力を劣勢に留め、かつロシアの膨張を阻止する点では英国と利害が一致したが、対プロシャ政策で英墺の考えは対立した。

プロシャは、影響力拡大を目指し対墺戦略の要衝ザクセンの領有を望んだ。英国はプロシャにザクセン全体を与え、その勢力を増してフランスの台頭を抑え、併せて露墺両国を牽制させようと考えた。これに対しプロシャの台頭を警戒するオーストリアは、ウィーンへの通路に当たるザクセンのプロシャ併合に強く反対した。一方、ロシアのアレクサンドル1世は、プロシャにザクセンを与えてオーストリアを牽制させるとともに、ナポレオンが建国したワルシャワ大公国と旧ポーランド王国を纏めて一王国とし、自らがその国王を兼ねることで中欧に一大勢力を成そうと欲した。そのため、ロシアのポーランド支配に反対するキャスルリー、メッテルニヒと激しく対立した。このようにザクセンやポーランド問題で列強の足並が乱れ、その過程でロシアとプロシャが連携を深めるや、これに対抗して英墺も結束し双方の緊張は高まった。

この分裂に巧く付け入り、敗戦国のフランスを会議のキャスティングボートを握る立場に据え変え、ナポレオン戦争の責任追及やフランスの地位低下を防ごうと奔走したのがルイ18世の外務大臣タレーランであった。当初メッテルニヒは戦勝国の普墺露英4か国で構成される重要国委員会に全てを決定させる方針であったが、タレーランはこれにフランス、スペイン、ポルトガル、スウェーデンを加えた8か国委員会に戦後処理を運営させることで戦勝4か国の発言権を抑え、フランスを列強の仲間入りさせることに成功した[4]。さらに彼は英墺に加担し、両国に巧みに誘いかけ露普に対抗する秘密同盟を結成させた。これを知ったアレクサンドル1世が、やむなくポーランドに対する要求を縮小させたことで妥協が成立。プロシャもザクセンの半分だけの領有で納得、その代償としてラインラントが与えられた。

もっとも、ロシアの譲歩で合意が生まれたのも束の間、ナポレンがエルバ島を脱出し、1000人の軍勢を従えて3月にはパリに入城した。この報に驚いた関係8

か国は最終合意を急ぎ、ウィーン会議の最終議定書に調印した（1815年6月9日）。ワーテルローの戦いの9日前のことであった。ウィーン条約で英国はマルタ島を獲得したほか、ケープ植民地やセイロン等オランダの海外領土を手に入れた。そのオランダは、英国への海外領譲渡の代償として墺領ネーデルラント（ベルギー）を併合した。オーストリアはロンバルディアを取り戻したほか、ネーデルラントを失った代わりにベネチア等を獲得。ロシアは当初の希望よりは縮小されたが、旧ワルシャワ大公国の大部分をポーランド王国とし、ロシア国王がポーランド国王を兼ねることで事実上の支配下に置くことに成功する。ロシアはナポレオンとの同盟中、スウェーデン領のフィンランドとトルコ領ベッサラビアを獲得したが、その領有も各国に認めさせた。スウェーデンはその代償に、ナポレオンに与したデンマークの領土であるノルウェーの領有が認められた。プロシャはライン左岸等多くの領土を獲得（ザクセンの北半分、ワルシャワ大公国の一部及びライン中流地方＝ウェストファーレンとラインラント）、35国4自由市でドイツ連邦が創設された。このほか、スイスの永世中立が承認された。さらにフランスやスペインが再びブルボン家の支配に置かれ、ナポリにブルボン家、オランダにオラニエ家が、サルジニアにサボイ家が再び君臨し、中部イタリアには教皇領が復活、ナポレオン時代にライン同盟に属していた地域に再びドイツ諸侯が統治権を行使することになった。

　11月にはルイ18世と対仏同盟諸国との間で再度の平和条約（第2次パリ条約）が結ばれ、対仏関係も正常化された。仏国境を1790年当時に復すことや7億フランの賠償金支払い義務を課すこと、15万人の連合国軍隊が5年間主な要塞を占領すること等第1次条約よりも厳しい内容となったが、敗戦国の処遇としては寛大であった。英仏露墺普5か国の勢力均衡を回復維持し、反革命、反ナポレオンの共通理念実現を目指すウィーン体制は、1848年ヨーロッパ全域に革命の嵐が吹き荒れるまで、ヨーロッパにおける保守反動の支配を可能にした。

● 神聖同盟と四国同盟

　ウィーン体制下での列強の協力関係は「ヨーロッパ協調（Concert of Europe）」と呼ばれたが、それを支えたのが神聖同盟と四国同盟であった。ワーテルローでナポレオンの復活を阻んだ後、ロシア皇帝アレクサンドル1世は、仏革命やナポレオンの出現はキリスト教精神を以て君主が統治しないことへの神罰だとし、キ

リスト教的平和愛好の精神でヨーロッパの平和を確保するための同盟を提唱した。オーストリア皇帝フランツ1世，プロシャ国王フリードリヒ・ウィルヘルム3世もこれに賛成し，1815年に神聖同盟が締結された。ロシアの影響力拡大の具になることを警戒した英国とローマ教皇を除く全ヨーロッパの君主がこの同盟に参加した。英首相キャスルレーが「神秘と無意味」と揶揄したように，神聖同盟には締結国の義務も違反行為に対する罰則もなく，各国君主の博愛主義の宣言に留まるものであったが，反自由主義政策のシンボル，スローガンとして利用された。

神聖同盟には参加しなかったが，英国もフランスの動向監視の必要は認識していた。そこで神聖同盟成立後まもなく，カッスルレーは反ナポレオン闘争に参加した墺普露3国を誘い，フランスの勢力拡大阻止という具体的な目的を掲げた同盟の結成に動いた。それが四国同盟で，今後20年間ウィーン体制を維持し，パリ条約違反の事態が起きた場合には各国が6万人の兵力を拠出しフランスの侵略からヨーロッパを防衛することが定められた。加盟各国は適宜会合を開くこととされ，ヨーロッパの秩序を大国間の協議で維持・運営していく"欧州協調"のスタイルがここに形作られた。

1818年10月，最初の会議がエクスラシャペル（アーヘン）で開かれ，対仏賠償問題を処理したほか連合国軍隊のフランスからの撤退等が決められた。フランス問題が一段落したことから，ロシアは四国同盟の対象を全欧州の体制維持に広げるよう主張したが，他国への内政干渉を招くと英国が反対，ロシアの主張は退けられたが，フランスの加盟が許され四国同盟は五国同盟となった。しかし，ロシアと同様の立場から，メッテルニヒはこの同盟を民族主義，自由主義抑圧の装置として利用し，21年のライバッハ会議では両シチリア王国の革命運動にオーストリアの出兵を，22年のベローナ会議ではスペインの革命にフランスの出兵を決めた。翌年仏軍がスペインに侵入し革命を粉砕，フェルディナンド7世の絶対主義統治が復活した。この間，同盟内では革命運動弾圧のための共同干渉を主張するロシアと，内政不干渉の立場を取る英国の対立が続き，ベローナ会議以後英国は事実上脱退し，欧州協調体制から離脱する。

● **ウィーン体制の動揺**

ウィーン体制を推し進め，保守反動政策の中心に立ったのはオーストリア宰

相メッテルニヒであった。彼はドイツで盛り上がりを見せた立憲政治を求める自由主義や国家統一を目指す民族主義運動を抑圧したほか，イタリア，スペインの自由主義，民族主義も弾圧した。その彼も，アメリカの独立や仏革命に刺激され，ラテンアメリカ植民地で起きた独立運動は阻止できず，アルゼンチン（1816年），チリ（1818年），コロンビア（1819年），メキシコ（1821年）がスペインから，ブラジル（1822年）がポルトガルからの独立に成功した。

ラテンアメリカに続き，ヨーロッパでもトルコの支配下にあったバルカン半島でギリシャが独立戦争を起こした（1821年）。メッテルニヒはこれにも干渉を試みたが，バルカン半島に関心を持つ英仏露の援助を受けたギリシャがトルコを破り独立を勝ち取る（ロンドン会議：1830年）。これはウィーン会議後初の領土変更であった。その直後にフランスで7月革命が起こり，シャルル10世は追放されルイ・フィリップが王に迎えられた。7月王政はウィーン会議で正統性が認められた王朝が倒れた初のケースで，革命の影響は各地に波及した。オランダに併合された墺領ネーデルラントではブリュッセルで暴動が発生し臨時政府が成立，レオポルド1世が王位に就き，翌31年のロンドン会議で独立を果たした。ポーランド，ドイツ，イタリアで起きた反乱は鎮圧されたが，ウィーン体制に動揺が走った。

1840年代，ヨーロッパ各国は凶作と不況に見舞われ，労働者や下層民衆の間に革命的な動きが強まり，48年にはフランスで2月革命が勃発。国王ルイ・フィリップは亡命し共和政の臨時政府が誕生したが，大統領に当選したルイ・ナポレオンが独裁権を握り，皇帝となってナポレオン3世と称した（第2帝政）。2月革命の影響はドイツ，オーストリアに及び，ウィーンでは暴動が起こり，メッテルニヒは英国への亡命を余儀なくされた。メッテルニヒの失脚は，ウィーン体制の危機を象徴する出来事であった。オーストリアは多民族国家ゆえ，マジャール人（ハンガリー），チェコ人（ボヘミア），イタリア人等も専制支配に反発して解放運動の狼煙を上げた。またベルリンでも民衆蜂起が起こり（ベルリン3月革命），国王ウィルヘルム4世が譲歩して，カンプハウゼンを首相とする自由主義内閣が成立した。ドイツ諸邦の自由主義者は，憲法制定とドイツ統一問題を話しあうためフランクフルト国民議会を開いた。

しかし，一連の革命運動はいずれも鎮圧され，反革命派が勝利する。オース

トリアでは政府軍がウィーンを制圧, 議会は解散させられ専制政治が復活。少数民族の独立運動も同様で, ハンガリーは露軍の援助を得た墺軍に平定され, サルジニアによるイタリア統一戦争も失敗に終わった。プロシャでも憲法制定議会は解散を命じられ, カンプハウゼン内閣は辞任に追い込まれた。フランクフルト国民議会は自由主義的なドイツ国憲法を採択したが, ウィルヘルム4世が拒否。議会は憲法の実現を訴えて民衆蜂起に出るが（ドイツ帝国憲法闘争), プロシャ軍に鎮圧され解散させられた。かように1848年は"革命の年"と呼ばれる程ヨーロッパ各地で活発な民主化運動が起こり, ウィーン体制を大きく揺るがせたものの, いずれも未完に終わり市民勢力の未熟さが露呈した。

3 パクスブリタニカと英露対立

●英国の平和

アメリカの独立戦争はフランスはじめ大陸諸国に対英反撃の機会を与えた。その結果, 英国は新大陸を喪失した（英第1帝国の崩壊)。さらに第2次英仏百年戦争の最終局面では, ナポレオンが打倒ジョンブルを目指し直接英本土への上陸を企て, あるいは経済封鎖によって英国の海洋支配に挑戦した。そのため18世紀後半〜19世紀初め, 英国の威風にも一時翳りが見えたが, 対仏大同盟に辣腕を揮ったピットの外交力や戦争指導もさることながら, 18世紀後半からの綿織物業の伸展・機械化を発端とした産業革命の成功や, コークス製鉄法の開発に始まる一連の製鉄技術の革新等に支えられ, その圧倒的な生産力の優位を以て英国は19世紀に再び覇を唱えることができた。

産業革命とそれに続く交通・通信革命の結果, 1851年のロンドンでの第1回万国博覧会の開催から1873年の大不況までの間, 英国は年平均3％の成長率を維持し, 世界の工場として君臨。鉄鋼生産高は年間250万tで世界全体の生産高の半分を占め, 第2位のアメリカの5倍, 繊維製品も世界の6割を生産した。さらに鉄道線路の総延長は9600kmとこれも世界の半分を占める等世界人口の僅か2％程度に過ぎない国が, 圧倒的な経済的・技術的優位を誇ったのである。カニング（1820年代) 及び彼を継承したパーマストン（30〜60年代）は伝来の勢力均衡政策を採用し, フリーハンドの保持と史上最強の海軍力, それに世界全体

の外洋船総トン数の半分にも達する海運力を背景に，エンパイアルートを確立し，インドを中心に六つの大陸に跨る一大植民地帝国を築いた（英第2帝国）。ヨーロッパの辺境に位置し，ローマやインナーユーラシアから最も遠隔の地にあった英国が，巧みな勢力均衡政策と海洋の支配権を握ることで欧州列強の覇権争いの最終の勝利者となった。ビクトリア女王の長い治世（1837～1901年）は，"英国の平和（パクスブリタニカ2）"が現出した英国の黄金時代であった。

●自由貿易帝国主義と小英国主義

　ビクトリア女王の下，英国では自由・保守の2大政党が交互に政権を担当し，政党内閣制度が確立，経済では自由主義の風潮が強まり，植民地統治に関しては小英国主義が勢いを持った。アダム・スミスは『国富論』を著し自由貿易の必要性を訴えたが，スミスの弟子を任じていたトーリー党の小ピットは英仏通商条約を締結し綿製品等の関税を引き下げた（1786年）。今日，ここに近代自由貿易体制の端緒を求めるのが一般だが，仏革命でこうした動きも一旦は頓挫する。その後，産業革命の進展につれ英国の綿産業は飛躍的に発展，1840年代には全製品の半分以上が海外に輸出され，英国はその販路を大きく海外の市場に依存するようになった。綿産業に従事する商工業者や資本家は積極的に自由貿易を提唱，安くて良い品が購入できるとして英国内には自由貿易標榜の声が強まり，農産物への保護関税を定めた穀物法の存続を巡り国論は二分される。

　もともと英国は穀物の輸出国だったが，19世紀中葉以後の急激な人口増加のため輸入国に変身した。そしてナポレオン戦争後，ヨーロッパ，特にロシアから安価な穀物を大量に輸入したことで国内の地主や農業資本家は大打撃を蒙り，その保護措置として政府が制定したのが穀物法（1815年）だった。地主らは自国の農業保護と食料確保の必要性を主張したが，綿産業関係者をはじめ，産業革命の進展で伝統的勢力に代わり急速に発言力を増していた産業資本家層やブルジョワ市民階級は，徹底した自由貿易と工業立国論で対抗，選挙権の拡大と穀物法の廃止を主張した。なかでもコブデン，ブライトらが設立した反穀物法同盟は，労働者階級とも連携して政府に同法の撤廃を強く迫った。

　その結果，それまで反対していた首相のピールもコブデンらの要求を容れ同法を廃止（1846年），3年後にはやはり自由貿易の妨げとなっていた航海条例も

撤廃され，自由貿易体制の整備は大きく前進した。以後，政権に就いた自由党のパーマストンやグラッドストーンらは，"光輝ある孤立"とともに自由貿易を国是とした。なかでもホイッグ，トーリーの歴代内閣で20年近く外相を務めたパーマストンは自由貿易主義の代表者であった。1860年に英国はフランスとコブデン・シュバリエ条約を結び，フランスの保護貿易政策を自由貿易に改めさせたが，これを起点に英国は他の大陸諸国とも同様の条約を締結，ヨーロッパ中に自由貿易が広まり1860年代は自由貿易の最盛期となった。

英国内では「古い商業精神が諸国民を互いに戦わせたのに対し，新しい商業精神は諸国民を互いに依存しあうようにさせつつある」(バックル)の言葉に代表されるマンチェスター派の自由貿易平和論が力を得，それと歩調をあわせて小英国主義が主流をなし，徒に植民地や海外領土を増やそうとはしなくなった。新たに領土など獲得せずとも，生産性と技術的優位で圧倒的な競争力を有する限り，英国は開放貿易により市場，原材料，食料に自由に接近し，経済的利益を享受できるからである。「植民地は果実に似ている。熟する間だけ木についているに過ぎない」。かつてチュルゴーは，重商主義的植民地支配の限界をこのような比喩に譬えたが，小英国主義とは，植民地が実は本国の「首を絞める引き臼」となる貴重な教訓をこの国が北米喪失の経験から学び取った表れでもあった。そしてカナダ(1867年)を皮切りに，20世紀初頭までに豪州，ニュージーランド等の白人移住植民地に次々と自治権が付与され，植民地の自治領化政策が推し進められた。

● **英第2帝国の二重構造**

但し，こうした開放的な体制がグローバルな規模で推進されたのかといえば，決してそうではなかった。アメリカを失った以降の英第2帝国は，二つの異なった性格の植民地によって構成されていた。その一つは先述したカナダ，豪州，ニュージーランド等19世紀後半から自治領の地位を与えられた植民地で，英国人や白人が移住し，徐々に責任・自治政府の設立を許し，本国との連携を図る中で発展を見た。

その一方で英国は，経済的優位と海軍力をバックに，西南太平洋の島々やアフリカ沿岸地域の多くを植民地に編入し，直轄植民地(王冠植民地あるいは属領

とも呼ばれた）を増やしていった。その中心がインドであった。1860年当時英国ではヨーロッパ以外への輸出が全体の6割に達していたが、大英帝国存立の基盤と見なされたインドでは、自治領とは逆にその直接支配が強化された。セポイの反乱を機に英国はムガール帝国を滅ぼしインドを直轄領とし、1877年にはビクトリア女王がインド皇帝を兼ね、イギリスインド帝国を成立させた。このインド支配こそが、英第2帝国の要となったのである。ケープ植民地、セントヘレナ島、アデン等の掌握はインドへのルート確保のためで、豪州やニュージーランドの開発、シンガポール及び香港の占領もインド政策圏の拡大、つまりインド洋を帝国の内海にする意図から出たものであった。1869年のスエズ運河開通後は、ジブラルタル、マルタ、キプロス、スエズを結ぶ地中海路線が英本国とインドを繋ぐエンパイアルートとして最も重視された。対トルコ、エジプト、ペルシャ等19世紀英国の中東政策も、インドを外国勢力の侵略から守り、インドへのルートを確保することに力点が置かれた。

またアヘン戦争やアロー戦争からもわかるように、アジア貿易も平和的ではなかった。ここでも、軍事の恫喝（いわゆるパーマストンの砲艦外交）を伴う強要色の強い不平等な通商が幅を利かせた。ジョン・ギャラファーらはこれら一連の活動を"自由貿易帝国主義"と名づけたが、通商の拡大や市場確保のためにはいつでも軍事力が用いられた。当時の自由貿易は、極めて限定的なレベルに留まっていたのである。

●英露の対立(1)：ギリシャ独立と東方問題

西欧諸国の後塵を拝していたロシアだったが、ナポレオン打倒に力のあったアレクサンドル1世の時代、ウィーン会議や神聖同盟の結成等欧州外交にも影響力を発揮するようになった。また国内産業の近代化に伴い商品市場獲得が必要となったこともあり、オスマントルコの衰退に乗じてロシアはピョートル以来の南下政策を活発化させ、バルカンや中央アジアへの進出を企てる。これに対しヨーロッパの勢力均衡を維持すべく英国がロシアの膨張阻止に動いた。かくしてナポレオン没後のヨーロッパでは、大国協調メカニズムの水面下で、鯨（海洋国家英国）と熊（大陸国家ロシア）の抗争が演じられた。

1503年以来、オスマントルコの支配下にあったギリシャでは、18世紀後半

から自由主義，民族主義の機運が高まり，1821年には独立運動が勃発した。メッテルニヒは神聖同盟を動かしギリシャ独立に反対し，またトルコ軍がアテネを占領する等独立軍は苦戦したが，これを南下（バルカン進出）政策推進の機会と見たロシアのニコライ1世は，トルコに干渉しギリシャ支援に動いた。ロシアの野心を警戒した英国は，その単独行動を阻むため，フランスを誘い英仏露の三国協調を結成し，ギリシャの独立を承認，3国の連合艦隊がトルコ・エジプト海軍をナバリノ湾で撃破した（1827年）。翌年，露軍が単独でトルコに侵入，コンスタンチノープルに兵を進め，アドリアノープルの和約（1829年）で黒海沿岸地域の割譲やダーダネルス・ボスポラス両海峡における露船舶の自由通航権を獲得し，南下政策は成功したかに見えた。だが英国のパーマストンはフランスとともにロンドン会議でギリシャの完全独立を承認，三国協調の枠組みによってロシアの行動を制約し，ロシア最大の目的であったコンスタンチノープルの獲得を妨げた。

　そこでニコライ1世は手法を変え，トルコに肩入れすることで影響力の拡大を図ろうとした。折しもトルコ領エジプトの太守メヘメット・アリは，ギリシャ独立戦争の際にトルコを支援した代償としてクレタ島，キプロス島を得たが，さらにシリアの領有とエジプトの独立を要求し反乱を起こした（第1次エジプト・トルコ戦争：1831～33年）。英国は再びフランスとともにトルコに干渉し，エジプトの要求を認めさせたが，ロシアはこれを不満とするトルコに接近，ウンキャルスケレッシの密約（1833年）で，ダーダネルス・ボスポラス両海峡における露軍艦の独占通航権を手に入れた（第1次東方問題）。だがそれも束の間，フランスを頼みとするエジプトとロシアを背後に持つトルコの間で再び戦火が持ち上がった（第2次エジプト・トルコ戦争：1839～40年）。仏勢力のエジプト定着とロシアのトルコ独占を恐れた英国のパーマストンは，今回はトルコに与し，英露墺普の四国同盟を結び，トルコを助けてエジプトに干渉した。その結果，孤立化を恐れたフランスはエジプトを放棄，戦いはアリの敗戦に終わった。英国はフランスをエジプトから後退させるとともに，あらゆる国の軍艦の両海峡通航を禁止させた（1840年のロンドン会議）。さらに翌年の国際海峡協定で先のウンキャルスケレッシ密約を廃棄させ，ロシアのバルカン・地中海進出を再び阻止した（第2次東方問題）。

●英露の対立(2)：クリミア戦争

　その後，オスマントルコ領内にある聖地エルサレムの管理問題を巡り再び英露が対立し，ウィーン体制を築いた列強相互がナポレオン戦争後初めて直接戦うことになった。エルサレムの管理権は16世紀以降フランスにあったが，仏革命の混乱期にギリシャ正教徒がロシア支持の下にその権利を手にした。ナポレオン3世はトルコに管理権の回復を要求，トルコが応じたため，今度はニコライ1世がトルコに抗議し，クチュク・カイナルジ条約（1774年）以来ロシアがモルダビア，ワラキア2州で持っていたギリシャ正教徒の保護権をトルコ全土に拡大するよう迫った。ロシアの勢力拡大を恐れる英仏の支持を背景にトルコが要求を拒絶するや，ニコライ1世はトルコ領内の正教徒保護を名目にトルコに宣戦，モルダビア，ワラキアを占領した（クリミア戦争：1853～56年）。

　ロシアの南下を阻みたい英仏，イタリア統一にあたりフランスの好意を繋ぎとめたいサルジニアもトルコと同盟し，ロシアに宣戦した。蒸気を動力とする英仏連合艦隊は黒海に進み，帆走艦しか持たないロシア海軍を撃破。クリミア半島に上陸した連合軍は54年10月以降，近代初の陣地戦となったセバストポリ要塞の攻囲に終始したが，349日に及ぶ激戦の末に英仏連合軍がこれを陥落させた。ニコライ1世を継いだアレクサンドル2世が英仏にオーストリアが加わるのを恐れ講和に応じた結果，黒海の中立化と艦隊配備の禁止，両海峡の外国軍艦に対する封鎖，ロシアのベッサラビア放棄等が定められ（パリ条約：1856年），3度ロシアの南下は頓挫させられた。クリミア戦争の惨めな敗北はアレクサンドル2世に国内改革の必要性を痛感させ，農奴解放や鉄道会社，商業銀行の設立等一連の自由主義改革が断行される。この戦争で失った威信の回復と国際的孤立からの脱出が露外交の目標に据えられ，プロシャへの接近，三帝協約へと繋がっていく。

4 統一ドイツの誕生とビスマルク外交

●ビスマルクの登場と普墺戦争

　ドイツでは3月革命の失敗で反動支配が復活した。しかし，1850年代以降ライン地方を中心とする工業や資本主義の発達に伴い国内市場の開発が不可欠と

なったこと等から再び統一の機運が高揚し，プロシャを中心にドイツ関税同盟が結成され，域内での商品移動の自由化や通貨・度量衡の統一等が図られた。ただ，ドイツにはハプスブルク家の影響力が残っており，プロテスタントの優勢な北ドイツを拠点に，オーストリアを排除して統一をなし遂げようとする小ドイツ主義と，カソリックの地盤である西南ドイツ諸邦を中心に，プロシャの軍国主義的風潮に反発し，文化的・伝統的な気風を重んじる大ドイツ主義（親墺）の対立は容易に解けなかった。

こうした情勢の下，プロシャではウィルヘルム1世が国王に就く（1861年）。彼はナポレオン3世の脅威に備えるため，兵力増強を骨子とする軍役制度の改革に取り組んだが，王権に対する議会の優位を目指す自由主義者が進歩党を結成，62年の総選挙で同党が勝利したため軍制改革案は否決された。そこで議会との対立に勝つためウィルヘルム1世が首相に起用したのが，ユンカー出身で当時パリ公使のビスマルクであった（1862年）。ビスマルクは"鉄血演説"を行い，下院の反対を無視してその機能を4年間停止させ，軍備の増強を断行した。独立国のシュレスヴィヒ，ホルシュタイン両公国にデンマークが政治介入を試みた際には，オーストリアとともに出兵し（デンマーク戦争：1864年），翌年シュレスイヒをプロシャ，ホルシュタインをオーストリアに割譲させた（ガシュタイン協定）。その後，両公国の支配権を巡りプロシャとオーストリアが対立，対墺戦不可避と判断したビスマルクはその孤立化を画策，ライン左岸併合を黙認することでナポレオン3世から好意的中立を勝ち取り，墺領ベニスの占領を認めイタリアとの同盟工作も進めた。そして1866年6月，オーストリアのガシュタイン協定違反を口実にホルシュタインに兵を進めた。連邦議会はプロシャの行為を侵略と見なし懲罰戦争を決議，多くの南部諸邦がオーストリアに味方したため，プロシャは連邦の終結を宣言し普墺戦争が開始された。

ナポレオン3世は普墺双方を疲弊させ，両国の仲介役を買って外交上の得点を稼ぐ目論見であったが，モルトケがサドワの戦いでオーストリア軍に壊滅的打撃を与える等戦争はわずか7週間でプロシャの勝利に終わり，オーストリアはドイツ連邦の解体，シュレスイヒ・ホルスタインに関する権利のプロシャへの移譲，賠償金の支払いに同意した。オーストリアはイタリア統一戦争でフランス・サルジニア連合軍に破れロンバルディアを失ったばかりであったが，相

次ぐ敗戦でハプスブルクの威勢は弱まり、ドイツ問題での発言権も失った。民族国家が王朝国家に取って代わる時代潮流の中、オーストリアも自由と独立を求めるマジャールの圧力に屈し、1867年にはオーストリア・ハンガリー二重帝国が成立、アウグスライヒ（妥協）体制が発足する。ハンガリーはハプスブルク帝国内部の独立王国となり、両国は共通の君主（ハプスブルク家）を抱き、首都はウィーンとブダペスト、議会や閣僚は共通となった。[6]

●普仏戦争とドイツの統一

　宿敵オーストリアを降したプロシャの次の抗争相手は、ドイツの統一阻止とライン左岸に領土的野心を持つナポレオン3世であった。第2帝政期はフランスの産業革命が完成した時期に当たる。国外市場獲得の必要性や自らの人気を維持するため、ナポレオン3世は積極的な外交を展開した。英国とともにクリミア戦争に参加しロシアを撃破、またアルジェ、セネガル、サハラ等アフリカに足場を築いたほか、キリスト教宣教師の迫害を口実に清国の宗主権下にあったベトナムに軍隊を派遣。サイゴン条約でコーチ・シナ東部を獲得（1862年）する。翌年にはカンボジアを保護領とし、67年には全コーチ・シナを領有し、英国に対抗して東南アジアに勢力を伸ばした。1856年パリで万国博覧会が開催された頃が、第2帝政の絶頂期であった。

　勢いに乗り加わったイタリア統一戦争では、途中から方針を変更してオーストリアと和解。その対伊姿勢を巡り対英関係が悪化したため、英国と通商条約を結ぶなど親英政策を進めたが、その結果安価な英国製品が流入し、仏産業資本に打撃を与え国民の不信感を高めた。また経済不況で財政が窮乏し、社会主義運動の台頭を招いた。さらにメキシコの内乱に乗じて英西とともに出兵（1861年）、共和政を廃止しハプスブルク皇帝フランツ・ヨーゼフ1世の弟マクシミリアン大公を皇帝に擁立した。だが南北戦争の終結で余裕の生まれたアメリカが強く要求したため、撤兵を余儀なくされた。その後も、普墺戦争が予想外に短期間で終了しフランスが仲介で利する場面は生まれず、北ドイツ連邦への干渉も失敗する等失策が続いた。

　折しも1868年の革命で女王イザベラを追放したスペインでは、ウィルヘルム1世の遠縁に当たるレオポルトを新国王に擁立する動きが生まれていた。だ

が隣国にホーエンツォレルンの国王が誕生することを嫌ったナポレオン3世が反対したため，レオポルトは辞意を表明した。ナポレオン3世は仏大使をウィルヘルム1世の保養先エムスに派遣し，レオポルトのスペイン国王不即位の確約を求めた（エムス事件）。執拗な求めにウィルヘルム1世は激怒し会見を拒否，ベルリンのビスマルクにその旨打電した。かねて対仏戦を意識していたビスマルクは，この電報を両国関係が決裂したかに文面改竄のうえ公表し，独仏互いの敵愾心を煽った。ドイツの世論は俄かに沸騰，追い詰められたフランスはプロシャに宣戦を布告し普仏戦争が始まった（1870年7月）。

ビスマルクは背後の脅威を防ぐため，親プロシャの露皇帝アレクサンドル2世に働き掛け，オーストリアを牽制させてその中立を保たせた。実戦経験豊富な普軍は仏軍を圧倒，セダンの戦いではナポレオン3世自身が捕虜となる（第2帝政の廃止）。1871年1月，ベルサイユ宮殿鏡の間でウィルヘルム1世はドイツ帝国の誕生を宣言，プロシャ国王がドイツ皇帝を兼ね，ドイツは念願の国家統一を実現した。ホーエンツォレルン家によるドイツ第2帝国の発足である。

程なくパリが陥落し仏臨時共和政府は降伏，ベルサイユ休戦協定が締結され独軍がパリに入城した。プロシャは，50億フランの賠償金に加え地下資源に富むアルザス・ロレーヌの2州を獲得。ともにドイツの産業発展に益するところ大であった。国家統一をなし遂げたドイツは，フランスに代わりヨーロッパ最強の陸軍国家となる。"中欧の無力""西欧の優越"という近世以来の勢力原理は覆り，中世における中欧の優越が復活した。ドイツの盛衰は，ヨーロッパにとって常に変わらぬジレンマである。ドイツが弱く分裂している時には，その周辺諸国，特にフランスの拡張主義を誘った。反面，強力なドイツの出現も周辺諸国を恐怖に陥れた。「統一ドイツはヨーロッパ人を支配し，フランスを圧倒するであろう」というリシュリューの恐れは，歴史の遺物ではなかった。

「（ドイツの）地理的条件は，解決不能なジレンマを生み出した。リアルポリティークの伝統によれば，成長を続け，いずれは欧州の支配勢力となろうドイツを封じ込めるため，欧州諸国は連合してこれに当たることになろう。大陸の中央部に位置するがため，ドイツはビスマルクが"連合の悪夢"と呼んだ敵対的連合によって包囲される危険性に曝されたのである。だが，ドイツが同時に全ての隣国連合に対抗してその身を守ろうとすれば，それが今度

は各国家に個別に脅威を与え，かえって反独連合の結成を促進させてしまう。自身の恐れていた状況を自身の手で現実の国際システムに作り上げる結果となるのである。当時なおヨーロッパ協調と呼ばれていたものは，実際には二組のあい憎しみあう国家群に引き裂かれた。それは独仏の敵対関係と，オーストリア・ハンガリー帝国とロシアの間で深まりつつあった対立関係である。仏独関係については，1870年の普仏戦争でのプロシャの勝利があまりにも圧倒的であったため，報復への絶えざる願望をフランスに生み，またドイツによるアルザス・ロレーヌ州の併合がこの怨念の焦点となってしまった。……欧州第2の対立である墺露関係も，ドイツの統一が引き起こしたものである。……ドイツから追放されて以後のオーストリアハンガリー帝国にとって，今後勢力拡張を図る地域はバルカンをおいてほかにはな（く）……この政策はロシアとの対決を必然化させる[7]」（キッシンジャー）。

この難しい状況を，徒に武力に頼ることなく外交的な手法を以て安定化させ，ドイツの国力涵養と欧州平和の時代を実現させたのが，ビスマルクであった。

●ビスマルク外交の展開：1870〜90年

統一をなし遂げたとはいえ，依然周囲を強国に囲まれたドイツがヨーロッパ大陸で生き抜いていく厳しさをビスマルクは認識していた。彼の最大の関心は，新生ドイツの内政充実とヨーロッパの勢力均衡を維持し国際関係を安定させ，新帝国が戦争に巻き込まれないよう努めることであった。アルザス・ロレーヌを併合したドイツに対するフランスの反感は強く，ドイツはフランスの対独復讐戦を封じ込める必要があった。そのため，ビスマルク外交の基本戦略はフランスの孤立化に主眼が置かれた。彼はまず三帝同盟や独墺同盟によって露墺双方との連携を深めた。当時バルカン問題が緊迫化しつつあり墺露は対立を深めていたが，絶妙のバランスでビスマルクはライバル関係にある露墺両国との関係を維持し，この2国の対立を調停するとともにバルカン問題にドイツが巻き込まれることを回避した。さらに三国同盟によってイタリアを取り込み，"名誉ある孤立"政策を採る英国とも良好な関係を保ち，フランスに与し国際秩序の変動を企てる国の出現を阻止した[8]。徹底的なフランスの孤立化とヨーロッパの勢力均衡維持を目指すビスマルク的国際体制は，ドイツを欧州外交の中心に

据えることになった。以下，ビスマルク外交をいま少し詳しく眺めてみよう。

ビスマルクまずロシア，オーストリアと三帝同盟（1873年）を締結，独仏間で紛争が生起した際には露墺はドイツを支援するものとされた。その後，バルカンを巡り露墺の対立が激化し，また78年のベルリン会議でロシアにサンステファノ条約を放棄させたことから独露関係も疎遠となり三帝同盟は事実上崩壊した。野望を妨げられたロシアの不満は，反露連合を結成し戦争の構えで脅したディズレーリではなく，ヨーロッパの全面戦争回避に努めたビスマルクに向けられた。ロシアとの接近によるフランスの報復，欧州秩序の混乱を懸念したビスマルクは，同盟の復活に奔走した。1879年10月，彼はバルカン問題でロシアの競争相手であるオーストリアと独墺同盟を密かに締結した。独墺同盟はその後のビスマルク体制の根幹となる。

次にビスマルクは，ロシアとの関係修復に動く。等しく対独不満を抱くフランスとの提携可能性を考慮すれば，ドイツにとってロシアは決して敵に回してはならぬ相手であった。当時ロシアでは過激主義者によるテロ・革命の恐怖が高まり，他方フランスでは共和主義者の政権が力を持ち，露仏提携の可能性は薄れつつあった。しかも中東，バルカンを巡る英国との対立が続く限り，対英牽制上ドイツとの接近が必要との判断がロシアに働いた。孤立を続ければ，競争相手のオーストリアがドイツや英国の支持を得てバルカンに進出する恐れもロシアは懸念した。さらに露政府内部で反独的なゴルチャコフ首相に対し親独的立場のギエルス外相の発言力が強まったこともあり，こうした諸要素を追い風に，独墺同盟を足場にビスマルクは交渉を進め，81年6月露墺との間で新たに新三帝同盟（三帝協商）を成立させた（～87年）[9]。当初ロシアはオーストリアに対抗するための同盟を望んだが，ビスマルクはあくまでオーストリアを含めた内容とすることに固執した。こうして3国の同盟体制は復活，これでドイツは2正面作戦の脅威から解放され，ロシアはクリミア戦争当時の反露連合（英仏墺）の復活から免れた。しかしこの3国の関係は，バルカンを巡る露墺の対立線上に立つ極めて脆いものだった。

翌82年5月，ビスマルクは統一されたばかりのイタリアがフランス寄りになるのを防ぐ目的で，墺独の2国間同盟にイタリアを誘い，独墺伊の三国同盟を成立させた。オーストリアはバルカンでロシアと衝突していただけでなく，イ

タリアとも鋭く対立していた。イタリアでは，チロル地方やトリエステ等オーストリアがイタリアに持つ支配権の排除を目指す運動が盛り上がっており——"未回収のイタリア"問題と呼ばれた——，不満を抱くイタリアがフランスに走ることをビスマルクは懸念したのだ。領土の対立を孕んでおり墺伊両国を纏める同盟の結成は困難に思われたが，81年にフランスがチュニジアを占領，保護国化し，同地に関心を抱いていたイタリアに衝撃を与えた。イタリアはフランスの行動を非難し，各国に支持を求めたがいずれの国も動かなかった。先のベルリン会議でフランスのチュニジア占領は既に列国が黙認を与えていたからである。問題解決には孤立状態から抜け出す必要があると判断したイタリアは，急速にドイツに接近。一方オーストリアも新三帝同盟を以てもロシアを抑え切れない場合を懸念し，さらに確実な保証を模索していた。露墺が戦争する場合，イタリアが中立を守れば，2正面作戦に対するオーストリアの恐れを和らげられる。この機を捉えたビスマルクは，独伊の同盟にオーストリアを加えることをイタリアに認めさせ，3国間の同盟締結に漕ぎ着けた。

　三国同盟の内容は，3国は互いに他の締約国を目標とする同盟などに加入せず，イタリアあるいはドイツがフランスから攻撃を受けた際は他の2締約国は援助義務を有し，また別の第4国が同盟国の中の一国を攻撃する場合には，他の2締約国は好意的中立を保つが，2国以上からの攻撃を受けた場合には同盟3国は一致して戦うこと等を約すものであった。それは勢力均衡の維持を目的とする防御同盟であった。規定上フランス以外の別の"第4国"からの攻撃が想起されているが，ロシアは新三帝同盟で繋ぎとめられており，英国が大陸問題に介入する可能性も乏しく，フランスは現実には単独でドイツに挑戦するしか方途がないのである。先の新三帝同盟とこの三国同盟によってビスマルクによるフランス包囲網は完成した。三国同盟は1915年にイタリアが裏切ってオーストリアに宣戦するまで存続し，ビスマルク体制の中心的枠組みとして機能した。さらにビスマルクは1887年に種々の条約を締結し，体制の補強に動いた。まず三国同盟を更新するとともに，東地中海を巡る利害調整を図るべく自ら斡旋に乗り出し，墺伊に英国を加えた三国協定を締結させた。これによりドイツは間接的ながら英国とも関係を持つことになった。続いて西地中海におけるイタリアのフランスに対する利益を補う目的で，伊西墺，それにドイツも加わっ

て地中海協定を成立させている。

しかるに、墺露のバランスを取り続けることは容易ではなかった。新三帝同盟は更新され、さらに3年間の延長が図られたが、85年にロシアがブルガリアに進出、これを新三帝同盟でのバルカンにおける勢力調整合意に違反する行為だとしてオーストリアが反発、独露墺3国の同盟体制は無力化し、露墺両国は互いの関係悪化を理由に更新を拒否した(1887年)。ビスマルクとしては対仏包囲網を維持するためには何としてもロシアの中立が必要であった。アジアで英国と角逐を続けているロシアもドイツとの関係維持だけは希望したため、失効する新三帝同盟に代わって独露再保障条約が締結された(87年6月)。バルカン、ダーダネルス・ボスポラス両海峡に関するロシアの利益に承認を与えるとともに、両締結国の一方が第3国と交戦する時には他の一国が好意的中立を守るべきことを約束したものだが、ビスマルクはオーストリアを裏切ってもロシアを繋ぎ止めることで、対仏接近の阻止に成功したのである。

そうした一方で、ビスマルクはドイツの植民地獲得を慎み、領土的無欲に徹した。「いまやドイツは飽和した国である。今後は、たとえ戦争して勝ったとしても何等本質的に利益を得ることはないであろう」というのが彼の口癖であった。膨脹することで植民地保有国との摩擦を避けたのである。特に、無用な海軍の増強をせず、また自由貿易を遵守するなど英国とは良好な関係を保つよう配意した。"名誉ある孤立"政策を採り、当時の英国も大陸内部に関与する姿勢を示さなかった。さらにビスマルクはフランスの海外植民地獲得の動きを促し、不満解消の捌け口を与える配慮も忘れなかった。かように多くの同盟、協定を網の目のように複雑に張り巡らすことで、ビスマルクはヨーロッパ列強の勢力均衡と現状(平和)維持を目指した。1870～90年代初頭のヨーロッパ外交は、ビスマルクを軸として展開したのである。

5 揺らぐパクスブリタニカ

●英国覇権の陰り

1870年代を迎える頃、ビクトリア朝英国の繁栄もピークを過ぎ、従前の勢いは失われていた。まず経済不況がこの時期英国を襲った。また穀物法廃止と

輸送革命の影響で海外から安価な農作物が外国から流入し，英国農業は大きな打撃を蒙った。さらに米独両国が英国を上回る勢いで第2次産業革命をなし遂げ，英国の世界市場を奪うようになった。後発両国の激しい追い上げに直面した英国は，それまでの経済的優越に安住できなくなり，自由貿易・小英国主義の立場にも動揺を来した。世界の地表の1/5以上を支配し，世界人口の1/4統治し続けたパクスブリタニカにも陰りが出始めたのだ。

　当時の経済状況を見ると，第1次産業革命の先鞭をつけ，繊維や鉄鋼，船舶の輸出では依然世界をリードしていた英国であるが，1860年代3.6％だった経済成長率が70年代には2.1％，80年代に入ると1.6％に低下，また19世紀後半から盛んになった化学，電気，重工業分野の開発（第2次産業革命）に出遅れ，技術革新でも次第に新興国米独の後塵を拝するようになっていた。これら両国は自国産業を保護する一方，英国の技術を模倣・吸収するとともに，新技術の導入も抵抗なく行える等"追いかける者の強み"をフルに発揮し，激しく英国を追い上げたのだ。その結果，例えばドイツは，製鉄ではトーマス法やベッセマー法という新技法の採用で英国を凌いだ。ドイツの銑鉄生産は400万t（1887年）から1550万t（1912年）に上昇し（387％増），アメリカも同様の伸び（368.5％）を示した。これに対して英国はといえば，同期間に鉄生産を760万tから1000万tへと30.6％しか上げることができなかった。バイエルやヘキストの出現に代表されるように，当時の最先端技術だった染料，化学工業の分野でもドイツは英国をリードした。アメリカも自動車や電力，工業品で対英優位を占め，英国内には安価で優秀な外国製品が数多く出回るようになった。

　ウェブレンが『帝国ドイツと産業革命』(1915年) の中で議論しているように，挑戦国は産業化のサイクルに遅れて入るが，他国が開発した新技術や経験を巧く活用できるのに対し，先に産業化した国はまだ完全に償却が済んでいない古くて非効率な生産設備を抱えており，不断の技術革新を遂行するに際してハンデを負い易い。また先進国は新技術を独占する間は比較優位を維持できるが，それは最も模倣の巧みな国にまず伝播し，やがては世界中に広まり，その過程で先進国のリードが次第に失われていく（プロダクトサイクル）。その結果，1870年から1913年にかけて英国の平均経済成長率が1.6％に留まったのに対し，ドイツは4.7％，アメリカは5％と大きな開きが出るようになった。

そこで英国は，工業製品での劣勢を海外への資本投資や保険料収入等の貿易外収支で補うようになる（工業⇨金融・商業への転換）。そのため，世界貿易に占める英国のシェアは30％（1870年）から14％（1914年）に低下した反面，1850年当時2億ポンドだった海外投資は70年には7億ポンド，97年には17億ポンドと飛躍的に増加，1900年におけるロンドン市場での資本調達の3割は海外投資に充てられ，第1次世界大戦が勃発した1914年当時，英国は世界の海外投資株式の43％を保有するまでになった。そもそも自由貿易体制を標榜している以上，比較優位の原理が働くため，恒久的に英国のみがあらゆる部門で世界的優位を独占し続けるのは不可能である。だが，英国産業が衰退していったのは，こうした不可避的な理由だけに拠るものではなく，後発国に比較して産業，技術の保護育成に対する国家的取り組みの遅れが大きく影響していた。社会政策や教育制度改革の遅れも深く関わっていた。『メイド・イン・ジャーマニー』(1896年)を著したアーネスト・ウィリアムズが述べているように，英国労働者の賃金は低く，その待遇は劣悪であった。経済の伸張に比例して人口の伸び（1871年：4000万人⇨1914年：6800万人）も目覚ましい中，科学技術教育の重要性を十分に認識したプロシャは既に1840年に義務教育制度を導入し，さらに工科大学の設置・充実にも熱心であった。これに対し英国では従来通りのシステムが維持され，貴族や裕福な家庭の子弟のみしか教育を受けられない状態が続いた。この国が普通教育法を定め8歳から13歳までの義務教育を実施したのは1870年のことで，パブリックスクールの改革に乗り出したのは20世紀も半ばを過ぎてからという有様，しかもオックスフォードやケンブリッジ大学での研究・教育も，古典主体の教養重視，実学軽視の反産業的な内容のままであった。かつての技術優位に胡座をかき，技術革新やその進歩に対応できる数多くの優秀な労働力を養成する努力を英国は怠ったのである。

労働者階級の処遇放置や科学技術教育の軽視に加え，海外投資の活発化による資本の外国流出は国内産業への投資意欲を阻害し，技術革新の遅れや生産性の低下を一層助長した（国内投資の減退⇨生産性，成長率の低下⇨労働組合による既得権擁護運動の高まり⇨資本の海外流出という悪循環の成立）。さらに外国に流れた英国資本が競争相手国の産業振興を促進したため，その差は益々広がった。この危機的状況を打開すべしとの声も国内で高まったが，利害の相異なる金融資

本家と産業資本家の分離が顕著であったうえ,実力をつけた金融資本家が国家権力の経済への介入や保護主義政策の実施に強い抵抗を示したことが国家の路線転換を困難なものにした。このほか,植民地が世界中に散在していたため,その統轄維持のコストもばかにならなかった。そうした中,重化学工業への移行という産業変化に伴い,原料を求めて列強各国がその産地であるアジア・アフリカの領地確保に乗り出すや,英国でも植民地の拡大・併合を唱える大英国主義,帝国主義が頭をもたげるようになった。

●大英国主義への回帰とディズレーリ外交

　そしてニュージーランドからの英軍引き上げに対する世論の反発を機に,かつて小英国主義を唱えていた保守党のディズレーリが帝国の統合を保守党の公約に掲げ,大英国主義への路線転換に踏み切った(1872年)。クリスタルパレスでの演説で,彼は社会問題に対する積極的な対応と併せ,帝国の維持を最優先とする政策を打ち出したのである。74年の総選挙でグラッドストーン内閣が倒れた後を受け,第2次ディズレーリ内閣を組閣した彼は,攻勢的な外交姿勢を見せた。それはバルカンやエジプト,インドに対する政策となって現れ,翌年にはスエズ運河の買収に着手する。

　もともとスエズ運河はフランス人レセップスによって完成され(69年),フランスとエジプトによって所有されていた。ところが運河会社株の半分近くを保有するエジプト太守イスマイルが財政難から,それを放出せざるを得なくなった。これを聞きつけたディズレーリはロスチャイルド商会から秘密裡に融資を受け,400万ポンドで買い取ることに成功,一躍運河会社最大の株主となった。英国はインドへの最短ルート(エンパイアルート)を扼する戦略拠点を支配下に収めたほか,エジプト干渉の糸口を掴み,フランスとともに破産状態に追い込まれていたエジプト財政の共同管理に乗り出す。

　このスエズ運河買収を契機に,英国のアフリカ政策は積極化していった。エジプトに次いでディズレーリはインド支配を強化するため,ムガール帝国に代わって新たにインド帝国の設立を宣言し,ビクトリア女王を「インド女皇」に据えた(1877年)。大英帝国の統合とエンパイアルートの確保というディズレーリの外交目標にとって最大の脅威は,依然執拗に南下政策を企てるロシアであ

った。露土戦争が勃発するや，ディズレーリはビスマルクと連携してベルリン会議を開き，ロシアの南下を阻止した。中央アジアでもインド防衛の見地からアフガニスタンを保護国化するが，財政の悪化も原因となって彼の帝国主義政策には議会の反発が強まっていった。

●英露の対立(3)：露土戦争

　クリミア戦争の後，独伊の統一が刺激となり，オスマントルコの支配下にあったバルカン半島でもスラブ系諸民族の民族自決意識（汎スラブ主義）が高まり，勢力拡張を目指すアレキサンドル2世が汎スラブ運動を後押しした。1875年ボスニア・ヘルツェゴビナでキリスト教徒のトルコに対する反乱が発生し，翌年にはセルビア，モンテネグロ，ブルガリアもこれに加わった。トルコ軍がこれらを鎮圧しキリスト教徒を虐殺するや，ロシアはそれを口実に英墺を誘いトルコに内政改革を要求，トルコが拒否すると，単独でトルコに宣戦する（露土戦争：1877〜78年）。トルコの崩壊を恐れた英国は，ロシアがコンスタンチノープルを占領し即時撤兵に応じない場合には，対露戦を決意をする。78年1月，露軍はアドリアノープルを占領，さらにコンスタンチノープルに迫り，城外の駐留をトルコに認めさせた。トルコからの支援要請を受けた英国は地中海に艦隊を派遣，ダーダネルス海峡を通過した英艦隊はコンスタンチノープル沖に碇泊しロシアを牽制した。英国の強硬姿勢に驚いたロシアは急ぎトルコとサンステファノ条約を結び（1878年3月），セルビア，モンテネグロ，ルーマニアの独立を承認させたほか，ブルガリアをドナウ川からエーゲ海に至る広大な領土を持つ自治公国としてロシアの事実上の保護国とした。また巨額の賠償金に加え，カルス，アルダハン，バツーム等コーカサス山脈南の諸都市をトルコから獲得した。

　しかし，（ブルガリを介しての）ロシアのバルカン支配と地中海進出に反発したディズレーリは，汎スラブ主義に反発するオーストリアともども，サンステファノ条約の扱いを列強の協議に委ねるべきだと主張し，同条約の内容を確定する国際会議がベルリンで開催された（1878年）。この会議でビスマルクは自らを"忠実な仲介人"と称し中立の立場を強調したが，実際には英墺の要望を容れてロシアの主張を抑え，サンステファノ条約を廃しベルリン条約締結（1878年）に導いた。同条約はセルビア，モンテネグロ，ルーマニアの完全独立を認

めた反面，ブルガリア領は北部の1/3に大幅に縮小され，ブルガリア領となるはずのマケドニアはトルコに返還された。さらにボスニア・ヘルツェゴビナ2州の行政権はオーストリアに，キプロスは英国に割譲された。トルコ領の再分割で英露の直接軍事対決（第2のクリミア戦争）は避けられたが，ギリシャ独立問題，東方問題，クリミア戦争に続き，またも英国に南下を妨げられたロシアは，以後，進出の矛先を中央アジアや東アジアに転じる。

● 英露の対立(4)：グレートゲーム

　中央アジアでの英露の戦いは"グレートゲーム"と呼ばれ，イラン（ペルシャ）とアフガニスタンがその主戦場となった。18世紀前半イランではナディル・シャーがオスマントルコを撃退してアフシャル朝を建設したが，彼の死後国内は分裂し，アーガ・ムハムッドがテヘランを都にカジャール朝を樹立する。しかし，各部族の分権統治を許し強力な集権化が図れず，ロシアの進出を許すことになった。ロシアが最初に食指を動かしたのは，カフカス山脈南のザカフカス（コーカサス）地方だった。グルジアで起きた反乱（1801年）に介入して同地を併合，1812年にはカスピ海西岸に攻勢をかけ，翌年のグリスタン条約でグルジア，バクー等をイランから奪った。1825年にはアゼルバイジャンに攻め込み軍事拠点タブリズを制圧，トルコマンチャイ条約でイランからアラス川以北の領土を割譲させたほか，ザカフカスの大部分を手中に収めた。その後，カジャール朝の権威失墜に伴いペルシャ東部のヘラートがアフガニスタンの新興勢力バーラクザイ朝に併合されると，ロシア支援の下にイランはヘラートの領有権を主張してアフガニスタン遠征を行う（1837年）。ロシアはイラン西方ではその領土を奪いながら，東方では逆にイランを後押ししてアフガスタニン進出を企てたのである。

　ロシアの動きをエンパイアルートへの重大脅威と見なした英国は，侵略の際の相互援助や財政援助，それにイラン・ロシア国境の画定は英露イランの3国で決すべきことをイランに認めさせる（1814年）とともに，インド防衛のためアフガニスタンへの軍事介入に踏み切る。英国はアフガニスタンからイラン軍を撤退させ，権力者ドースト・ムハメドを退けて親英のシャー・シュジャーをアフガニスタン王位に就けた（1838年）。しかしアフガン部族の反英蜂起に遭い，

外交代表バーンズが殺害され，ジャララバードに向かう英軍は全滅を喫した。さらにシャー・シュジャーも暗殺されるなど厳しい状況が続いたが，辛うじてロシアの影響力拡大を阻むことには成功する（第1次アフガン戦争：1838〜42年）。

　アフガニスタン進出を阻まれたロシアは，チムール帝国が中央アジアに残したブハラ（1868年），ヒバ（1873年）の2汗国を保護国に，またコーカンド汗国を併合（1876年）して中央アジア全土をトルキスタン省（ロシア領トルキスタンの形成）とし勢力を拡げたほか，清朝とイリ条約（1881年）を結んで新疆省の一部も併合した。そしてベルリン会議で英国からトルコ問題の譲歩を引き出すため，再びアフガニスタンに接近する。第1次アフガン戦争後，ドースト・ムハメドが王位に戻り，後を継いだその子シェール・アリーと同盟関係を築き，国境に2万人の軍隊を派遣したのである。そのため英国のディズレーリ内閣も再度アフガニスタンに軍隊を送り込んだ（第2次アフガン戦争：1878〜81年）。カブールに進駐した英軍は，またもアフガン軍の激しい抵抗に苦しめられるが，シェール・アリーの弟の子アブドル・ラフマーンを国王に就け，辛くもアフガニスタンの保護国化に成功する（1880年）。

　こうして英国はロシアのアフガニスタン接近と影響力の拡大を防いだが，英露対立がこれで絶えたわけではない。南ア（ブール）戦争中ロシアはアフガニスタン政府に迫り英国から受けていた年金を返還させ，英国の影響力を削ごうとした。英国も日露戦争中アフガニスタンに再び年金を受けさせ，保護権を回復している。英露の対立はイランやチベットでも起きた。グレートゲームの終結は，英露協商締結（1907年）による両者の勢力圏確定を待たねばならなかった。もっともそれから僅か10年後，ロシア革命でこの協商は一片の反故と化す。大陸国家ロシアが再び海洋国家に挑むのは，半世紀先のことになる。

●注　釈

1）　Henry Kissinger, *Diplomacy* (New York, Simon & Schuster, 1994), p. 77.
2）　「ウィーン会議後の60年間は，ヨーロッパ大陸の諸国が次々に三大革命（産業革命，立憲革命，民族主義革命）の渦中に陥りましたので，いわば"ヨーロッパ世界の内乱の時代"でした。諸国は，これらの革命と内乱とに追われて，また外部に対して膨脹発展を企てる余裕がなかったのです。ひとりこの間にあって，内乱に煩わされず，フリーハンドを保持して，外部に対して活用する活躍する力を持っていたものは，英国と

ロシアの二大国でした。英国はつとに17世紀後半において政治革命を経過し、18世紀の間に議会政治の制度を確立したので、フランス革命後の立憲革命の動乱に陥ることを免れました。またこの国は18世紀半ばから世界に率先して産業革命を成就しましたから産業革命の混乱にも陥らず、さらにまた既に民族的統一を遂げていましたから民族革命の煩をも免れ、19世紀に内部の動乱をなくして自由に世界に雄飛することができたのです。これに反して帝制ロシアはまだ封建的専制・農業国であって、未だ近代的な産業革命にも、立憲革命にも、民族革命の機運にも見舞われていなかったので、19世紀を通じて内部の煩累を免れ、外部に対して膨脹発展を続けることができたのです」。神川彦松『近代国際政治史』(原書房、1989年) 84～85頁。

3)「1813年秋のライプチヒの戦いのあと、英普墺露の四大国がナポレオンを破滅へと追い立てていた。この中で英国だけが、大陸制覇に興味を持っていなかった。英国の狙いは、ヨーロッパに力のバランスを作り出し、それを背景として貿易を拡大していくことにあった。ヨーロッパさえ安定すれば、世界の残りの地域は英国海軍に任せておけばいい。英国の思い描いていたバランスとは、ドイツ語圏の二強国、プロイセンとオーストリアによって、フランスのさらなる領土拡大戦争を阻止させると同時に、いまや中央ヨーロッパに進出してきているロシアと対抗させること、そしてフランスにはナポレオン戦争前の国境まで領土を縮小させる、特にベルギーから手を引かせる、というものだった (英国はオランダを拡大して、その中にベルギーを取り込ませたいと思っていた)」。ポール・ジョンソン『近代の誕生1』別宮貞徳訳 (共同通信社、1995年) 142～143頁。

4)「この (=フランスを加えた五大国化) 結果、実効ある平和の実現が可能になった。それには二つの理由がある。第一に、ウィーン会議は勝者と敗者の会議であるという考え方 (1918年のベルサイユ条約が失敗に終わったのは勝者敗者を区別することにこだわったのが致命的) や、正統国と簒奪国の対決する会議であるという考え方を根底から覆したことが挙げられる。……フランスに大国の待遇を与えたことが得策だった二つ目の理由は、キャスルリーとメッテルニヒに代表される穏健派勢力に、タレーランという第三の強力な当事者が加わったことである」。ポール・ジョンソン、前掲書、164～165頁。

5)「敗戦国をどう処理するかにあたって、勝者は勝利に必要だった一歩も引かない態度から、永続する平和に必要な和解の態度へ上手に転換しなければならない。敗戦国に対する懲罰も含む和平は国際秩序を危うくしてしまう。どうしてかといえば、戦争で疲弊している戦勝国が、その和平をいつか覆してやろうと思っている相手を押さえ込み続けるという重荷を負ってしまうからである。現状に何らかの不満を持つ国は、恨みに思っている敗戦国からはほとんど自動的に支持を得られるに決まっている。これがベルサイユ条約の失敗の原因である。ウィーン会議における戦勝国は、第2次大戦の戦勝国と同様に、こうした失敗は犯さなかった。フランスに対して寛大になるのは容易なことではなかった。フランスは1世紀半にわたって欧州を支配し、その軍隊は四半世紀にわたって近隣諸国に駐兵した。にも拘らず、ウィーン会議の参加者は、フランスが怒りと恨みを抱いているよりも比較的満足している方が欧州には安全だとの

結論に達した」。Henry Kissinger, *op. cit.*, p. 81.

6) この結果，帝国の半分をハンガリー（マジャール人）が支配することとなったが，帝国領内にはもともとマジャール以外にも多くの民族が存在しており，ハンガリーがこれら従属民族に対してマジャール化政策を強制したため強い反発が生まれた。例えば，トランシルバニアに住む350万人のルーマニア人はマジャール化に抵抗，その過程でルーマニア人としての民族意識を強めたし，互いに勢力争いを続けていたバルカン半島西北部に住むクロアチア人とその南隣りのセルビア人は，反マジャール化を進める中で南スラブ族として共同行動を取るようになった。尾鍋輝彦『20世紀(2)古き良きヨーロッパ』（中央公論社，1977年）153頁。

7) Henry Kissinger, *op. cit.*, pp. 137-138.

8) 「ビスマルクは……ロシアとオーストリアの両方を，ドイツの敵であるフランスの側につかせないようにせねばならなかった。そのためには，ロシアの正当な目標に対して，オーストリアが挑戦を試みないようにオーストリアを宥めなければならず，また，ロシアがオーストリア・ハンガリー帝国の基礎を揺るがさないようにしなければならなかった。しかも，彼はロシアとの関係を良好に保つ必要があったものの，英国を敵に回すことも避けねばならなかった。けだし英国は，ロシアのコンスタンチノープル及びインドに対する意図に油断なく眼を注いでいたからである。このような壊れやすい均衡は，ビスマルクのような天才を以てしても，いつまでも保てるものではなかった。国際関係の強まる一方の緊張は，時の経過とともに制御が難しくなった。それでもビスマルクがドイツを率いたほぼ20年間，彼は自分が提唱したリアルポリティークを実に節度を持って，かつ巧妙に実践したため，勢力均衡は崩れることがなかった」。*Ibid.*, pp. 145-146.

9) 「ロシアとの関係については，ビスマルクはフランスに対する安全保障の上で，"両正面戦争"の危険を避けることをドイツ生存の第一要件であると考えており，その観点から，ロシアとの提携を，英国との提携より以上に重視しました。しかしロシアはバルカンでオーストリアとの間に死活的利害の衝突をもち，従って独露関係も，危殆に陥ることが稀ではないのです。ドイツの第一の同盟国であるオーストリアと，その第一の盟約国であるロシアがバルカンで絶えず衝突する危険のあることが，ビスマルクの最大の頭痛の種でした。もし露墺が衝突するような場合に備えることがドイツにとり肝要です。それでそのような場合にはビスマルクは，その都度，英国との協調を求め，ロシアとの提携抛棄に対する代償としようと企てたのです。ベルリン会議以後ひとたび露独関係が緊張した時，彼は英国との同盟を結ぼうと努めたのです。これまで数世紀にわたりドイツと英国とは，伝統的親善関係にあったことはいうまでもありません。しかし，英国はその伝統的な大陸政策から，いつも大陸の強国との同盟協商を回避する，いわゆる"光栄ある孤立"の方針を堅持するのみで，度々の英国との同盟の企ての失敗からビスマルクは，ついには英国を"同盟無能力者"であると呼び，英国との同盟を断念するに至るのです。そこでビスマルクは三帝同盟を復活させ，三国間に中立条約を結んだのです」。神川彦松，前掲書，98～99頁。

コラム　オリエント急行——ヨーロッパ豪華列車の旅——

●誕生まで

　鉄道発祥の地は英国であるが，長距離旅客列車に寝台車を登場させたのはアメリカだった。大陸横断鉄道での旅は長時間になる。当然夜間も走ったので，長旅を続ける旅客用に寝台車が導入された。そこでアメリカ人実業家ジョージ・モルティマー・プルマンは寝台車運行会社を設立し，豪華車両プルマン式寝台車を開発した。これが全米各地で評判を呼び，鉄道各社は競ってプルマン寝台列車を運行させるようになった。1865年，このプルマンカーに乗車したベルギー人ジョルジュ・ナゲルマケールスは，同じような寝台車をヨーロッパの長距離列車にも導入しようと考えた。

　帰国後，彼は中央通路の左右をカーテンで仕切るアメリカスタイルの寝台を改良し，ヨーロッパの個人主義に相応しく，通路を車両の片側に寄せドアで閉め切ることができる完全な個室（コンパートメント）型の寝台車を開発した。またナゲルマケールスは1872年にこの寝台車を各鉄道会社に貸し出す専門会社を立ち上げ（1884年にはベルギー国王の保護を受け，ワゴンリー社に発展），11年後の1883年10月，パリ発コンスタンチノープル行きの豪華長距離列車の運行を始めた。これが所謂オリエント急行の起源である。

●絶頂期

　もっとも，当初はパリのストラスブール駅（現在のパリ東駅）からイスタンブールのシルケジ駅まで完全に鉄道で結ばれていたわけではなく，ブルガリアのヴァルナ〜イスタンブール間は船旅であった。ブルガリア経由でイスタンブールまで鉄道で結ばれたのは1888年のことであった。オリエント急行は週2回，夜7時半にパリを出て，ミュンヘン〜ブダペスト〜ベオグラード経由で3日後の午後5時半にイスタンブールに着くダイヤであった。西欧と東方をダイレクトで結ぶ鉄道として人気が高まり，20世紀に入ると，完成したばかりのシンプロントンネルでスイスからアルプスを抜け，イタリアのミラノからベオグラードを経てイスタンブールに至るシンプロンオリエント急行も誕生する。3B政策を推進するドイツのウィルヘルム2世は，首都ベルリンを通らないオリエント急行に対抗すべく，ベルリン〜イスタンブール〜バグダッドを結ぶバルカン列車構想に取り組んだが，第1次世界大戦の敗北で頓挫した。

　そして1920〜30年代，オリエント急行はその黄金時代を迎える。オリエント急行，シンプロンオリエント急行，アールベルクオリエント急行，オステンデウィーンオリエント急行の四つの姉妹列車が戦間期には運行された。英国の女性作家アガサ・クリスティがオリエント急行に乗ったのもこの頃である。離婚直後の1928年10月，傷心を癒すためのバグダッド旅行で初めてオリエント急行に乗車，すっかりその魅力に憑かれた彼女は，後に旅先オリエントの発掘現場で出会った考古学者と再婚し，毎年のようにオリエント急行に

ベニス・シンプロン・オリエント急行の路線図

(出所) VENICE SIMPRON ORIENT-EXPRESS 車内パンフレット。

乗った。その体験を基に『オリエント急行殺人事件』が発表されたのは，1934年のことである。

しかし第2次世界大戦後，モータリゼーションや民間航空会社の発達に伴い，時間のかかる長距離列車の魅力は後退していった。1962年には豪華列車ではなく通常運行の列車に格下げとなり，さらに1977年にはオリエント急行の名称も廃止され，完全に姿を消した。

●蘇ったオリエント急行

定期運行のオリエント急行はなくなったが，オリエント急行のブランドを観光やイベント用にいま一度活用できないものかと考えた人物がいた。アメリカのリース業者ジェームズ・シャーウッドがその人である。彼は，競売にかけられたオリエント急行のワゴンリー車両を次々に買い集め，それらを復元・改造したうえで，1982年5月，ロンドンからパリを経てベニスまで行く不定期の豪華列車ベニスシンプロンオリエント急行（VSOE）を走らせた。これが現在も運行されているオリエント急行の直接の起原ということになる。時間に追われる空の旅よりも豪華客船でのゆったりとした船旅が人気を取り戻したのと同じく，世紀末ヨーロッパの豪奢な雰囲気を味わえるVSOEは，成熟社会ヨーロッパに受け容れられた。その魅力は世界にも広がり，乗客の中には有名なオリエント急行の旅を一度は体験したいとアメリカやアジアからやってくるファンも多い。

VSOEの運行経路は，ロンドン～パリ間は，ドーバー海峡を挟んで英国内がゴールデンアロー号，フランス側がフレッシュドール号でパリまで結ぶ（現在，英国内はブリティッシュプルマン，仏国内はワゴンリー車両を使用，ドーバー海峡はルシャトルを利用してユーロトンネルを通過する）。そしてパリから先は往時のシンプロンオリエント急行のルートを踏襲した。スイスを経由し，シンプロントンネルを抜けイタリアに入り，ミラノ，

ベニスに至るコースである。しかしその後，スイス経由までは同じだが，シンプロントンネルを通らずオーストリアのインスブルックに出て，ブレンナー峠を越えてイタリアに入るルートに変更された。このルートは，インスブルックまでは往年のアールベルクオリエント急行と同じである。アルプスを越える鉄道路線は，スイス～イタリア間のシンプロン越え，スイス国内のゴッタルド越え，それにオーストリア～イタリア間のブレンナー越えの3ルートあるが，シンプロン峠を避け敢えて遠回りのブレンナールートに変えたのは，シンプロン峠とゴッタルド峠は，長大なトンネル（シンプロン約30km，ゴッタルド約15km）でアルプスを抜けることになるが，ブレンナー峠だけは標高が低く（シンプロン，ゴッタルド峠は標高2000mを越えるがブレンナー峠は1375m）長いトンネルがないため峠越えの車窓の風景が満喫できるからだ。VSOEは午前中ロンドンのビクトリア駅を出発，同夜パリ東駅を経由して翌日の夕刻ベニスのサンタルチア駅に着く1泊2日の旅（復路はその反対）。

　現在，ベニスシンプロンオリエントエクスプレス社が催行している国際列車は，ロンドン～ベニス間のVSOEのほか，ベニスからウィーンやプラハ，ブダペスト行，ロンドンからブダペストやプラハ，ウィーンを経由してベニスに向かう特別運行，それにブリティッシュプルマンやノーザンベル車両で英国国内を巡るものなどがある。2013年からは新企画として，ベニス～コペンハーゲン～ストックホルムを結ぶ北欧線も走るようになった。運行期間はいずれも毎年3月から11月の間で，冬期は車両メンテナンスのため走らない。ヨーロッパ内及び英国内ともに全車両は禁煙。客室は，一つの個室を利用するダブル・キャビンと二つの個室を繋げたラグジュアリーなキャビン・スイートの2種類のタイプがある。キャビンは日中はソファ，フットスツール，小さなテーブルが置かれ，夜間にはソファが寝台になる。このほかにも，タイのバンコクからマレーシアを経由してシンガポールに至るイースタン＆オリエンタルエキスプレス（E&O）も運営している。文字通りのオリエントエクスプレスというわけだ。

●ブリティッシュプルマンでの英国旅行
　VSOEに乗ってみたい。しかし催行される本数は毎月数本程度で料金もかなり高い（1泊2日の旅で30万円弱）。なかなか夢が実現できないと嘆かれる方には，ブリティッシュプルマン車両で英国の名勝地を巡る旅をお勧めしたい。その多くは日帰りで，出発地はVSOEと同じロンドンのピクトリア駅。ホームの脇に設けられたオリエント急行専用の待合室で列車の到着を待つ。やがて列車が入線，指定された車両を係の者が案内してくれる。各号車毎にネーミングされており，チャーチル元首相の葬送列車に用いられたシグナス，ゴールデンアロー号に使われたゼナやミネルバ等々それぞれに由緒深い歴史を持っている。寄せ木細工の装飾や化粧室床のモザイク画に至るまで，車内の装飾も車両毎に違い，互いの個性を競っている。

　発車すると，間もなく専属のウェイターがウェルカムドリンクのベリーニ（桃ジュース

をシャンペンで割ったもの）のカクテルで迎えてくれる。そしてイングランド南部の美しい風景を眺めながら，オリエント急行で饗される本格的なフランス料理を各自の座席で味わうことができる。食事が終わった頃，カンタベリーやウィンチェスター，バースといった観光地に到着，専属ガイドによるツアーもついており，夕刻ロンドンに戻るといったコースがポピュラーだ。このほか，数日かけてスコットランドを周遊するツアー等も催行されている。

　乗車すると毎回，結婚30年の祝いに息子たちがチケットをプレゼントしてくれた，夫の退職を記念してなど，人生節目の思い出作りに乗車する英国人夫婦に出合うことが多い。英国人は日本人同様，シャイな人が多いから，往路では乗客は皆一様に緊張し口数も少ない。しかし帰路にはすっかり互いに打ち解け，ワインパーティの如く大いに盛り上がるのも恒例のパターンだ。ロンドンに出掛ける機会があれば，滞在中の1日を利用して，オリエント急行の気分を満喫されてはどうであろうか。

●参考文献
窪田太郎『オリエント急行』（新潮社，1984年）。
桜井寛『オリエント急行の旅』（世界文化社，2005年）。
ジャン・デ・カール『オリエントエクスプレス物語』玉村豊男訳（中央公論社，1982年）。
平井正『オリエント急行の時代』（中央公論新社，2007年）。

第6章　ドイツ帝国の挑戦：第2次三十年戦争

1　帝国主義の時代

　ドイツやイタリアの統一運動から窺えるように，1870年代にはヨーロッパ各国のナショナリズムが高揚し，かかる気運は折からの選挙権拡大を通して国政に反映されるところとなった。時代は名望家政治から大衆民主主義政治へと変化し，大衆が生み出すナショナリズムの情念が国家を動かす原動力となっていく。またこの時期，新興勢力のドイツやアメリカが英国を激しく追い上げ，列強間の経済競争が激化した。"ビスマルクの平和"を謳歌する頃，ヨーロッパには第2次産業革命の波が起きていた。ロシアの膨脹を抑制し続けてきた英国であったが，いまやその覇権に挑むのはロシアだけではなくなりつつあった。統一ドイツの出現はヨーロッパのパワーバランスに緊張をもたらしたが，それに続く工業化の進展がバランスの維持を一層困難にさせたのである。

　工業化で生まれた余剰資本の投下先を獲得する必要から，植民地争奪戦も熾烈化した。植民地獲得競争は過去にも存在したが，それは移住，移民や天然資源獲得が主目的であった。これに対し19世紀末のそれは，ゴム園や工場の建設等資本の投下先を求めての動き，即ち金融資本主義による資本輸出であった。1876年から1910年までの35年間に英国はその領土の1/3を新たに獲得，5700万人の人口が加わった。ドイツは19世紀最後の17年間だけで250km²の植民地と1200万人の人口を新たにその統治下に置いた。こうした急激な植民地の拡大を可能にしたのは，産業革命がもたらした武器技術の飛躍的進歩による圧倒的な軍事優位と後方・兵站を支える輸送・通信技術の革新であった。内には大衆の政治参加拡大とそれに伴う階層間利害の複雑化，外にあっては列強間の経済競争が激化しヨーロッパは，（後期）帝国主義の時代に突入する。

こうした時代環境の下，勢力均衡原理による平和の維持を目指したビスマルク体制は，彼の失脚後急速に崩壊する。ドイツは植民地の拡大や大規模海軍の整備等帝国主義路線を驀進し，英国への挑戦姿勢を強めていった。対抗する英国は伝統の"名誉ある孤立"政策を放棄し，ライバルのロシアやフランスと協商関係を樹立する。その結果，ヨーロッパには三国同盟（独・墺・伊）と三国協商（英・仏・露）の2大陣営が出現し，両者の関係は海洋の覇権を巡る英独の対立とバルカン支配を目指す独墺（汎ゲルマン主義）対露（汎スラブ主義）の抗争を軸に緊張の度合いを高めていった。

英国のジャーナリスト，ノーマン・エンジェルは『大いなる幻影』（1910年）を著し，将来における戦争はあまりにも破壊的となり，戦勝国さえも戦費に見合うだけの利益が得られないこと，また領土拡張をせずとも貿易によって経済的利得を得られることから，20世紀における国家政策としての戦争の無益さ，非経済性を主張した。この本はベストセラーとなり，折からヨーロッパを支配していた進歩史観とも相俟って，もはや大戦争は起こり得まいとのムードが大衆に広まった。だが僅か数年の後，ヨーロッパではかつて経験したことのない大規模な戦争，即ち人類史上初の世界戦争が勃発する。

2 ビスマルク外交の破綻：2大同盟の対立

●ウィルヘルム2世とドイツ外交の転換

墺伊英露の諸列強を直接・間接にドイツに結びつけ，フランスの国際的孤立を図ることでヨーロッパの平和を維持したビスマルク的国際体制も，新皇帝ウィルヘルム2世の親政が始まるや瓦解する。1890年弱冠29歳のウィルヘルム2世が皇帝に即位した。ウィルヘルム1世がビスマルクに全幅の信頼を寄せ，彼に国政全般を任せたのとは異なり，ウィルヘルム2世は老宰相の存在を疎ましく感じた。両者の対立は，まず社会主義取締り法の延長等内政問題で表面化したが，国際認識でも二人の考え方は異なっていた。ビスマルクが国際関係における現状維持を最優先とし，フランスの対独復讐や英国との対立を回避し，国力の充実に努力を傾注してきたのに対し，野心に満ちた若き皇帝はドイツの経済的躍進を背景に，積極的な帝国主義政策を推進すべきだと信じていた。ビス

マルクの戦略は，各国が植民地獲得競争を激化させた世紀末の状況下では既に時代遅れと思えたのである。

　1890年3月，ビスマルクは宰相を辞任するが，彼の失脚は忽ちドイツ外交に変化をもたらした。それは露独の離反と露仏の接近という形で現れた。ウィルヘルム2世はロシアの希望にも拘らず，再保障条約の更新を拒否する（1890年）。不更新を決意した理由には，バルカンでの露墺対立が激しくなる中，対墺同盟を優先させオーストリアを安心させる必要があると判断したこと，再保障条約の存在が将来における英国との同盟設定の障害になると考えたこと等が挙げられる。1879年にドイツが保護関税政策を採用して以来，ドイツのユンカー（土地貴族）とロシアの地主との穀物を巡る利害が両立し得なくなっていたこと，[1]80年代におけるドイツのトルコへの軍事経済的進出が，ボスポラス海峡を地中海への門戸として重視するロシアの利益と衝突しつつあったことも指摘できる。しかしより大きな理由は，ロシアとの関係を絶っても，貴族政のロシアが共和政のフランスに接近するはずがないと思い込んでいたことにある。

　さらに，ビスマルクの築き上げた国際体制があまりに巧緻・複雑に過ぎた面もある。「五つの球を一度に空中に放り上げて，これを巧みに操って，決して落とすことのない日本人奇術師の如し」（ウィルヘルム1世）と称されたビスマルクの外交だったが，かように複雑な外交関係を維持し続けることは，余人を以ては到底不可能であった。外交における世論やマスメディアの重みが増したことに伴い，微妙かつ柔軟な舵取りを可能にした旧来の官僚的秘密外交が困難となりつつあった当時の時代潮流も考え併せねばなるまい。

　「ビスマルクが外交の舵を握っている間は，彼の入り組んだ巧みな外交政策によって，このジレンマはあまり目立たなかった。しかし，長期的に見れば，ビスマルクが取った様々な措置があまりに複雑であったことが命取りになった。……ビスマルクは確かにヨーロッパの地図を塗り替え，国際関係のあり方を変えたが，彼の後継者の指標となる構想を打ち立てるまでには至らなかった。そのため，ビスマルクの術策の新鮮味が次第に薄れると，彼の後継者やライバルは，厄介かつ掴み所のない外交への依存を弱めるために軍備を拡張し，自己の安全を図ることとした。鉄血宰相が自己の政策運用を制度化しえなかったことによって，ドイツは外交上の足踏み車を踏み続けなけれ

ばならず，そこから抜け出すには，まずは軍備拡張，次には戦争しかなかったのである。……ビスマルクの悲劇は，彼の能力が当時の社会が需要し得る水準を越えていたことである」(キッシンジャー)[2]。

●露仏の接近：露仏同盟誕生

1890年6月，独露再保障条約は更新されず期限切れで失効した。さらにウィルヘルム2世は翌年，墺伊にスイス，ベルギーを加えた通商協定を結び関税引き下げを実施したが，ロシアをこれに含めず，ロシア産穀物の輸入には従前通りの高関税を課す差別的扱いをなした。他方，英国とヘリゴランド・ザンジバル協定を締結し，ドイツが北海のヘリゴランド島を獲得する代わりに東アフリカのザンジバル島等を英国に譲渡したほか，祖母のビクトリア女王を毎年訪問し，親英寄りの姿勢を示した[3]。しかし，こうしたウィルヘルムの対外姿勢が露仏の接近を促し，長く孤立させられていたフランスと新たに孤立化しつつあったロシアが提携する外交革命を引き起こした。それまでフランスの革命的伝統を忌避していたロシアだが，再保障条約の崩壊とそれに続く三国同盟の更新(91年5月)，さらに英独の蜜月化(四国同盟化)はロシアのバルカンでの影響力を危うくしかねず，フランスもアルザス・ロレーヌの奪還が一層困難になる。ともにドイツから遠ざけられ，国際的孤立から抜け出したい思いが共通項となり，両国は相互関係の改善に動き始める。

1891年には仏艦隊がクロンシュタット軍港を，93年には露艦隊がツーロン軍港をそれぞれ訪問し，両国の緊密化が進んだ。またその間，平和維持のため，両国は今後一切の問題に対して協議するという露仏政治協定(91年)を締結，さらに，両国参謀本部間の軍事協定調印(92年)を経て1894年には露仏同盟に発展した。これは三国同盟を対抗目標とし，露仏のいずれかがドイツまたはドイツの援助を受ける墺伊から攻撃を受けた際，両国はともにドイツ等との戦いに全力を挙げること，ドイツに対する動員数を協定してドイツに両面戦争を強いること等が定められた。当時ドイツと英国は良好な関係にあったから，露仏同盟には，アフリカでのフランスのライバル，またアジアでは仏露双方のライバルだった英国への対抗意図も込められていた。

ほかにも，ドイツが仏資本を締め出したのと対称的に，フランスのロシアへ

の資本援助が本格化し両国の金融上の結合が強まったこと，アジア進出を目指すロシアがヨーロッパでの安全保障を必要としていたこと等も露仏接近の理由に挙げられる。露仏同盟は秘密同盟で，三国同盟が存在する限り継続するものとされた。ここにビスマルクが推し進めたフランス包囲孤立化政策は挫折し，ヨーロッパには独墺伊の三国同盟と露仏同盟という対抗関係が現れた。この間，英国はなお"栄光ある孤立"を維持し，両グループのいずれにも直接結びつくことを回避していた。

●ロシアの東進

　その英国にバルカン，中東，そして中央アジアへの膨脹を阻止されたロシアが次に目指したのは東アジア，極東であった。ネルチンスク条約（1689年）で満洲への南下を阻まれたロシアは，19世紀後半再び東へと動き始める。東シベリア総督ムラビヨフは太平天国の乱や英仏との抗争で清が疲弊した隙にアイグン条約（1858年）を強制して，黒龍江以北のロシア領化とウスリー江以東の沿海州の共同管理に成功する。アロー戦争で英仏連合軍が北京に入城した際には調停の労を取り，見返りに沿海州を獲得（北京条約：1860年），翌年にはその南端ウラジオストクに軍港を設けアジア経営の拠点とした。また日本との千島樺太交換条約（1875年）で樺太を領有する等東方への進出を活発化させた。この動きは世紀末にはさらに強まり，フランスの財政支援を受けてロシアはシベリア鉄道の建設に着手する（1891年）。対独同盟にロシアを引き入れるためのフランスの支援であった。

　そして不凍港獲得の野望が，この国の南下を強く促した。ウラジオストク港は冬には凍りつくためである。ロシアの目指す先は，二つの半島。一つは不凍港大連を擁する遼東半島，もう一つは黄海～東アジアの掌握が可能となる朝鮮半島だった。日本に対抗する清と同盟（露清密約：1896年）したロシアは，見返りに満洲北部からウラジオストクに至る東清鉄道建設とその使用権を獲得，2年後には中国の内政分裂につけ込み旅順口と大連港の25年間租借，東清鉄道の大連までの延長権も手に入れた。さらに義和団の乱（1900年）に乗じて満州を占拠し，日本と対立する。バルカンや中央アジアでロシアの進出を阻止した英国も，世紀末を迎える頃には国力に陰りが出始めていた。ドイツからも挑戦

も受け，自らが直接東アジアでロシアの膨脹を抑えるだけの力は失われていた。

● **英独関係の悪化**

19世紀末，ヨーロッパでは三国同盟と露仏同盟の対立関係が生まれたが，植民地獲得を目指す英国の帝国主義政策は世界の各地で列強の利益と鋭く衝突し，三国同盟と露仏同盟の双方から英国が包囲され"惨めに孤立"する恐れも出てきた。現にボーア戦争の際には独露仏の3国が連合して干渉を仕掛けたこともあった。いまや英国は，光栄ある孤立という伝統的な外交政策を見直し，他国との同盟締結を検討する必要に迫られた。当時の英独関係を見ると，ビスマルク在任当時，両国の関係は良好に推移し，ウィルヘルム2世が即位した当座も，先述のヘリゴランド・ザンジバル協定が示すように深刻な対立はなかった。しかるにその後，ウィルヘルム2世が挑戦的な外交姿勢を強め，次第に英国との関係は悪化に向かった。第2次産業革命の進展による国力の充実にも拘らず，周囲を列強に囲まれている地政的環境が，ドイツという国に漠とした不安，圧迫の感を与えていた。国力の伸張があればこそ，欧州最強の国家たらんとするには既存秩序に挑戦し，それを変革，打破する必要があると思われた。挑戦者が抱く"焦りと虚勢"である。ウィルヘルム2世の特異なパーソナリティも関わっていた。彼の落ち着きのない挙動や粗野な振る舞いは，欧州第一の強国の支配者にしてはあまりに未熟かつ稚拙との悪印象を抱かせた。ウィルヘルム2世が横柄，傲慢な態度を示すのは，生まれつき手が不自由であったことと無関係ではないと心理学者は分析する。

ビスマルクが列強との摩擦を恐れ植民地獲得に消極的だったのに対し，ウィルヘルム2世は新航路政策という積極的な対外拡張路線を打ち出した。青島を将来におけるドイツ極東艦隊の燃料補給基地として占拠したほか，独人宣教師が山東省で中国人に殺害されるや直ちに海軍に膠州湾占領を命じ，膠州湾に関する99か年の租借条約を清国と結び山東省の権益を獲得する。さらに「陽没すること無き帝国」と豪語する英国に対抗し，ドイツ帝国を「陽の当たる場所(place in the sun)」と主張し始めた。爾来英国と不和の関係にあった南アフリカのトランスバール共和国併合を狙って英国が送り込んだ武装兵力を撃退した際(1896年)，ウィルヘルム2世はクリューガー大統領に祝電を打ち，英国を怒

らせた(クリューガー電報事件)。ドイツの存在を理解させるための一種の嫌がらせであったが,彼の行為は脅しに屈した例がない英国民を徒に刺激しただけに終わった。続くボーア戦争でも,ドイツは反英の立場に回った。

そして何よりも新航路政策の核をなす大艦隊建設の野望が,英国に強い警戒感を与えた。98年9月,ダンチヒでの演説でウィルヘルム2世は「ドイツの将来は海上にあり」と叫んだ。植民地獲得競争を有利に展開するとともに,ドイツの政治的影響力を拡大するうえで強力な海軍が必要だと彼は確信していた。熱烈な海軍拡張論者のティルピッツ提督は,海軍大臣に就任するや,英国の2国標準主義(英国の海軍力を他の2国=仏露の海軍力を合わせたものよりも常に優位に置くとの考え)に対して危険理論(英独戦の場合,たとえドイツ海軍が全滅しても英海軍に大打撃を蒙らせしめるだけの戦力を擁しておけば,ドイツは英国を牽制できるという考え)を提唱した。98年にドイツは英国を仮想敵とした第1次艦隊法を成立させ,2年後には第2次艦隊法で戦艦整備数隻を一挙に倍増する計画に着手する。これを自らの海洋支配に対する重大脅威と認識した英国では,フィッシャー提督らが対独予防戦争論を説き,外相グレーが「ドイツは我々にとって最も恐るべき敵であり,脅威をもたらすもの」(1903年)と述べる等警戒感を強めた。1904年には北海に艦隊を集中させ,翌年には新型弩級戦艦ドレッドノートの建造に着手する。ドイツも対抗して毎年4隻の戦艦建造を計画すれば(第3次艦隊法:1908年),英国も2国標準主義からドイツの4隻に対し8隻の建造計画を打ち出す等英独の海軍競争はエスカレートしていった。

● **英独提携の模索と挫折**

かように英独の関係は良好ではなかったが,それでも90年代後半の英国は,ドイツ以上に植民地争奪で仏露と激しく対立する状況にあった。それゆえ第3次ソールズベリー内閣は対独提携に最も熱心なジョセフ・チェンバレン植民地相の提言を容れ,98年春からドイツとの同盟工作に動いた。しかし,ドイツの中東進出が英国を刺激した。1898年ウィルヘルム2世はオスマントルコを訪問し「3億人のイスラム教徒の保護者になる」と宣言,これは北アフリカ,中東における英仏の地位への挑戦状と受け止められた。さらにドイツはベルリンからオスマントルコの首都コンスタンチノープル(ビザンティン)を経てバグダ

ッドに至る大陸横断鉄道の建設に乗り出した (バグダッド鉄道会社設立：1903年)。この鉄道が完成すればドイツは陸路でペルシャ湾まで兵員を搬送でき，英国はその海軍力を以てしてもエンパイアルートの安全を全うし得なくなる。南アフリカ～インドに至る英国の３Ｃ政策に楔を打ち込むバグダッド鉄道の建設は，英国への重大な脅威となった (3B政策と3C政策の対立)。

ドイツの野心は英国の反独強硬派を勢いづかせたが，一方のドイツでは対英提携によって英国と仏露の対立に巻き込まれるよりも，ドイツは英露対立にフリーハンドを確保し，漁夫の利を得るべしとの判断が働いた。極東や中央アジアの局地問題で英国に利用されるのを防ぐため対英提携は欧州域内に限定すべしとの考えも強く，ドイツは既存の三国同盟への英国の参加を求めたが，英国は応じなかった。何よりも，独英同盟が実現せずとも，英国が露仏と同盟することなどあり得ないとの認識がドイツ指導層に根強かったことが対英連携論が盛り上がらなかった最大の理由だった。南ア戦争が事実上終結し苦境を脱するや (1901年)，英国では対独提携を急ぐ声が薄れ，交渉は自然消滅した。

●ファショダ事件

ドイツが推察した通り，英仏は植民地の獲得を巡ってアフリカで激しく対立を続けていた。エジプトを手に入れた後，英国はナイル川を遡ってスーダンに進出，同時に南アフリカでも勢力の拡大に努め，ケープ植民地を拠点に金，ダイヤモンドを産する奥地に向かった。北進した英国はベチュアナランド (85年)，ローデシア (89年)，さらにニヤサランドを奪取 (93年)，またインド洋からアフリカ東岸を経て内陸部にも向かい，東アフリカ (85年)，ウガンダ (94年) を植民地化した。かように英国は1880年代から90年代にかけてエジプトと南アフリカという大陸の両端からアフリカ支配を目指す縦断政策，さらにアフリカとインドを繋ぐ所謂３Ｃ政策を進めたが，これはフランスの追求するアフリカ横断政策と衝突する運命にあった。

1830年代からアルジェリア経営を行っていたフランスは，同地を根拠にチュニジアを保護国とし (81年)，さらに南方のサハラ砂漠にも勢力を伸ばし，象牙海岸を手に入れた (95年)。西アフリカに広大な植民地を得たフランスは，ジブチ，マダガスカルとの連接を目指しアフリカを横断的に領有する戦略を立て

象牙海岸から東進，マルシャン大尉率いる仏軍はナイル川上流スーダンのファショダに進出した。一方，カイロとケープタウンを結ぶ鉄道を計画していた英国もスーダン進出を企図，キッチナー将軍にエジプト国境からスーダンへの進撃を命じた。ナイル川を遡った英軍は首都ハルツームに到達し同地を占領したが(98年9月)，2か月前にマルシャン大尉がファショダに到達していることを知り，その撤退を求める。しかしマルシャンはこれに応じず，アフリカ植民地獲得を巡る両国の対立はピークに達した（ファショダ事件：1898年）。この時英国は撤退か戦争かの二者択一をフランスに迫り，海軍に戦時動員態勢を敷かせた。海軍力劣勢のフランスは戦争に訴える自信がなかった。またドレフュス事件で国内政局が混乱状態にあること，国際的孤立からの脱却を目指していたこと等から結局英国に譲歩し撤兵に応じた。両国に協定が成立し，英国のスーダン進出が認められ，フランスはナイル川の通商権を得たに留まった。スーダンへの道を断たれたフランスは西に舞い戻り，ドイツとモロッコで問題を引き起こすことになる。

● **英国外交の転換：日英同盟と日露戦争の世界史的意義**

　中東，中央アジアに続き，ロシアが極東への進出を活発化させる中，フランスとはアフリカで衝突，アメリカはモンロー主義の立場から欧州問題不介入の姿勢を堅持，さらに対独連携も日の目を見なかったことから，英国のソールズベリー内閣は清国を破った東アジアの新興国日本との同盟締結に踏み切った。これはリシュリューがオスマントルコと提携して以来，西欧諸国が非西欧国家と結んだ初の同盟条約であった。日英同盟の成立は"光栄ある孤立"政策の放棄という英国外交の一大転換点となったが，日英同盟の締結とその直後のソールズベリー首相の辞職，それに前年のビクトリア女王の死去は，何れもパクスブリタニカ時代の終わりの始まりを象徴する出来事であった。

　日英同盟締結後ほどなくして，ロシアの進出を阻止しようとする英国及び中国での門戸開放を主張するアメリカに支持された日本と，露仏同盟でフランスの支持取り付けに成功したロシアが戦端を開いた（日露戦争：1904～5年）。戦局は列国の予想に反して日本が善戦し，ロシアは満洲進出を果たせぬまま，アメリカの仲介でポーツマス講和条約を受諾する。世紀初頭，東アジアというヨー

ロッパから最も遠隔の地で繰り広げられたこの戦争は，16世紀来の欧州列強による覇権抗争がユーラシアの東端に至り，そのグローバル化がピークに達したことを示すと同時に，列強勢力の東進・膨脹をアジアの勢力が初めて押し止めた点で，それまでの史的潮流を転換させるエポックメーキングな戦いであった。また国家の工業力，動員力が戦争の帰趨を左右することや，米露日といった非西欧国家のグローバルパワーゲームへの参入等その後の覇権争いの行方を暗示する戦争でもあった。もっとも，ロシアは日本に勝つことはできなかったが，講和会議全権ウィッテが豪語したように「モスクワを攻め落とされた」わけではなかった。なおも燃え続けるこの国の膨脹エネルギーは，戦後再びバルカンに向けられ，そこで独墺と対峙する。

●英仏協商とモロッコ危機

　英軍のエジプト占領以来アフリカ植民地を巡り20年間対立関係にあった英仏の関係は，ファショダ事件を境に急速に改善に向かう。フランスではデルカッセ外相が英国との摩擦回避に努め，英国のバルフォア内閣も親仏派外相ランズダウンの主導でエドワード7世のパリ訪問を実現，仏大統領も答礼訪問でこれに応じた。変化の背景には，ドイツのアフリカ進出が攻勢的となり，英仏が提携してこれに当たるのが得策との共通利益の芽生えがあった。さらに日露戦争が始まると，日露を同盟国とする英仏は戦争への巻き込まれを避けるため接近し，英仏協商を締結する (1904年)。

　この協商で，エジプトに対する英国の，モロッコに対するフランスの優越権が相互承認されたほか，シャム (タイ) における両国の勢力範囲も画定された。反面，この協商の成立で英独の対立は決定的となる。再保障条約によってドイツと結ばれていたロシアがフランスの同盟国となり，またドイツに接近しようとした英国が一転フランスに合流する。ドイツは自国を孤立させ，敵同士だった3大国を全て反独連合に追いやってしまったのである。しかも追い詰められたドイツが採った対応は，こうした危機を招いた攻勢挑発外交のさらなる推進であった。ドイツはフランスを威圧し，できたばかりの英仏協商に亀裂を入れようと，2度にわたりモロッコで挑発行為に出たのだ。

　1905年，ロシアが日露戦争に忙殺され露仏同盟が機能し難い時期を狙い，

ウィルヘルム2世は突如モロッコの首都タンジールを訪れ，モロッコの独立と門戸開放を要求した。モロッコはフランスの勢力範囲と見なされていたから，当然独仏関係は悪化する。そのうえ翌年の国際会議で英国が強くフランスを支持，米露に加えドイツの同盟国イタリアまでがフランス支援に回った。そのためドイツの孤立は一層顕著となったばかりか，その好戦的態度は世界に悪印象を与えた。さらに1911年，モロッコの内乱でフランスが出兵すると，対抗してドイツも軍艦をアガディール港に派遣し再び独仏関係が緊張した。この時も英国は一貫して仏支持に回り，ドイツはモロッコに対するフランスの保護権を承認せざるを得なくなった。ウィルヘルムの狙いとは反対に，2度にわたるモロッコ危機を通して，英仏が提携してドイツに対抗するという国際関係はより鮮明化していった。

● **英露協商**

日露戦争が日本優位のうちに終わり，フランスの同盟国で，かつ英国のライバルロシアは弱体化したが，それと裏腹に，3B政策を追求するドイツの脅威は高まる一方だった。バグダッド鉄道の完成は英国の3C政策だけでなく，南下を狙うロシアにとっても大きな妨げとなるため，ここに英露接近の構図が生まれる。その結果，ペテルスブルクで英露協商が成立(1907年)，アフガニスタン，ペルシャ，チベットを巡る両国の抗争が解決した。同協商は(1)ペルシャを三つに分割し，北方はロシア，南部は英国が確保，中央部分は中立緩衝地帯として両国に開放される，(2)ロシアはアフガニスタンにおける英の優越を承認，アフガン人との接触は英国を通してのみ処理することに同意する，(3)両国は清国の宗主権を承認し，チベットの領土保全尊重（＝英国の優越を否定）を約するというものであった。

英露協商は直接には中央アジアにおける両国の利益範囲を確定したものに過ぎなかった。しかし，これを機にコンスタンチノープルから朝鮮半島に至る地球の実に1/3の地域で絶えざる勢力争いを演じていた英露の関係は安定し，以後共同してヨーロッパの問題に対処し得ることになった。露仏同盟と英仏協商にこの英露協商を加え，英露仏の三国協商体制が成立。[5] この結果，ヨーロッパは三国同盟（独・墺・伊）と三国協商（英・仏・露）の2大陣営に分裂，以後の国際

関係は3B政策と3C政策を巡る英独対立とバルカンでの覇権を目指す独墺（汎ゲルマン主義）対露（汎スラブ主義）の抗争が軸となって展開し，"武装した平和"と呼ばれた緊張状態を経て，第1次世界大戦の勃発へと繋がっていく。

3 第1次世界大戦

●ボスニア問題

バルカン半島は，ゲルマン系，スラブ系，アジア系など様々な民族が入り交じる複雑な民族構成の地である。19世紀後半以降，オスマントルコの弱体化によってこれら諸民族が独立運動を活発化させ，それに列強の利害・野心が絡み国際対立の一大焦点となっていた。特に墺独が掲げる汎ゲルマン主義とロシアの汎スラブ主義の対立が先鋭化しつつあった。20世紀に入り，バルカンの緊張が高まった最初の事件はボスニア・ヘルツェゴビナの併合問題（1908年）だった。ボスニア・ヘルツェゴビナ2州はベルリン会議でオーストリアの管理に委ねられたが，3国協商が成立しドイツ包囲網が構築された翌1908年，オーストリアがこの2州を自国領として完全併合することを一方的に宣言し，トルコ政府にこれを承認させたことから国際関係は俄かに緊迫した。

ともに汎ゲルマン主義を戴くドイツはオーストリアを支持したが，ボスニア，ヘルツェゴビナにはスラブ系住民が多く，汎スラブ主義の盟主を自認するロシアは反発，同じスラブ系で，大セルビア主義を掲げ同地の併合を狙っていた隣接のセルビアもこの措置に憤激した。ここに，ドイツに支持されたオーストリアとロシアの支持するセルビアの間に激しい緊張関係が生じた。だがロシアは日露戦争の痛手から立ち直っておらず，セルビアを援助しバルカン問題に深入りする余裕はなく，セルビアにも一国だけで独墺に対抗する力はなかった。ロシアに慎重な行動を取るよう英国が求めたことも加わり，結局両国はオーストリアの行動を承認せざるを得ず，汎ゲルマン主義が汎スラブ主義に勝利する形となった。だがこの出来事は汎ゲルマン主義への憎悪を高め，後にサラエボ事件を引き起こす誘因となる。

ボスニア・ヘルツェゴビナ併合問題に次いでバルカン情勢を複雑にしたのは，伊土戦争だった（1911～12年）。イタリアは列強の関心が第2次モロッコ事件に

集まっている隙を利用してトルコに宣戦し，翌年のローザンヌ条約で北アフリカのトリポリ・キレナイカの併合をトルコに承認させる。トルコは欧州各国に支援を求めたが，いずれも傍観して動かなかった。列強動かずと見て取ったバルカン諸民族の間にトルコ領土分割の機運が高まり，これがバルカン戦争を誘発した。伊土戦争中，ロシアを後ろ楯とするセルビア，ブルガリア，ギリシャ，モンテネグロのバルカン諸国は互いに接近してバルカン同盟を結成し，トルコに宣戦する（第1次バルカン戦争：1912年）。敗北したトルコはコンスタンチノープル以外のバルカン半島の領土を全て失った。ところが，一致して戦ったバルカン同盟諸国がトルコ領の分割を巡って対立，ブルガリアとセルビア，ギリシャの間で戦端が開かれる。ルーマニア，モンテネグロ，トルコもセルビア，ギリシャ側に立って参戦し，結局ブルガリアが敗北しその領土を縮小された（第2次バルカン戦争：1913年）。

バルカン戦争はトルコの衰退を加速させ，汎スラブ主義勢力の拡大をもたらした。なかでもセルビアの躍進は目覚しく，その領土は4万5000km²から8万2000km²に，人口も280万人から400万人に増大しバルカン一の強国となった。セルビアの背後にはロシアがいたから，これに対抗するためトルコとブルガリアはドイツ・オーストリアに接近した。こうしてバルカン半島を舞台に汎スラブ主義のロシアと汎ゲルマン主義の独墺の対立は益々厳しさを加えていった。

●サラエボ事件

1914年6月28日，ボスニアで行われる陸軍大演習に出席するため同地を訪れたオーストリアハンガリー帝国の皇位継承者フェルディナンド大公夫妻が，首都サラエボで汎スラブ主義者のセルビア人青年プリンチプに暗殺された。オーストリアはセルビアに強硬な姿勢で臨み，謝罪と反墺政策の禁止を求める最後通牒を発出した。ロシアの介入はないと判断したウィルヘルム2世が対墺支持の姿勢を強く打ち出したことも影響していた。セルビアは要求の大部分には応じたが，墺政府の機関がセルビア国内の反墺活動弾圧に協動することや暗殺犯の裁判に関与するという2点は内政干渉に当たると拒否，オーストリアはこれを不満として国交を断絶した。

英国外相グレーは，事態打開のため，協議中は軍事行動に出ぬよう関係諸国

に提案したが，ドイツの反対に遭い挫折。暗殺事件から1か月後の7月28日，オーストリアはセルビアに宣戦を布告した。だがウィルヘルム2世の見通しに反し，ロシアは対独戦を決意し総動員令を下したため，ドイツはロシア，それに露仏同盟の存在からフランスにも宣戦を布告する。ドイツは英国の中立を期待したが，これも見通しが外れ，独軍が永世中立国ベルギーを侵略するや英国はドイツに参戦した[6]。

かくて三国同盟と三国協商の対立は，全欧州を巻き込むヨーロッパ史上最大規模の戦争を惹起せしめた（イタリアは中立を宣言）。ドイツ参戦の目的は，中欧に一大帝国を建設し英米露と対等の世界強国になることであった。ドイツ宰相ベートマン・ホルベークは「激しい嵐になるであろうが，極めて短期間だ。私は戦争の継続を3か月かせいぜい4か月と見ている。この予想の上に，私の全政策は立てられている」と述べた。彼に限らず各国の指導者や軍首脳も一様に，近代兵器の凄まじい破壊力から考えて戦争は短期間で終了するものと考えていた。

●戦争の長期化と総力戦

しかるに戦争は長期戦となり，総力戦の様相を呈した。開戦に当たりドイツはかねての計画に従い，所謂シュリーフェンプランを実行に移した。2正面作戦を強いられ，しかも経済力に乏しいドイツの国情を踏まえ，ハンニバルのカンネーの戦いやフリードリヒ大王による七年戦争等の戦訓を基に参謀総長シュリーフェンが考案した作戦計画である。開戦当初，東部戦線では防御に徹し，その間，機動力発揮により全力を集中して西部方面で攻勢を掛け，ベルギーを通過して6週間以内の短期戦で一挙にパリを攻略し，その後反転して全勢力を東部戦線に向けるという各個撃破を狙う作戦であった。

1914年8月，ベルギーに攻め込んだ独軍はブラッセルを占拠した後，仏領土へ侵入した。しかしロシアの動員態勢が予想以上に早く，露軍がオーストリア，ドイツへの進撃を始めたため，未だ西部戦線の決着がつかないものの，パリ陥落は時間の問題と判断した参謀総長モルトケは，東部戦線への2個軍団の転用を決意する。ルーデンドルフを参謀長とする独第8軍は，西部からの増援を待つことなくタンネンベルクの戦いで露軍を包囲殲滅するが，兵力転出によって

独軍の仏侵攻は鈍り，マルヌの会戦で英仏連合軍の反撃に遭う。作戦ミスも加わり，連合軍の中央突破を許した独軍は国境線まで退却を余儀なくされ，以後戦線は東西とも一進一退の膠着状況に陥り，西部戦線第一主義と短期決戦を目指したシュリーフェンプランは挫折した。

チャーチル海相の発案に基づき，英仏連合軍は東部戦線の膠着打開と対露連携を目的にイスタンブールの占領を目指したが，ダーダネルス海峡の制圧に失敗 (15年2月)，4月にはガリポリ半島への上陸作戦を強行したが甚大な被害を蒙った。両国はロシアの戦線離脱を防ぐ (サイクスピコ協定) とともに，英国はアラブ (マクマホン宣言) とユダヤ (バルフォア宣言) の双方から戦争への支援を引き出した。一方，独軍は4度にわたりベルダン要塞を攻撃したが (15年2～6月)，50万人の犠牲を払っても陥落できなかった。英仏軍も総攻撃 (ソンムの戦い) を実施したが (6～11月)，優位を獲得するまでには至らなかった。独軍はイープルの戦い (15年4月) で初めて毒ガスを使用，英国もソンムの戦い (16年9月) で戦車を用いた。両軍とも開発間もない飛行機を投入したほか，独軍はツェッペリン飛行船を用いて英仏爆撃を実施する等産業革命による工業化を反映して，第1次世界大戦では多くの近代兵器が登場した。

●戦局の転換：アメリカ参戦とロシア革命

1917年になると，大戦の帰趨に影響を与える重要な変化が表れた。その第一はアメリカの参戦である。大戦が勃発するや，ウィルソン大統領は直ちにアメリカの厳正中立を宣言した。当時のアメリカは孤立主義が支配的で，積極的に参戦を主張する声はほとんどなかった。だが連合国を支持する声は強く，アメリカの独墺輸出が激減した反面，英仏への輸出は急増し，連合国側を援助する格好となった。これを嫌ったドイツは1915年2月連合国及び中立国を対象とした潜水艦戦を開始し，5月には英客船ルシタニア号が撃沈され，米人124人が犠牲となった。アメリカの抗議を受けてもドイツは潜水艦戦を中止しなかったが，賠償支払いとアメリカ等中立国船舶の安全を約したため事態は沈静化した。しかし，アメリカの連合国向け援助への軍部の不満が強まり，遂にドイツは無制限潜水艦作戦に踏み切る (17年2月)。たとえアメリカが参戦しても，年内に兵員をヨーロッパに送り込むことは不可能で，それまでに英国は飢餓によ

って降伏するだろうというのが独軍部の考えであった。当初連合軍商船の損失は増大したが，護送船団方式の採用によって損失は激減，逆にUボートが船団の攻撃に曝されて損失を重ね，18年初めには作戦の失敗が明らかとなった。

　無制限潜水艦作戦に対し，アメリカは対独関係を継続。ロシア革命でロマノフ帝政が崩壊し，参戦してもアメリカが専制国家と同盟関係に入る懸念は解消された。ここに至りウィルソンはドイツに宣戦を布告し（1917年4月），5月には選抜徴兵法案が成立，6月にはパーシング将軍を総司令官とする欧州派遣軍の第1陣が出発，アメリカの豊富な物資と200万人を超える兵力がヨーロッパに運ばれ，これが連合国の優位を決定づけた。もう一つ大戦の行方に大きな影響を与えたのが，革命に伴うロシアの戦線離脱だった。ソビエト革命政府を樹立したレーニンは「平和に関する布告」を発表して帝国主義戦争に反対し，全交戦国に無併合，無賠償，民族自決の原則に基づく休戦講和を呼び掛けた。連合国側が拒否すると，ソビエトは帝政ロシアが連合国と結んだ秘密条約等の外交文書を暴露し，戦争目的が帝国主義的だと非難した。翌年3月には同盟側とブレストリトフスク条約を結び，単独に講和し戦線を離脱する。

● **ドイツ革命と終戦**

　1918年1月，ウィルソン大統領は戦争遂行の目標ともいえる「14か条の原則」を発表した。それは旧来のヨーロッパ外交の慣行を完全に否定するものであった。ヨーロッパ流の秘密外交こそ戦争の根本原因の一つと考え，公開外交と外交政策に対する大衆のコントロールの必要性を確信するウィルソンは，戦争目的の第一に秘密外交・秘密条約の廃止を掲げた。そのほか，海洋の自由，軍縮，貿易自由化の促進，民族自決，植民地問題の公正な解決，それに恒久平和のための国際機関設置等が列挙された。14か条の原則は，国際協調を基本とした理想主義的色彩の濃いもので，ヨーロッパの連合国には受け容れ難い内容だったが，ウィルソンの強い意志と，戦後復興にアメリカの援助を必要と欧州各国が判断したことから，結局この14か条の原則が講和の基礎とされた。

　この間，西部戦線では露戦線から兵力の転用を図ったドイツが18年春に大攻勢を掛け，一旦は英仏軍を後退させパリに迫ったが，アメリカの増援を受けた連合国はマルヌの戦いで独軍を撃破，以後ドイツは敗退を重ねた。18年9月

にまずブルガリアが降伏，10月にはトルコ，翌月にはオーストリアもこれに続いた。敗色濃いドイツでは政情不安となり，急進派の独立社会民主党やスパルタクス団が労働者の支持を集めた。11月3日ドイツのキール軍港で即時講和を求めて水兵が蜂起。この動きは革命となって忽ち全国各地に飛び火し，ウィルヘルム2世はオランダに亡命，宰相のマックスはその座を社会民主党委員長エーベルトに譲った。社会民主党のシャイデマンはベルリンの帝国議会議事堂の窓から民衆に向かい，帝政の廃止，共和政の樹立，社会主義政党のみによる労働者政権の設立を宣言した（ベルリン革命）。エーベルトは臨時政府を樹立，11月11日パリ郊外コンピェーニュの森に置かれた客車の中で連合国と休戦協定を締結し，4年3か月に及んだ第1次世界大戦が終結した。

④ ベルサイユ体制

●20年の休戦

　大戦の結果，英米海洋勢力と露仏大陸勢力の包囲によって孤立した大陸国家ドイツが覇権争いから脱落した。本来ならロシアが新たな大陸国家の雄として海洋勢力に挑む構図が生まれるところ，相次ぐ対外戦争と独裁専制政治への反発から革命が勃発し，ロマノフ帝政は崩壊する。そのため，ロシアがアメリカとの覇権争奪戦を演じるにはなお30年近い歳月を要した。その間，ドイツがいま一度海洋勢力に挑む展開となった。軍国ドイツの復活・膨脹を許した背景には，ベルサイユ体制の抱える問題が深く関わっていた。1919年6月，一切の予備交渉もなくその受諾を強制されたベルサイユ条約で，ドイツはすべての植民地を失ったほか，アルザス・ロレーヌ地方やポーランド，デンマークとの国境地帯を割譲させられ，軍備も大幅に制限された。また多数のドイツ系住民が住むオーストリアとの合一は禁止され，民族自決原則の適用は認められなかった。そのうえ1320億マルクという天文学的な賠償金の支払いを課せられたのだ。こうした苛酷な措置は，ドイツの復興を妨げることが自国にとって最善の安全保障と考えたフランスの強いイニシアティブによるものであったが，厳しい制約はドイツ経済を圧迫したばかりでなく，ドイツ人の戦勝国に対する敵愾心を煽り，ナチスの台頭を許す因ともなった。

ベルサイユ体制が抱えていたいま一つの問題は，英国に代わり世界秩序の新たな形成者たるべきアメリカが孤立主義に舞い戻り，一方では理想主義的な国際秩序を標榜しながらも，現実には戦後の国際政治に十分な関与をしなかったことである。また革命勢力という理由から，ソ連を国際社会から排除したことも問題だった。除け者にされたソ連は同じ境遇のドイツに接近する（ラパロ条約）が，ヨーロッパ及び世界のパワーバランスを安定させるには，いまや米ソの関わりが必要不可欠であった。しかるに戦後の国際秩序がこの2国を除外して形成されたため，当然そこには大きな限界と偏向が内在していた。また責任国家の結束の乱れが，会議後の国際秩序の行方を不安定化させた。1815年当時ウィーンに集まった調停者たちの間には，正統性の確保や勢力の均衡維持という認識の共有があり，修正主義者の夢を打ち砕くための同盟（四国同盟）も創設された。それに引き換えベルサイユ会議の後，勝者の間に真の協調と団結の精神は存在しなかった。国際連盟が設立されたとはいえ，米ソともに関与せず，ウィルソン流の理想主義とヨーロッパの伝統的権力政治観が混在錯綜するばかりで，英国の大陸に対する姿勢も終始消極的であった。

英国の大陸へのコミットが腰砕けであったこととも関係するが，軍縮への熱意が高まったのも当時の時代潮流であった。各列強はワシントン，ロンドン，ジュネーブ等の軍縮会議を相次いで開いた。初の世界戦争の体験がその理由であったことはいうまでもない。軍縮志向の強さと連動して，ヨーロッパでは反戦・平和主義が力を得た。ドイツの社会民主党や英国の労働党は，ともすればウィルソン的な理想的国際協調主義に流れ，現実の権力政治を軽視した。しかも大衆民主主義は平和を求め，その維持に必要な現実的政策への理解に不知があった。その代表格が英国だった。当時の労働党は平和主義の世論大衆に迎合し，保守党政権が進めようとした再軍備に強く反対し，ファシストと軍備を競うなと唱え続けた。アメリカがヨーロッパの勢力バランス維持に乗り出さない以上，ドイツの膨張を抑制するには英国の大陸への関与，特にフランスとの連携が不可欠であった。だが，英国の指導者には平和世論の影響に加え，勢力均衡論の立場から，ドイツをフランスと競りあわせるべき存在として容認する意識が抜け切れなかった。歴史上ヨーロッパ第一の強国とは同盟関係を結ばずというこの国の伝統が働き，最後まで英国はフランスとの連携に否定的だった。[7]

さらには，ナチスをコミュニズムの防波堤に利用し，毒を以て毒を制そうとする思惑も働いていた。30年代にドイツの膨脹を許した帰責事由について顧みる時，アメリカの孤立主義と並び英国の一国平和主義が負うべき咎は大きいものがある。

　もっとも，1920年代の欧州国際秩序はロカルノ体制と呼ばれる小康・安定期を迎えたが，この暫しの平穏が可能になったのは，アメリカの経済的関与によって賠償問題が処理され，ドイツの政治経済的安定が進んだことが大きかった。ソ連も20年代半ばを過ぎると世界革命への意欲が薄れ，一国社会主義を唱えるスターリンが権力を掌握すると，革命外交よりも自国の安全保障確保に重点を置くようになった。ソ連外交の変化と歩調を合わせ，西側各国も対ソ外交を見直し，24年には英仏伊がソ連を承認，26年にソ連の国際連盟入りも認められた。西側諸国がソ連を認知し，コミュニケーションを持つようになったことが国際秩序の安定にプラスに作用したのである。アジア・太平洋地域でも，日本が米英との協調を外交の基本に据える等ワシントン体制が機能していた。

　但し，米欧ソ3極の間に安定的な力の枠組みが構築されたわけではなく，20年代末の世界恐慌によって協調の精神とパワーバランスは脆くも崩れる。英米仏が経済のブロック化で自国の危機を乗り切ろうとしたのに対し，植民地経営の後発組である日独伊は"持てる国の国際秩序"と称してベルサイユ体制の打破を唱え，武力行使に訴えても世界勢力圏の再分割をなし遂げようとしたためである。満洲事変がその先鞭をつけ，日独の国際連盟脱退やドイツの再軍備はベルサイユ体制を大きく揺さぶり，さらにドイツ軍のラインラント進駐，チェコ分割はベルサイユ体制を終焉へと向かわせた。

　雑誌『LIFE』の創設者ヘンリー・R・ルースが"アメリカの世紀"の開始を宣言し，「世界で最大の力を持ち，かつ最も精力的な国民として，アメリカに与えられた義務と機会を心から受け入れ，……その影響力の全面的な効果を世界に向かって発揮するよう」呼びかけたのは，既に第2次大戦が勃発した後の1941年のことであった。[8] 英国に代わる新たな覇権海洋国家の座に就きながら，根強い孤立主義ゆえにアメリカが欧州動乱への関与時期を失したことが，世界を再びの大戦へと向かわせた最大の要因であった。第1次世界大戦を勝利に導いた仏軍総司令官フェルディナン・フォッシュ将軍は，ベルサイユ条約につい

て次のように論評している。「これは平和ではない。20年間の休戦なのだ」。

●英国覇権の終焉：勝ち続けたがゆえの衰退

　19世紀後半，英国は大陸国家ロシアの膨張を抑え，20世紀に入るや大陸国家ドイツの挑戦を斥けることに成功する。だが，アメリカの参戦を待たなければ勝利を握れなかったように，英国の覇権が大戦の勝利をもたらしたわけではなかった。逆に総力戦遂行の過程で国力を著しく消耗させた英国に代わり，かつて英国の植民地であったアメリカが新たな海洋ヘゲモニーとして登場する。既に大戦前に工業生産でアメリカに追い越されていた英国は，不況の1920年代を経てその経済的地位をさらに低下させた。失業者の数は100万人を下らず，政府財政も逼迫の状態が続き，さらに世界恐慌に伴い金本位制の廃止に踏み切った（1931年）ことで，パクスブリタニカの時代は完全に過去のものとなった。百年戦争以後，この国は戦争において常に勝者であり続けた。しかしビクトリア朝も後半に入ると，時流にあわない多くの社会システムの存在が問題となり始める。だが，それを大胆に改め，新興国の挑戦を撥ね除けるだけの活力は既に失われており，事実，その改革にこの国は失敗する。ではなぜ国家・社会システムを変革するだけの活力がなくなってしまったのかといえば，それは英国に根強く蔓延る階級制度や身分差別と無関係ではなかった。

　自由主義や議会政民主主義の伝統とは裏腹に，英国では貴族やジェントルマンに代表される地主階級が国家発展の主役であり続け，新興ブルジョワジーもその中に取り込まれていった。一敗地に塗れることがなかったばかりに，いつまでも彼ら支配階級の利益が優先され，ドラスティックな社会改革のメスが入らなかったのである。貴族院が長く存在することや，普通選挙の実施が他の国よりも早かったものの女子の参政権が認められたのは1928年と遅かったこと等はその一例である。社会的流動性の低さが国の活力を削ぎ，それが国際的競争力の低下を招くのは当然の成り行きである。また大英帝国（第2帝国）という植民地搾取の体制を支えた屋台骨はインドであったが，英国のインド支配と搾取は，インドに存在するカースト制度を基盤に，その上に徹底した白人優位という人種的階級制を覆いかぶせる形で進められた。その結果，インド統治を通して英本国でも階級制や身分差別が浸透・受容され，社会に蔓延していった。

そのうえ英国産業によるインド市場の制圧が"独占の弊害"をもたらし、工業の停滞と腐朽をさらに助長させる結果ともなった。かつてコブデンが「我々は、本国において我が国民性を堕落せしめることなしにインドにおいて専制君主と屠殺業者の役割を果たすことができるであろうか。ギリシャ人やローマ人はアジアの征服によって堕落させられたのではないか？ そして我々もまた、異なった仕方であるとはいえ、彼らと同じ運命を辿るのではあるまいか？」と自問したとおり、英国はインドによって栄え、そのインド支配が英国に衰退への途を用意したのである。

もっとも、繁栄が長かっただけ衰退のプロセスも緩慢であった。しかも英国が階級社会であるといっても、国家が未だ勢いを残している間は、支配階級のいわば"おこぼれ"をいただくことで、労働者階級の不満もある程度解消された。だが覇権に陰りが見えだし、もはやパイが拡大しないとわかるや、支配階級と労働者階級の攻めぎあいは俄かに激しさを見せる。自由党に代わる労働党の台頭や、第2次世界大戦後の相次ぐスト騒ぎはその表れであった。2大政党制といえば聞こえは良いが、支配・被支配の役割が固定化しているため、ジェントリーの伝統を受け継ぐ上流ブルジョワジーと労働者の間で意見の一致は得難く、国論は分裂を続けた。その間、国内の活力や社会的流動性は徐々に失われ、にも拘らず、大国としての過去の栄光と遺産を食い潰すことによって、また政権交代の度に行われる場当たり的政策によって、いずれの階級に属す者もそれなりの満足を得てしまう。こうして"立ち直り"のためのポイント・オブ・ノーリターンは過ぎ去ってしまった。逆説的ではあるが、"勝ち続けたこと"が、柔軟な国家戦略の転換を阻み、英国の衰退を招いた最大の原因である。

● アメリカの孤立主義

第1次世界大戦の結果、英国はその海外投資の1/4を、フランスは1/3を、そしてドイツはその全てを失った。一方、戦前は欧州資本の投下先で、40億ドルの負債を抱える世界最大の債務国であったアメリカが戦後は一転して37億ドルを擁する世界最大の債権国へと躍進を遂げ、1920年代の終わりには116億ドルの戦債を含め270億ドルの海外資本を保有するまでになった。対外貿易も好調で、その輸出額は年平均約47億ドルに達した。このような金融・交易

面の好調ぶりは，アメリカの工業生産力の急速な発達に支えられていた。1914年当時，世界の工業生産高に占めるアメリカの割合は36％と既に第2位のドイツの14％を大きく引き離していたが，20年代末にはアメリカ国の世界に占める比率は実に42％を越え，これはソ連も含めたヨーロッパ全体の工業生産高を凌ぐものであった。その参戦がヨーロッパ戦線の膠着状態から連合国を救い出し，大陸国家ドイツの挑戦を斥けたことからも明らかなように，世界最大の資本主義国となったアメリカの力を抜きにしてもはや世界秩序の再建を進めることは不可能であった。しかしこうした国力を背景に，アメリカが国際政治で強力な指導力を発揮することにはならなかった。

帰国したウィルソンはベルサイユ条約の批准を議会に求めたが，連盟への加入がアメリカの行動の自由を縛る恐れありとロッジ上院外交委員長ら孤立主義者が強力な反対論を展開し，結局ベルサイユ条約は議会で承認されなかった。あくまで批准を目指すウィルソンは次期大統領選への出馬に意欲を見せるが民主党は彼を指名せず，アメリカの国際連盟加入は実現しなかった。戦争の終了とともに米国内では孤立主義が蘇り，国民の国際問題への関心は急速に冷めていった。広大な国土を擁するアメリカは，生産が増大してもそれを消費するだけの国内市場を抱えていた。世界生産の80％を独占した自動車でさえ，生産台数の90％は国内で消化されたのである。経済活動における国内完結度の高さが，孤立主義を裏支えしていた。1920年の大統領選挙では「平常への復帰」を唱えた共和党のハーディングが当選し，以後クーリッジ，フーバーと20年代は共和党が政権を担当，いずれもウィルソン的な国際主義を否定し，世界秩序の維持・安定のため強力なリーダーシップを発揮することはなかった。

戦間期ヨーロッパではロカルノ体制と呼ばれる集団安全保障の枠組みが構築されたが，この体制を実質的に支えるだけの力はもはや英国になく，また，孤立主義に浸るアメリカがヨーロッパ問題から距離を保ったために，ロカルノ体制は極めて不安定な国際秩序とならざるを得なかった。アメリカだけでなくソ連も加わらなかったこと，経済封鎖以外の有効な制裁手段を持たなかったこと等から，国際連盟の集団安全保障機能も発足当初より大きな制約を抱えることになった。

5 ドイツ第3帝国の野望

●世界恐慌

　1929年10月のニューヨーク株式相場の暴落を契機に，資本主義諸国が相次いで恐慌に襲われ，世界経済は大きな打撃を蒙った。墺中央銀行の破産宣告で恐慌はドイツにも及んだ。アメリカなど外国資本の引き上げで経済危機に陥ったドイツは，賠償支払いが困難である旨の声明を発表した(31年6月)。アメリカのフーバー大統領は賠償や英仏の対米戦債返済を1年間猶予する旨の声明(フーバーモラトリアム)を発表したが事態は好転せず，9月には英国が金本位制を停止し管理通貨制度に移行。フーバーに代わったローズベルト大統領も金本位制からの離脱を決定(33年)，各国も次々に関税引き上げに踏み切り，通貨・貿易のブロック化が強まった。

　国際協調を促すため，国際連盟主催の世界経済会議がロンドンで開かれ，貿易障壁の打破や通貨安定問題が協議されたが(33年6月)，各国の思惑が一致せず成果は得られなかった。米代表のハル国務長官は自由貿易の信奉者だったが，ローズベルト大統領が国際協調よりも国内優先の政策(ニューディール政策)に固執したことが失敗の原因であった。英国は前年のオタワ会議で英連邦諸国の結束を打ち出していたが，期待した協力がアメリカから得られず，ブロック経済の方針をさらに固めるようになった。世界経済の排他的な動きに伴い，資本主義諸国の協調を基本としたベルサイユ体制は大きく動揺する。

●ナチスの台頭

　恐慌で就業人口の1/3に当たる600万人以上の失業者を出したドイツでは，ヒトラーの率いるナチス(国家社会主義ドイツ労働者党：1920年創設)がベルサイユ体制の打破を唱え，国民の支持を得るようになった。オーストリア生まれのヒトラーは，ウィーンで画家を志したが失敗，1913年ミュンヘンに移り，翌年バイエルンの連隊に入隊した。大戦後の19年にドイツ労働者党に入党したヒトラーは翌年広報部長に就任，民族自決に基づく全ドイツ人の統合やベルサイユ条約撤廃等を掲げた綱領を発表し，併せて党の名称を国家社会主義ドイツ

労働者党と改めた。21年7月党首に選出されたヒトラーは,「ドイツを解放できるのはドイツ人だけであり,それは議会ではなく革命によってである」と語り,ワイマール政府の打倒・政権獲得を目指しルーデンドルフ将軍らとミュンヘンで民族革命を宣言,暫定政府を樹立するが,軍によって鎮圧された(ミュンヘン一揆)。以後ヒトラーは,議会での議席獲得という合法的手段による政権奪取を目指すようになる。

　ベルサイユ体制打破を唱えるナチスには,国民の幅広い支持が集まった。1928年の選挙では12議席を得ただけであったが,30年9月の選挙では107議席を獲得し第2党に踊り出た。32年にはヒトラーが大統領選挙に出馬,ヒンデンブルクに敗れはしたが,この年の国会選挙ではナチスが社会民主党を引き離して第1党に伸し上がった。ナチスの支持者は,プロテスタント系の中小農民や都市部の手工業者,小商人,サラリーマン等中間階層が多かった。彼らは工業化につれ顕著となる大資本・大企業の進出に反感を抱く一方,社会民主党に代表される労働者階級の活発な動きにも警戒感を持っていた。だがそうした不満を吸収する政治組織がなかったため,既成のブルジョワ政党とも労働者政党とも異なる新タイプの政党ナチスに魅力を感じたのである。党勢拡大を目指すナチスは,積極的に保守・支配層に接近した。ユンカーや大企業,資本家,軍部等は当初ワイマール共和政への批判を抑えていたが,世界恐慌に伴い,景気回復や再軍備を進めるうえで社会民主党や共産党の進出に不安を覚えナチスとの提携に走り,ヒトラー政権の樹立に手を貸すことになった。

　1933年1月ヒンデンブルク大統領はヒトラーを首相に任命し,ナチス・保守派の連立ヒトラー内閣が誕生するが,ナチスが閣内少数派のため,ヒトラーは議会を解散,総選挙に踏み切った。その際,共産党員による国会議事堂放火事件が起こると,これを共産党の企てと断定し共産党員の大量逮捕を行った。選挙でナチスは第1党となり,ヒトラーは国会の立法権を政府に委ねる全権委任法を成立させた。以後,ナチスは各州や自治体の権力を掌握し,社会民主党等他の政党を解散に追い込みナチスの一党独裁体制を構築した。33年10月,軍備拡大を進めるナチスドイツは国際連盟を脱退,翌年8月ヒンデンブルクが亡くなるや,ヒトラーは自ら大統領と首相を兼ねた総統の地位に就き独裁体制を確立する。

ヒトラーはアウトバーンの建設等公共事業や軍備の拡大を進めた。また重要戦略物資の国内自給を目指す4か年計画の実施等で景気は上昇し，失業者もほぼ一掃された。ナチスとヒトラーに対する国内外の評価の高まりを背景に，ヒトラーはベルサイユ体制の破壊に乗り出していく。35年1月に住民投票が実施され，9割の支持を得てザール地方がドイツに復帰した。ナチス政権による最初の領土拡大で，大戦で失った領土の回復を実現させたヒトラーの権威はさらに高まった。同年3月ヒトラーは徴兵制度の復活と50万人の常備軍設置を発表（再軍備宣言）し，ベルサイユ条約の軍備制限条項を公然と破棄した。

● **ファシズム**

　日本の満洲進出，ナチスドイツのベルサイユ体制への挑戦といった国際情勢に乗じ，植民地獲得に積極的に動いたのがイタリアであった。先の大戦でイタリアが連合国側に立ち参戦するきっかけとなったロンドン秘密条約（1915年）では，ダルマチアに対する権利が認められたが，講和会議では民族自決原則からフィウメやダルマチアを獲得できなかった。そのためイタリアではベルサイユ体制への不満が当初から強く，南部の貧困問題も加わり，民族主義者や社会主義急進派による政府攻撃の材料とされた。かかる状況の下，ムッソリーニはミラノで急進的な革命主義を唱える戦闘者ファッショ団を結成し（1919年），22年には黒シャツ隊と呼ばれる突撃団を使いローマに進軍。国王エマヌエレ3世はこれを許し，39歳のムッソリーニを首相の座に就けた。

　イタリア史上最年少の首相となり，政権を手にしたムッソリーニは，国内では反対勢力を排除してファシズムと呼ばれる独裁体制を構築する一方，自ら外相を兼ねて戦闘的な対外政策を遂行，24年にはフィウメを併合，26年にはアルバニアを保護国とした。ベルサイユ体制の打破を唱える点ではファシズムとナチズムには共通性があったが，独墺合併への警戒心から，イタリアとドイツの関係は必ずしも良好ではなかった。むしろイタリアは対独牽制と自らの対外進出を容易にするため，英仏との協調を重視した。同盟国を持たないイタリアが進出の標的としたのは，列強の勢力がさほど及んでおらず，またかつて征服に失敗した地でもあるエチオピアであった。

●ストレザ戦線とイタリアのエチオピア併合

　ナチスの台頭で、再び独仏の関係は緊張し始める。ヒトラー政権が誕生するや、仏議会は仏ソ不可侵条約を批准し、次いでムッソリーニの提案を受けて英仏伊独4か国協定を調印、さらにドイツの国際連盟脱退を受け、ソ連との同盟締結を模索する。1935年3月ドイツがベルサイユ条約を一方的に破棄し再軍備を宣言するや、フランスはドイツを国際連盟に提訴、4月には英仏伊3国の首脳がストレザで会談し、対独抗議とロカルノ条約遵守、東方ロカルノ協定交渉の継続、オーストリアの独立保全等を決議した（ストレザ戦線）。この戦線にイタリアが参加したのは、独墺併合によってバルカンにおけるイタリアの影響力が脅かされるとムッソリーニが判断したためである。これに続き国際連盟もドイツ再軍備非難の決議を行ったが、いずれも強制力を伴わず、事実上ドイツの再軍備は容認された。しかもドイツに寛大な姿勢を示す英国ボールドウィン内閣は、ヒトラーの求める軍備交渉に応じ英独海軍協定を締結した。これによって独海軍は英海軍の35％の戦力を保持することが認められた。仏ソ相互援助条約（35年5月）に続き、ソ連チェコ相互援助条約も成立し、対独包囲網が形成されつつある最中での英国の対独宥和行為でストレザ戦線は早くも崩壊、フランスの対英不信は募った。

　いま一つ、反ナチスのストレザ戦線を崩壊させた動きが、イタリアのエチオピア併合だった。ムッソリーニは英仏との協力関係が続いている間に、積年の夢である伊領アフリカの拡大に踏み切ったのである。伊領ソマリランドとエチオピアとの国境紛争を口実に、ムッソリーニは宣戦布告なく伊軍をエチオピア領内へ進撃させた（35年10月）。国際連盟はイタリアを侵略者と認定、経済制裁措置を実施したが、植民地での反帝国主義運動の隆盛を危惧した英仏は、制裁対象品目から石油を除外、またスエズ運河の使用禁止を含めない等反エチオピアの姿勢を示した。その後、ドイツのラインラント進駐に世界の関心が移った隙に、ムッソリーニはエチオピアの併合を宣言する（36年4月）。

●ドイツのラインラント進駐

　イタリアのエチオピア侵略に英仏が強い態度を示さないと見たヒトラーは、仏ソ相互援助条約の成立を口実にロカルノ条約の破棄を宣言し、ラインラント

の非武装地帯へ独軍を進駐させた (36年3月)。国際連盟理事会でソ連のリトビノフ外相は対独宥和の風潮を批判し, ドイツに何らかの制裁措置を取るよう促したが, この時も英国は動かず, ドイツ問責の決議を出しただけに終わった。こうしてロカルノ条約は滅び, ベルサイユ体制も事実上死滅した。

　かように1930年代の英国外交は, 独伊台頭への対処に定見を欠き, その宥和的な態度はチェンバレン首相の下でさらに強まっていく。保守党のチャーチルは早くからナチスドイツの膨脹に備え英国の軍備強化を主張したが, 彼の声は主流とはならなかった。その背景には, 当時の英国国民に強かった平和主義的ムードが影響していた。労働者階級ら国民一般の世論は, 国際連盟を中心とする集団安全保障に強い期待感を抱いており, 軍備増強に極めて消極的だった。ベルサイユ体制下の苛酷な対独報復政策への同情も手伝い, フランスのような懲罰的姿勢で臨むのではなく, むしろドイツの体面や国民感情に配意して, 和解を目指す方向で問題を解決すべきとの意見も強かった。保守層には, 台頭するナチスを共産主義進出の防波堤と位置づけ, その台頭を歓迎する風潮さえあった。こうした国内事情が, 対独強硬政策の実施を困難にしたのである。

　一方, オーストリアを巡り独伊は対立関係にあったが, イタリアのエチオピア侵略とドイツのライラント進駐を機に, ともにベルサイユ体制打破を目指す勢力として両国の接近が進んだ。36年7月スペインの前参謀総長フランコがモロッコで反乱を起こすや, 独伊はともにフランコへの軍事援助に踏み切る。このスペイン内戦を通じ独伊の接近はさらに進み, 独伊条約 (36年10月) によってベルリン・ローマ枢軸が成立。ソ連に対抗する目的でドイツは日本と防共協定を締結 (11月), 翌年イタリアも加わり三国防共協定に発展, ここに日独伊3国の枢軸体制が誕生する。日独に続きイタリアも国際連盟を脱退した。現秩序維持の西欧ブルジョワ民主主義勢力と現状打破の全体主義勢力の対立は先鋭化し, 共産主義勢力ソ連も加わり三巴の激しい駆け引きと拮抗の時代を迎える。

● オーストリア・チェコ併合

　1938年2月, 英国ではチェンバレン首相の対イタリア融和政策への不満から外相のイーデンが辞職。同月ヒトラーは自ら国防軍最高司令官に就き, ノイラート外相を罷免してナチス幹部のリッペントロップを後任に据えた。国防, 外

務両省をナチスの支配下に置いたヒトラーは，英仏の不介入を見越して，オーストリア首相シュシュニックに最後通牒を突きつけ，首相の地位をオーストリアナチスの指導者インクワルトに譲らせた。次いでインクワルト首相の要請に応える名目で独軍を進駐させ，3月にオーストリア併合を宣言した。

　無血でオーストリアを手に入れたヒトラーは次にチェコスロバキアに触手を伸ばし，まず多数のドイツ人が居住するズデーデン地方の併合を目論んだ。この地方のドイツ人は少数民族としてチェコ政府に不満を抱いていた。この不満を利用してズデーデンドイツ党が力を伸ばし，高度の自治を要求すると，ヒトラーは同党を支援し，実力行使も辞さないことを表明した。チェコは仏ソと相互援助条約を結んでおり，関係国間の対立を恐れた英国のチェンバレンが仲介に動いた。だが来訪したチェンバレンに対しヒトラーはズデーデンの即時割譲を迫るなど強硬な姿勢を崩さず，交渉は難航した。チェコ政府は総動員令を発令，フランスはヒトラーの要求に絶対反対の姿勢を示し，ソ連もチェコ援助の声明を出す等緊張が高まった。

　あくまで対独融和を基本とするチェンバレンはソ連を無視し，イタリアに国際会議開催の斡旋を依頼する。その結果，ミュンヘンでヒトラー，チェンバレン，ムッソリーニ，ダラディエの4者会談が行われ，「これが最後の領土要求」というヒトラーの主張を容れ，ズデーデンは直ちにドイツに譲渡されることとなった（ミュンヘン協定：38年9月）。会談後，英独不可侵の共同声明が発せられ，戦争の危機を回避したとチェンバレンは堂々ロンドンに凱旋した。だがヒトラーの要求に譲歩を重ねる彼の融和政策は，一時的には国際緊張を緩和させたものの，さらなるナチスドイツの野望と膨脹を招き，結局は第2次世界大戦への導火線でしかなかった。当事国のチェコを協議の場に含めず，また英仏に対するソ連の不信感を高めた点でも問題の多い外交であった。国際的孤立とドイツ東方進出の脅威に直面したソ連は，それまでの英仏との協調路線を捨て対独接近へと政策を転換させる。

　「ミュンヘンは，常軌を逸した事態，即ち，脅迫に屈した報いを示すものとして，我々の辞書に残されている。しかしながら，ミュンヘンとは独立した行為なのではなく，1920年代に始まり新しく譲歩を積み重ねるごとに加速された態度の行き着いたところであった。つまり，10年以上にわたり，

ドイツは一つずつベルサイユ体制下の制約を葬り去ってきたということである。……ベルサイユでの解決は正当ではないと認めることで、勝利者たちはそれを守る心理的基盤を浸食させてしまったのである。ナポレオン戦争の勝利者たちは、より寛大な平和を構築したが、それを維持する勝利者側の決意について曖昧な点を残さぬよう4か国同盟を構築した。一方、第1次世界大戦の勝利国は、懲罰的な講和条約を作って、自分たちでその見直しへの最大の原因を作り出した後、自らが作り出した解決をバラバラにしてしまうのに協力したのである」(キッシンジャー[9])。

半年後の1939年3月、ヒトラーは首都プラハに独軍を進め、チェコ全土をドイツの保護国とした。その後、リトアニアに迫りメーメルの返還を実現したヒトラーは、ポーランド侵攻を準備すべく、独伊友好同盟を締結しイタリアとの関係を強めた。これに対し英国は、ポーランドへの安全保障援助を宣するとともにギリシャ、ルーマニアにも保障を給し、フランスもそれに続いた。ソ連との連携を忌避し続けてきたチェンバレンも、遂にソ連を組み込んだ対独包囲網の形成を決意し、対ソ交渉を開始する(チェンバレン外交の方針転換)。だが英仏ソ3国の協議は進展せず、一方、ヒトラーは英独海軍協定と独ポ不可侵条約を破棄、ポーランド侵攻の際、2正面作戦を回避する狙いから8月には独ソ不可侵条約を締結、ポーランドの東半分、フィンランド、バルト3国のソ連支配を認める秘密議定書も結ばれた。万一侵攻を受けた場合にはその懐を深くするため、自国の防衛線を少しでも西に前進させることがソ連の目的であった。スターリンは信用の置けない西側諸国と組む途を選ばず、敢えてナチスとの"悪魔の分配"を選択したのである。ナチスの関心を東に向けようとした西側の対独融和政策は、独ソ不可侵条約の成立によって破綻した。

1939年9月1日、バルト海に面した港湾都市ダンチヒ(現グダニスク)に停泊していたナチスドイツの巡洋艦が突然砲火を開き、これを合図に独軍機甲師団は爆撃機1500機とともに東プロシャ、ポメラニア、シレジアの三方から国境を突破してポーランドへの電撃侵攻作戦を開始した。先の大戦で失ったダンチヒの返還要求をポーランドが拒絶したため、そこに住むドイツ人を保護するというのが開戦の口実であった。9月3日、英仏両国は2週間前に結んだポーランドとの相互援助条約に基づきドイツに宣戦を布告、ここに新たな世界大戦の

幕が切って落とされた。

6 第2次世界大戦

●ポーランド電撃侵攻〜英国爆撃

　空軍の支援を受けたドイツ機甲師団は，旧式装備のポーランド軍を圧倒した。9月17日には東からソ連軍も侵攻を開始し，27日にはワルシャワが陥落した。宣戦布告しながらも，なお戦争の局地化を望む英仏はドイツへの攻撃を手控えたため，翌年4月まで本格的な戦闘を交えず"奇妙な戦争"の状態が続いた。ポーランド降伏後，独ソ友好条約が締結され，スターリンの申し入れで先の秘密議定書の追加修正がなされ，新たにリトアニアをソ連が確保する代わりにポーランドのルブリン地方と東部ワルシャワをドイツに譲ることとされた（モロトフ・リッペントロップ線）。両国は密約に従いポーランドを分割，ダンチヒ及びポーランド西部をドイツが，東部をソ連が支配した（第4次ポーランド分割）。次いでソ連は9月下旬から10月上旬にかけバルト3国と相互援助条約を締結し，海空軍基地の譲渡とソ連軍の進駐権を承認させ，11月にはフィンランドを侵略する（冬戦争）。フィンランド政府の提訴を受けた国際連盟はソ連の除名を決定し，加盟国にフィンランド支援を訴えたが，スウェーデンは中立を守って動かず，英仏の軍事援助計画もスウェーデン，ノルウェーの協力が得られず頓挫した。

　一方，ポーランドを支配したドイツは一転西部方面に兵力を集中し，40年4月デンマーク，ノルウェーへの攻撃を開始した。英国では対独宥和政策を進めたチェンバレンへの非難が高まり，代わってチャーチルの連立内閣が発足した。チャーチルが首相に就任した5月10日，ドイツはベルギー，オランダに侵入し，5日間でオランダを制圧した後，セダン付近からフランス侵略を開始した。6月14日，独軍はパリに無血入城する。仏政府はボルドーに移り，レイノーに代わり首相に就任したペタン元帥は休戦を申し入れた。22日にはパリ郊外コンピエーニュで独仏休戦協定が調印され，北・中部フランスがドイツの占領地域とされ，南部フランスはビシーを首都とするペタン政権が統治しドイツに協力することとなった。だが国防次官ド・ゴールは飛行機で英国に亡命し，

BBC放送を通して対独抗戦を訴え，自ら対独抵抗のための自由フランス運動を組織した。独軍の目覚ましい進撃ぶりを見たイタリアも仏降伏直前の6月，中立を捨て英仏に宣戦し，ケニア，スーダン，エジプトに侵攻した。だが北アフリカやエチオピアで英軍の反撃に遭い苦戦を強いられたため，ヒトラーはロンメル将軍指揮下の戦車部隊を北アフリカに派遣した。また伊軍を助けてギリシャに攻め入るため，ドイツはブルガリアとユーゴスラビアに軍隊の通過を要求した。ブルガリアはこれに従い，その後枢軸国入りしたが，ユーゴが抵抗したため独軍は直ちにユーゴに侵入し，2週間で同国を制圧後ギリシャに入り，英軍を破り全土の支配に成功する。

　ヨーロッパの広大な地域を支配下に収めたヒトラーは，英国に講和を呼び掛ける（40年7月）。だがチャーチルの戦意は固く，和平成立の見込みなしと悟ったヒトラーは英国への上陸を企て（あしか作戦），制空権を確保すべく8月15日以降英国空襲を実施し，空軍基地攻撃に主力を注いだ。独空軍は機数では英空軍に勝っていたが，英空軍は早期警戒レーダー網の整備やイングランド南部への航空部隊の集中配備等防衛態勢を整え，ゲーリング元帥の指揮するドイツ爆撃機部隊を迎撃した。そこでヒトラーは目標を基地から都市に変更し，9月以降は連日数百の爆撃機でロンドンを空襲し英国民の戦意低下を狙った。しかし，チャーチルの下に徹底抗戦の意志を固めた英国民は，これを耐え忍んだ。そのためヒトラーの目論見は失敗に終わり，上陸作戦は延期せざるを得なくなった（バトル・オブ・ブリテン）。ローズベルト大統領は米国内の強い厭戦ムードのため参戦に踏み切れなかったが，中立法を改正して英仏への武器供与を実施（39年11月），40年9月には英国に駆逐艦50隻を貸与した。独潜水艦Uボートの攻撃に曝される輸送船団の護衛に不可欠の戦力であった。

● **独ソ戦の勃発**

　英国攻略に行き詰まったヒトラーは，40年夏頃密かに対ソ攻撃を決意した。
　「我々は，ドイツがこれまで絶えずヨーロッパの南方および西方に進出しようとしてきたことに終止符をうち，眼を東方の土地に転ずる。……今日ヨーロッパにおける新しい領土について口にするとき，我々は，第一にはロシアとそれに服属している周辺国家のことのみを考えることができるのだ。運

命そのものが、この方向への進路を我々に指し示そうとしているように見える」(ヒトラー『わが闘争』)。

ヒトラーの目的は、東欧に大帝国を築き、ドイツ民族の生存圏(レーベンスラウム)を樹ち立てることにあった。もっとも、対ソ攻撃に踏み切った直接の原因は、バルカンにおける独ソの利害対立といわれる。ドイツが西部戦線に専念している間に、ソ連はルーマニアからベッサラビア、さらに北部ブコビナ地方を奪取した(1940年6月)が、ルーマニアの石油資源がドイツにとって死活的重要性を持つこともあり、ソ連の急速な進出にヒトラーが強い脅威感を抱いたのである。7月31日、ベルヒテスガーデンの山荘に秘密会議を招集したヒトラーは、対英上陸作戦よりも先に対ソ攻撃を断行したいとの決意を漏らした。またヒトラーは、英国の対独戦意を挫くにはアメリカを牽制、中立化させる必要があると考え、アメリカをアジアに釘付けにする手段として日本を利用しようと考えた。独ソ不可侵条約の締結以後日独関係は冷却していたが、ドイツの目覚しい西方進撃に魅せられた日本は再びドイツへの関心を高め、9月には日独伊3国同盟が締結された。

41年6月22日、宣戦布告なしに突如独軍がソ連への侵攻を開始した。独軍はソ連軍を席捲し続け、ソ連は4〜6週間、長くとも数か月しか持つまいとの見方が世界に広まった。ヒトラーの計画では、2か月以内にソ連軍を全滅させる手筈であった。9月に入ると独軍はレニングラード、モスクワに迫り、キエフ、ウクライナを占領。しかし、開戦時期の遅れに加え、独陸軍のモスクワ攻略第一主義にヒトラーが反対しキエフ占領を優先させたため、モスクワ攻撃の時期が予定より2か月近く遅れ11月中旬となってしまった。そのため冬将軍が到来し、越冬準備のない独軍は予想外の苦戦を強いられる。独ソ戦の勃発を受け、スターリンは英国との関係改善に乗り出し、英米首脳も直ちに対ソ援助の声明を発表、7月には英国がソ連と相互援助協定を締結、アメリカも武器貸与法をソ連にも適用した。その後、コミンテルンの廃止(43年5月)、連合国救済復興機関の設立(43年11月)等ソ連と西側の大同盟は緊密化したが、この間、ソ連は米英に第2戦線の開設を繰り返し訴えた。42年5月末訪米したモロトフは、年内には第2戦線を開く旨の確約をアメリカから引き出したが、実際に第2戦線が実現したのはさらに2年以上も経った44年6月であった。この問題が

生み出したソ連の西側に対する不信感が、冷戦を引き起こす遠因となった。

1941年8月、大西洋ニューファンドランド沖でローズベルトとチャーチルが会見し、ソ連の冬期持久の可否を踏まえ西側の対ソ援助を本格化させることなどが話し合われた。そして戦争目的を明確化するとともに、戦後世界の指導原則を協議し、大西洋憲章として発表した。その内容は(1)領土的拡大の断念、(2)領土併合の禁止、(3)民族自決、(4)開放貿易、(5)国際経済協力、(6)ナチ専制主義撲滅後の恒久的安全保障体制の樹立、(7)海洋航行の自由、(8)武力行使の放棄と侵略者の武装解除の8項目で、ソ連もこれに賛同、日本参戦後の42年1月の26か国(のち47か国)による連合国共同宣言や、さらには国連憲章の基礎となった。

1941年12月8日、日本海軍は真珠湾を奇襲攻撃した。これが米国民の孤立主義を一掃し、国力の全てを挙げて枢軸国との戦いにアメリカを向かわせることになった。三国同盟では日本が攻撃された場合の援助規定しかなく参戦義務がないにも拘らず、ヒトラーが対米宣戦を布告した(12月11日)ため、アメリカは欧亜の両面で戦争を遂行することになった。世界支配からユダヤ人絶滅にヒトラーが戦争目的を変更したことが関係しているとの説もあるが、既に独ソ戦が行き詰まりを見せていたこの時期に、さらに対米戦を自ら仕掛けたことは、独ソ戦の開始と並ぶヒトラー最大の判断ミスといわねばならない。

●戦局転換～ドイツの敗北

冬将軍に阻まれて一旦進撃が鈍った独軍も、翌42年8月には再び攻勢に転じ50万人の兵力でスターリングラード攻撃を開始した。しかし粘り強いソ連軍の抵抗に遭い同地の占領に失敗、逆に独軍はジューコフ元帥率いるソ連軍に包囲され降伏した(43年2月)。このスターリングラードの戦いが転機となり、以後欧州戦線は連合国側が優位に立つ。ソ連軍の対独反攻を可能にした大きな要因は、英米からの物資援助であった。北アフリカでは、エルアラメインの戦いでモントゴメリーの英軍が独伊の戦車部隊を撃破(42年10月)、11月には北アフリカ作戦(トーチ作戦)が開始され、モロッコ、アルジェリアにアイゼンハワー指揮の英米連合軍が上陸し、東西から挟撃されたアフリカの独伊軍は降伏(43年5月)。ビシー政権に属すダルラン将軍も連合国側に加わり、彼の死後は自由フランスのド・ゴールが引き継いだ。アフリカを制圧した連合軍は、7月

にはシチリア島を占拠する。イタリアではムッソリーニが失脚，国王ビットリオ・エマヌエレ3世に政権が戻り，ファシスト政党は解散させられた。新たに首相となったバドリオは，9月に連合軍がイタリア本土に上陸するや単独休戦協定を結んで降伏し，逆にドイツに宣戦した。その間，独ソ戦線では中央ロシアの平原地帯クルスクの戦車戦で独軍が敗退(7月)。これが，独ソ戦の勝敗を決定づける戦いとなった。翌8月にケベックで開かれた米英軍事会議(クオドラント会議)では，地中海作戦の拡大を主張するチャーチルをローズベルトが抑えてようやく仏上陸作戦(オーバーロード作戦)が決定したほか，ローズベルトは原爆に関する機密事項の米英共有をチャーチルに約した。

44年6月，連合軍はローマを占領。同月ノルマンディ上陸作戦にも成功し，8月には自由フランスを率いるド・ゴール将軍と米軍がともにパリに入城した。一方バルカンに進撃したソ連軍はルーマニアとブルガリアを制圧(44年9月)，45年2月にはブダペストに入り，4月にはウィーンを陥れた。いまや欧州戦線の帰趨は明らかとなったが，それと並行してソ連に対する不信感が米英内部で高まりつつあった。米英の間でも，戦争目的や戦後構想に対する認識の相違が表面化した。伝統的な勢力均衡政策を基調とした戦後処理を考え，対ソ警戒と大英帝国の勢力圏維持に腐心するチャーチルに対し，ローズベルトは大国間協調(＝戦時大同盟の維持)と強力な国際機構によって世界の平和と安全を守り，民族自決と自由貿易体制の構築を目指していた。"ソ連は極めて権力主義的な国家であり，力の信奉者以外の何者でもない"というチャーチルや側近の具申を退け，ローズベルトはスターリンとの友好関係維持を重視した。1945年2月，米英ソの3首脳はクリミア半島のヤルタで会談し，対独作戦やドイツの戦後処理，ソ連の対日参戦等を協議した。米英軍はレマゲン鉄橋でライン川の渡河に成功(3月)，4月には西ドイツの大部分を占領した。ソ連軍もワルシャワに入り(45年1月)，3月初めにはオーデル・ナイセ川の線に達した。4月26日，東西から進撃した米ソ両軍は，エルベ川のトルゴウで合流を果たす(エルベの出会い)。ソ連軍に包囲されたベルリンでヒトラーが自殺し(4月30日)，ベルリンは陥落した(5月2日)。5月8日ドイツはアイゼンハワーの司令部があるランスで連合国に無条件降伏し，5年8か月にわたるヨーロッパの戦争は終了した。8月には広島，長崎への原子爆弾の投下と日ソ中立条約を破るソ連の参戦が契機と

なり，日本もポツダム宣言を受諾して降伏し，第2次世界大戦は終わった。

　早くも19世紀後半，ショーペンハウエルは東洋的な諦観に籠り，ニーチェもペルシャの哲人ツァラトゥストラの口を借りてヨーロッパの衰退を警告した。さらにシュペングラーが『西洋の没落』(1918年) で嘆いたように，第1次世界大戦は英国のみならず，過去5世紀にわたり世界を支配し続けてきたヨーロッパそのものの荒廃と没落を招来した。それは，三十年戦争を契機として生み出された主権国家と勢力均衡システムから成り立つ近代ヨーロッパ国際体系の行き詰まりを示す出来事でもあった。第2次三十年戦争とも呼べる2度の欧州大戦 (1914〜45年) を経て，覇権闘争の中心はそれまで"ヨーロッパの文化的コロニー"であったロシア (ソ連) とアメリカという，ヨーロッパを挟み東西に対置する2大新興国家の手に移っていく。

●注　釈
1) ロシアは外国資本の導入を主としてドイツに頼り，シベリア鉄道等の建設に充てていたが，鉄道の発達により露産穀物のドイツへの輸送が便利となったため，これに農場主であるとともに軍首脳をも形成していたドイツの土地貴族 (ユンカー) が反発した。ユンカーの圧力に押されたビスマルクは，露公債を担保とする独帝国銀行の貸付を禁止する指令を出し，ロシアの有価証券をベルリンの取引所から排除する措置を取らせた (87年11月)。この結果，ロシアはフランスの金融市場に向かい，フランスもロシアの外債を歓迎した。尾鍋輝彦『20世紀(1)帝国主義の開幕』(中央公論社, 1977年) 179〜180頁。
2) Henry Kissinger, *Diplomacy* (New York, Simon & Schuster, 1994), pp. 135-136.
3) ウィルヘルム2世の母は英国女王ビクトリアの娘であることから，彼は英国王エドワード7世の甥，続く国王ジョージ5世の従兄弟に当たり，また露皇帝ニコライ2世とも従兄弟同士の間柄であった。
4) 「皇帝の政治的意図の中心をなしていたのは，艦隊の建設である。この手段によって初めて，英国と並ぶ世界強国にのし上がり，同時に世界列強から同等の存在として認められる可能性が開けると思えたのだった。この艦隊が，経済力と結びついて，独国民が植民地世界の現状を修正し得る為の基礎を成すはずであった」。フリッツ・フィッシャー『世界強国への道1』村瀬興雄監訳 (岩波書店, 1972年) 5頁。
5) 3国同盟内部の相互関係は緊密ではなく，両陣営の勢力バランスは必ずしも均衡してはいなかった。アルヘシラス会議が示したようにイタリアは忠実な同盟の一員とはいえなかった。イタリアは，オーストリアのアドリア海沿岸への進出に脅威を感じており，ともすれば3国同盟の維持に関心を失いがちであった。むしろエチオピア戦争に敗北した後イタリアはフランスに接近，1900年暮れにフランスと秘密協定を結び，

フランスはモロッコ，イタリアはトリポリ及びキレナイカで特殊権益を持つことを承認しあい，北アフリカにおける両国の利益範囲に関する了解を取りつけた。さらに02年11月にはフランスと秘密協商を結び，ドイツがフランスを攻撃する場合，イタリアは三国同盟にも拘らずドイツに味方せず中立を保つと約束，それとともにイタリアは三国同盟を更新した際，英仏との戦争にイタリアは参戦義務を負わないことを明言した。このようにイタリアが二重外交を追求していたことに加え，オーストリアも国内少数民族の反抗に絶えず悩まされ軍事的に弱体であった。ほとんど独力で三国協商に対抗せねばならないドイツは，協商包囲網の中に追い込まれていった。

6）「潜在敵国の心理を読み誤るという点ではドイツ指導者の右に出る者はいないほどで，彼らは大海軍を建造することによって英国に同盟化を迫ったり，モロッコでは戦争への脅しによってフランスを孤立化させようとした時と同様に，今回も自分たちの機会は途方もなく大きいと確信していた。ドイツの指導者たちは，オーストリアが成功すればロシアは三国協商に幻滅を感じ，それによって対独包囲網が破れるだろうとの前提からものを考えていたため，妥協不可能な相手と考えたフランスは無視し，また勝利の結果を横取りされるのを怖れて英国による調停を退けた。彼らは，皆の予想に反して開戦となっても，英国は中立を保つか，あるいは遅すぎる時期になってようやく介入してくると自らを信じ込ませていた」。Henry Kissinger, *op. cit.*, pp. 209-210.

7）「英国は，ヨーロッパの勢力均衡に対する唯一の脅威はフランス国境の侵犯であると認識し，また東欧のためには決して戦わないと決めていた。そして西側の一種の人質として機能している非武装ラインラントに英国の死活的利益を見出すことはなかったし，ロカルノ条約への自国の保証を遵守するために戦争を行うこともなかった。……英国の態度はヒトラーのラインラント進駐の後により明確になった。ドイツ進駐の翌日，英国の陸軍大臣は，ドイツ大使に次のように述べた。『英国民はドイツがフランスを侵略する場合には，フランスのために戦う覚悟があるが，先日のラインラント占領を理由として武力に訴えることはない。……英国民の大半はドイツがドイツ領を再占領することには，"全く構わない"との立場を恐らく取るであろう』。……ピエール・フランダン仏外相はフランスの立場を訴えたが無駄だった。……英国はフランダンの懇願に耳を傾けなかった。英国指導部の大部分は依然として，平和は軍縮次第であり，新国際秩序はドイツとの和解に基づいて築かなければならないと信じていた。英国民は，ベルサイユ条約の過ちを正すことの方が，ロカルノ条約で与えた言質の信頼性を証明することよりも重要だと感じていたのだ」。Henry Kissinger, *op. cit.*, pp. 304-305.

8）Henry R. Luce, "The American Century", *Life*, Februrary 17, 1941, p. 63.

9）Henry Kissinger, *op. cit.*, p. 314.

コラム　もう一つの政治大国バチカン——世界最小国家の素顔——

　中世のヨーロッパ世界において聖権と俗権の双方を併せ持つ存在であった教権は，宗教改革や主権国家制度の確立に伴い，近世以降それまでの優越的な地位を零落させていった。もっとも，近現代に入っても，世界中のカソリックを支配するローマ教皇や教皇庁は，カソリック信徒に対する掌握やその情報収集力，さらには財力等を通して国際社会や諸外国に隠然たる力を保持し続けており，国際政治に及ぼす影響力は無視できないものがある。アメリカの経済誌『フォーブス』2013年版は，"世界で最も影響力ある人物"として，米露の大統領や中国の国家主席に次ぐ第4位にローマ教皇を挙げている。神に仕える敬虔な聖職者の集団も，この世の組織である限りは，世俗の権力や富から無関係ではあり得ないのだ。

● バチカン市国の誕生

　ドイツ三十年戦争を処理したウェストファリア条約を契機に，国際政治のアクターは世俗的な主権国家に限定され，宗教組織の影響力は大きく後退する。またフランス革命で政教分離の原則が打ち出され，国家の脱宗教化も進んだ。19世紀後半，イタリアにも統一国家（イタリア王国）が誕生し，エマヌエレ2世が王位に就いた。イタリア王国は首都をトリノからローマに移し，広大な教皇領を占領，併合する（1870年）とともに，オーストリアやフランスが教皇側に立ってイタリア問題に介入することを阻止した。この措置に教皇庁は強く反発し，教皇はバチカンに引き籠もり，イタリア王国と対立する状態が長く続いた。

　20世紀に入り，ムッソリーニ政権の誕生を機に，両者の関係は改善を見た。首相ムッソリーニとローマ教皇ピオ11世の枢機卿ガスパリは，イタリアにおけるカソリック教会の特別な地位を保障すること，教皇庁が教皇領を放棄する代わりに，イタリア政府がバチカンを独立国家として承認することで合意が成立し，1929年2月ローマのラテラノ宮殿「法王の間」においてラテラノ条約が締結された。この和解によって，バチカンは世界最小の独立国家として59年ぶりに主権を回復した。バチカン市国の誕生である。

● 最小国家のプロフィール

　イタリアの首都ローマの北西部に位置するバチカン市国は，12億人ともいわれるキリスト教カソリック信者のいわば総本山であり，サンピエトロ大聖堂を中心に，その前のサンピエトロ広場，システィーナ礼拝堂，教皇庁，図書館，美術館，絵画館，ピオ4世の別荘，知事官邸等の建物とその周囲の新旧二つの庭園から成り立つ。一般の観光客が入ることができるのは，サンピエトロ広場とサンピエトロ大聖堂，それにバチカン博物館の周辺に限られる。有名なミケランジェロの天井壁画「最後の審判」が描かれているシスティーナ礼拝

堂も，バチカン博物館の見学コースに含まれている。その全面積は44haで，皇居の約1/3（東京ディズニーランドの約8割）。国全体が世界遺産に登録されている。主権者（統治者）は教皇で，教皇庁の最高責任者は国務長官（枢機卿）が務めている。ちなみにバチカンが教皇の居場所となったのは，古代ローマ時代のラテラノ宮殿，フランスのアビニョン捕囚を経て，1377年からのことである。

現在，バチカンの人口は約830人。バチカン市民の大部分は教皇に仕えるカソリックの修道者で，城壁の中で生活している。彼らとは別に教皇庁で働く一般職員は3000人程度，皆市外からの通いである。バチカンに軍隊はないが，バチカンが神聖ローマ帝国軍に攻められた「ローマ掠奪」の時（1527年），スイス人傭兵が身を挺して教皇を守り通した故事から，今もスイス人のカソリック信者が出向き，カラフルな制服を身につけて衛兵としてバチカンを守っている。但しこれは儀礼・儀仗のもので，実際の警備はイタリア国家警察が当たっている。

独立国家として，外交活動も行っている。バチカンは約180か国の大使を受け容れ，バチカンからも外交使節を派遣している。但し中国や北朝鮮とは外交関係がない。バチカンは欧州圏で唯一中国を承認せず，台湾と外交関係を維持している国である。国連には，投票権のないオブザーバーとして参加している。バチカンの公用語はラテン語だが，外交用語はフランス語，日常業務にはイタリア語が使われている。

●反共勢力としてのバチカン

話を歴史に戻そう。やがて第2次世界大戦が勃発，バチカンは第1次世界大戦の時と同様に中立の立場を採るが，ナチスドイツがポーランドを併合した際，ドイツ人聖職者がポーランド教会を統制下に置いたことに時の教皇ピウス12世（在位1939～58年）は抗議せず，ポーランドを見捨てたと批判された。またヒトラーによるユダヤ人迫害に多くの司祭や地方教会の関係者が抗議，抵抗し，強制収容所に送り込まれた聖職者も相次いだが，教皇はこの問題でもナチスに抗議声明も出さず，さらに独ソ戦が始まると，バチカンは間接的ながらもナチスを応援し，その勝利を願ったとさえいわれる。それゆえ，ピウス12世は"ヒトラーの教皇"との非難を浴びた。彼がナチス親派と受け止められたのは，もともとカソリックが反ユダヤ主義の傾向を持っていたこともあるが，全体主義のファシズムやナチズムよりも共産主義の脅威をより重大視し，ソ連に対抗できる勢力としてナチスの存在を必要悪と考えていたためである。

戦後，バチカンは過去に反ユダヤ主義的であったことを自ら認め，ユダヤ教徒との和解に乗り出すが（第2バチカン公会議：1962～65年），冷戦の下，アメリカへの情報提供など西側陣営と歩調を合わせ，引き続きバチカンは反共主義の牙城として振る舞った。その後，米ソ対立が手詰まりの様相を深めるや，バチカンは全欧安保協力会議の開催やベトナム戦争の休戦等東西の緊張緩和実現にも水面下で関与している。かように教皇の政治・社会的な影響力は大きく，バチカンを巡り各国の政治情報活動も古くから行われている。ム

ローマ中心部とバチカン市国

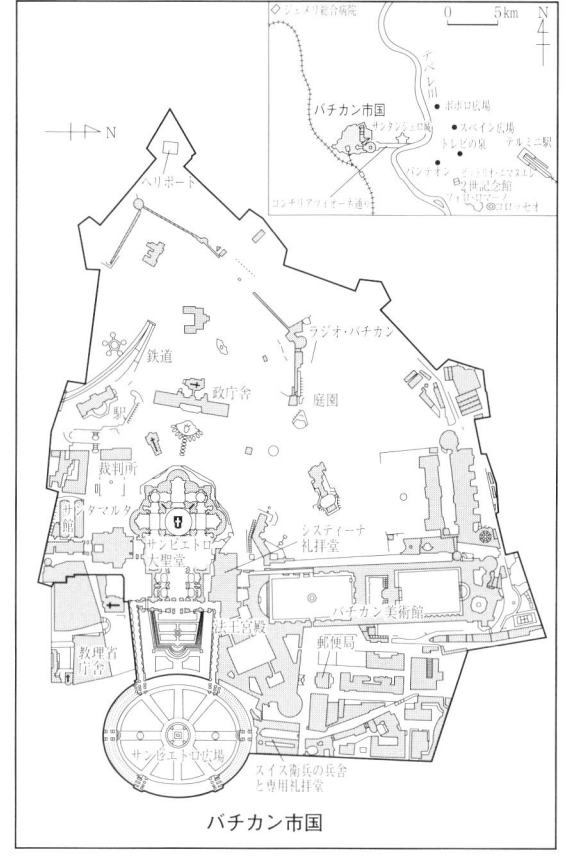

(出所) 郷富佐子『バチカン』(岩波書店, 2007年)。

ッソリーニはバチカン市国の暗号票を手に入れ無線を傍受していたし、冷戦時代には東欧の情報機関が教皇庁国務長官の机上にあるマリア像に精巧な盗聴器を仕掛けたこともある。

● 教皇の急死と暗殺未遂事件

　バチカンは莫大な資産の運用を行っており、時にマネーロンダリングに関わるスキャンダルや風聞も取り沙汰されてきた。ラテラノ条約でムッソリーニはバチカンに免税を認めたが、後にこの特権が取り消されてしまった。そのため教皇ヨハネ・パウロ6世（在位

1963～78年) はイタリア国内に保有する全株式の海外移転の検討を命じるが，この計画を巡り，バチカン銀行 (正式名称は「宗教事業協会」) の総裁マルチンスク大司教やバチカン資金の調達や運用の窓口となっていたアンブロシアーノ銀行のロベルト・カルヴィ頭取，さらにはマフィアや秘密結社も関与し，マネーロンダリングや不正融資，横領が繰り返されたと噂された。

パウロ6世が死去し，1978年にヨハネ・パウロ1世が次期教皇に選ばれた。彼はこうした闇の部分にメスを入れ，バチカン銀行の改革を推進しようと考えていたが，教皇就任からわずか33日後に急死を遂げる。パウロ1世はベッドの上で死亡しているところを発見されたが，マルチンスク大司教更迭などバチカンの人事改革を断行する矢先の死であった。死因は心筋梗塞による病死と発表されたが，その後，13億ドルの不良債権を抱えてアンブロシアーノ銀行は破綻，外為法違反等の容疑で逮捕されると察した頭取のカルヴィはロンドンに逃亡したが，82年6月，テムズ川にかかるブラックフライヤー橋に吊るされているのが発見された。当初は自殺とされたが，後にマフィア関係者ら5人が殺害容疑で起訴された (後に被告全員無罪の判決を受けた)。マルチンスク大司教にも逮捕状が出たが，バチカンは不正行為を知らなかったとして総裁の身柄引き渡しを拒否した。真相は今日も謎に包まれているが，映画「ゴッドファーザー PART Ⅲ」がヨハネ・パウロ1世の急逝やカルヴィ暗殺事件を取り上げ，大きな話題になった。1992年に国営企業の民営化に絡んで巨額の贈収賄事件がイタリアで持ち上がった際も，バチカン銀行がマネーロンダリングに利用されたとして大きな問題になっている。

さて，パウロ1世の後を継いだヨハネ・パウロ2世 (在位1978～2005年) は前任者とは対照的に，バチカンの内部改革には一切手をつけなかったが，国際政治の分野で大きな力を発揮した。当時再び東西の関係が悪化し，パウロ2世の母国ポーランドでは民主化運動が活発化していた。ソ連の軍事介入が懸念される中，パウロ2世はポーランドを訪問する。ポーランドは国民の98％がカソリックだが，教皇の同国訪問は史上初で，共産圏への訪問も前例のないことであった。教皇はカソリック信者を激励するとともに，自由や信仰のない社会主義政権を暗に批判する演説を行った。その結果，カソリック教会と反体制派勢力の連携が実現，またパウロ2世はアメリカのレーガン政権とも協力関係を持ち，自主管理労組連帯を軸とするポーランド民主政権の誕生や東欧改革に途を開き，冷戦を終焉に導いた。

だが，そうした政治的な行動に対する反発も生まれ，1981年5月13日，パウロ2世はサンピエトロ広場で狙撃され，重傷を負った。この日はファティマに聖母マリアが出現した記念日で，教皇暗殺未遂がファティマ第3の予言であったことをバチカンは後に公にしている。逮捕された犯人は共産主義者のトルコ人で，「教皇殺害の司令はブルガリアのソ連大使館から出た」と証言したこともあり，ソ連のKGBや東欧の情報機関の関与が噂されたが，真相は不明のままだ。

●ベネディクト16世からフランシスコへ

　2005年4月，ベネディクト16世が第265代教皇に選出された。歴代教皇の出身国は圧倒的にイタリアが多いが，彼は実に900年ぶりとなるドイツ出身の教皇であった。ベネディクト16世は教義論争では強固な保守派の論客で，避妊，中絶，女性司祭禁止を貫いた前任者ヨハネ・パウロ2世の良き補佐役であった。しかし内向的な性格で，神学研究に没頭する学者肌の教皇のため交友関係も狭かった。また少年時代にナチスの青年団（ヒトラーユーゲント）に参加していたことや，聖職者による男子児童への性的虐待を知りつつ断固たる処置を取らなかったことが批判された。

　さらに2012年には，バチカン内部の情報が外部に漏洩する事態（ヴァチリークス事件）が発生。ベネディクト16世の机上から持ち出されコピーされた私的文書が流出し，バチカンの国務長官（首相）タルチジオ・ベルトーネ枢機卿や，教皇の失脚を狙ったものと噂された。ベルトーネ枢機卿はベネディクト16世の側近だが，性格は教皇とは対照的で，いわゆる俗物。バチカンの権力者で，バチカン銀行のマネーロンダリングにも関与しており，バチカン財政の不正と無駄遣いを解明したカルロ・マリア・ビガノ大司教を解任する等権力の濫用と私物化の批判が絶えない。文書を外部に漏洩した犯人は教皇の元執事であったことが判明，逮捕から1週間後にバチカン法廷で禁固1年半のスピード判決が言い渡され，教皇が恩赦を与えて事件は幕とはなったが，騒動の渦中でバチカン銀行の総裁が突然解任されている。バチカン内部の腐敗と凄まじい権力闘争の存在を窺わせる事件であった。ベネディクト16世自身がスキャンダルに直接関わっていたわけではないが，有効な対策を講じず何もしなかったことは事実だ。

　相次ぐ騒動に疲れたベネディクト16世は，2013年2月に生前退位した。生前退位は600年ぶりという異例の出来事であった。翌3月のコンクラーベで，1300年ぶりにヨーロッパ以外から，しかもラテンアメリカ出身者として初めてフランシスコが第266代の教皇に選ばれた。新教皇を選出する選挙はコンクラーベと呼ばれる。システィーナ礼拝堂で行われ，80歳以下の枢機卿約100人程の中から，投票総数の2/3プラス1票を獲得した者が新たな教皇となる。次期教皇が決まれば白い煙，決まらなかった場合は黒い煙が出される。今回のコンクラーベに参加した枢機卿のうちの約1割が，児童への性的虐待問題の隠蔽に関わった人物として実名で告発されている。カソリックの闇は深い。

　さて新教皇フランシスコは，イタリア系移民の子としてアルゼンチンで生まれた。移動にも公共機関を使う質素な庶民派，そしてサッカー好き。フランシスコがまだベルゴリオ枢機卿であった頃から，聖職者が教会の外に出て市中の人々の声を聞くことの大切さを訴えてきた。第2バチカン公会議が行われた当時は，バチカンにもオープンな雰囲気が生まれたが，その後，保守派の反動が進み，新たな時代の潮流に積極的に取り組む意識が後退しているといわれる。教皇就任から間もない2013年4月，フランシスコはバチカン改革のため7人の枢機卿からなる諮問委員会を設置，10月には先のベルトーネ枢機卿を辞任させた。さらに14年1月にはバチカン銀行を監督する枢機卿委員会のメンバーを大幅に刷新し，

かねて不透明な運営が指摘されてきた同銀行の改革にも乗り出した。種々のスキャンダルに揺れ，また保守化が顕著な教皇庁に新教皇が新風を吹き起こし，バチカン，ひいてはカソリック世界の改革を進めることができるかどうか注目が集まっている。

●参考文献
大澤武男『ローマ教皇とナチス』(文藝春秋社，2004年)。
郷富佐子『バチカン：ローマ法王庁は，いま』(岩波書店，2007年)。
ジャンルイージ・ヌッツィ『バチカン株式会社』花本知子他訳(柏書房，2010年)。
ディビッド・ヤロップ『法王暗殺』徳岡孝夫訳(文藝春秋社，1985年)。
秦野るり子『バチカン：ミステリアスな「神に仕える国」』(中央公論新社，2009年)。
ベルナール・ルコント『バチカン・シークレット』吉田春美訳(河出書房新社，2010年)。
松本佐保『バチカン近現代史』(中央公論新社，2013年)。

終章　冷戦とヨーロッパ統合，そして新たな覇権闘争へ

1　ヨーロッパ覇権時代の終焉

　ドイツが起点となった2度の世界大戦（1914～45年）は，第2次三十年戦争と呼ぶことができる。第1次三十年戦争（1618～48年）を機にウェストファリアシステムが誕生し，主権国家をアクターとする覇権闘争の構図が明確化していった。それから3世紀の後，再びドイツを発火点に世界大戦が勃発，この戦争の結果，ヨーロッパの力は大きく後退し，主権国家体制の限界も明らかとなった。そして20世紀後半，世界はヨーロッパの東西外縁部に位置するアメリカとソ連を対立軸とする"冷戦の時代"を体験する。覇権闘争のアクターはそれまでの欧州列強から欧州域外の国に移動したが，海洋国家（アメリカ）と大陸国家（ソ連）のヘゲモニー争いという性格はそれまでの覇権闘争と変わるものではなかった。一方，世界政治における覇権的地位を失ったヨーロッパでは，第1次三十年戦争で自らが編み出した主権国家の枠組みを乗り越え，国家統合も視野に入れた国家間協力の推進や地域協力機構の整備・強化によって3度の大戦を防止する（不戦共同体の構築）とともに，米ソの両大国に対抗し得る第3の勢力圏構築に向けた動きを強めていった。その原動力となったのは，かつての宿敵ドイツとフランスの連携であった。

　さて，国境を越えた協力が西ヨーロッパで重ねられる中，米ソの対立は激しい軍拡競争を招いた。1950年代に入ると，ソ連は核開発でアメリカに追いつき，さらに50年代後半にはミサイル技術でアメリカを凌ぐ程の勢いを見せた。だが1962年に起きたキューバ危機では，アメリカの圧倒的な海軍力の前に後退を強いられてしまう。この屈辱を機にソ連は以後，ゴルシコフ提督の指導の下，急ピッチで海軍力の整備強化に取り組むようになる。その結果，1970年

代後半になるとソ連海軍は外洋展開能力を獲得し，武器支援などを通して東南アジアや中東，アフリカなどに相次いで親ソ政権を打ち立て第三世界での影響力を拡大させただけでなく，その厖大な潜水艦部隊はアメリカや西側諸国のシーレーンを脅かすようになった。だが，軍事偏重の政策は社会資本整備の遅れや深刻な経済の生産性低下を引き起こさずにはおかなかった。それにも拘わらずソ連はブルーオーシャンネイビーの整備に加えて核戦力の増強を続け，さらにアフガニスタンを侵略，大規模な地上兵力を送り込み長期の軍事作戦を展開したため，軍事費負担の重圧は益々国民経済に重くのしかかった。

　事態を改善すべく登場したゴルバチョフは，ペレストロイカと呼ばれる経済改革に乗り出した。しかしそれまで国民の自由を抑圧し，情報を統制する閉鎖社会であったこの国で，経済に留まらず，一挙に政治や思想の自由を認め，さらには情報統制を解き外部世界との接触もオープンにしたことによって，民主化を求める市民の勢いは雪崩を打って共産党独裁の体制に襲いかかり，驚くほどの早さでソ連は崩壊した (1991年)。[1]

　かくてアメリカを中心とする海洋勢力が冷戦に勝利し，自由貿易体制を基本とする資本主義システムがグローバルなスタンダードとなる。だが21世紀に入ると，改革開放政策による目覚ましい経済成長を基盤に，急速に国力を高めた中国がアメリカの覇権と世界支配の体制に挑戦を始める。ソ連に代わる新たな大陸勢力中国が名乗りを上げたことで，グローバルヘゲモニー闘争の主戦場もヨーロッパ・大西洋からアジア・太平洋へと移り行くことになった。

2　統合ヨーロッパの時代

●シューマンプランとECSC

　第2次世界大戦の惨禍は，ヨーロッパの人々に国家間協力の必要性を強く認識させた。その口火を切ったのが英国のチャーチルだった。チャーチルは1946年，スイスのチューリッヒで欧州合衆国 (United States of Europe) 創設を提唱した。世界が米ソの2大陣営に支配され，ヨーロッパがそれに埋没することを強く危惧したチャーチルは，過去再三にわたり戦争の原因となったドイツとフランスの和解こそがヨーロッパ復興に必要であることを強調し，分裂した

国家中心主義（state centricism）に深い反省を求めた。彼の訴えは大きな反響を呼び，第1次世界大戦後力を得たクーデンホフ・カレルギーの汎ヨーロピアン運動を蘇生させ，シューマンやスパークらの統合論者にも刺激を与えた。

そして仏外相ロベール・シューマンは，ベネルクス関税同盟を母体に仏独両国の石炭・鉄鋼生産の全てを管理する超国家的機構の創設を提案した（1950年）。このシューマンプランは，ジャン・モネが唱えた仏英政治連合構想（1940年）を礎に，基幹産業の国際協力を通してヨーロッパ地域に不戦共同体を形成しようとするものであった。同プランは各国から好意的に受け止められ，1951年に欧州石炭鉄鋼共同体設立条約（パリ条約）が調印され，翌52年には仏，西独，伊，ベネルクス3国の6か国で構成される「欧州石炭鉄鋼共同体（ECSC: European Coal and Steel Community）」が活動を開始した。超国家機関の創設で国家主権が束縛されることを恐れた英国は，参加を見合わせた[2]。ECSCの設立により石炭と鉄鋼の共同市場が発足，石炭・鉄鋼の生産・販売は加盟国政府の手を離れ，アルザス・ロレーヌ，ルール地方の帰属を巡る長年の独仏対立は解消に向かう。ECSCの誕生は欧州統合に向けた第一歩となり，58年には欧州経済共同体（EEC）及び原子力共同体（EURATOM）が発足，さらに67年にはECSC，EEC，EURATOMを統合した欧州共同体（EC）へと発展する。

● **アデナウアーとパリ・ボン枢軸**

第2次世界大戦後，連合国に占領されたドイツは冷戦激化の過程で東西に分裂。1955年には米英仏3か国との間で占領終結等をうたうパリ条約が発効し，西独は主権を回復した。当時西独国内では，西側との結びつきを強めるべきか，共産圏との融和を進め東独との再統一を優先すべきかを巡り，アデナウアー政権と野党社会民主党の間で激しい論争が繰り広げられた。アデナウアー首相は，ドイツの再統一は当面不可能であり，西独はまず自由世界の一員として政治軍事的に西側諸国との関係を深め，西独が西側陣営に組み込まれることで，ソ連との間にも再統一問題について交渉可能性が生まれるとの立場を堅持した。西独の大衆が彼の親西側路線を支持した結果，アデナウアーの与党キリスト教民主社会同盟が長期政権を担当した。西欧諸国との和解を目指す際，数世代にわたり激しい抗争を展開してきた宿敵フランスとの関係改善こそがその大前提と

いうのがアデナウアーの信念だった。戦前ケルン市長を務めたラインラント出身のアデナウアーは親仏派であり，こうした彼の姿勢が戦後ドイツの対外政策を強く規定することになった。

そして50年代末期，フランスでド・ゴールが再び政権を担当するや両者は急速に接近，ド・ゴールが政権に就いた58年からアデナウアーが引退する63年までの5年間に，二人は13回の首脳会談を行う等強固な関係を構築し，63年には独仏友好協力条約（エリゼ条約）が締結された。この条約では，すべての重要な外交問題について両国首脳が定期協議を開催し，可能な限り同一方向の行動を採ることが明記された。対立と敵対，それに脅威感が支配していたフランス国民の対独意識が和解と融和，さらに協調へと大きく変化したのは，アデナウアーとド・ゴールによるパリ・ボン枢軸が機能した60年代前半のことであった。[3] そして欧州統合という巨大プロジェクトを支えたのも，この独仏の協調関係にほかならない。アデナウアーとド・ゴールが去った後，パリ・ボン軸を支える役目はヘルムート・シュミットとジスカール・デスタンが担った。この独仏の信頼関係を基に，フランスが欧州統合に向けてヨーロッパ政治の主導権を握り，ドイツがこれに従い経済力でフランスを補完するという構図が定着していった。

●ドイツ再統一とヨーロッパの政治統合

1970年代後半～80年代にかけて，ヨーロッパは通貨危機や石油ショックに伴う欧州各国の景気低迷やインフレ，先端技術や商品開発での日米に対する遅れ等が重なり，"ユーロペシミズム"が支配する重苦しい時期を迎える。そのような閉塞感を打破すべく，80年代に入りジャック・ドロールの尽力によって，市場統合に向けた動きが本格化する。また80年代も後半に入ると，ゴルバチョフの登場と東欧改革を契機に，東西冷戦の構造は崩れ始める。そして1989年，米ソ首脳によるマルタ宣言で冷戦の終焉が告げられ，半永久に存続するかと思われたベルリンの壁も瞬時に崩れ，誰しも予想しなかった東西ドイツの再統一が具体的な政治日程に上った。しかし，ドイツ再統一はEC内の政治力学を大きく変えることになる。ECは独仏英伊4か国の力が拮抗し，バランスが取れていた。それが統一ドイツの出現で，ドイツが突出した存在となり，

それまでの均衡を崩しかねない状況が生まれたのだ。しかもこの国は、2度も世界大戦を起こした過去がある。中欧ドイツの復権に対する不安と懸念を打ち消すためには、"ドイツをECの枠組みに繋ぎ止めておく"ことが不可欠であり、それにはECの政治統合を急ぐ必要があった。これがミッテラン仏大統領の描いたシナリオだった。戦後における欧州統合の掛け声は、ヨーロッパの結束という建前や理念（顕教）だけではなく、実はドイツの強大化に対する処方箋という別の一面（密教的側面）があることも忘れてはならない。

　一方、早期に再統一を果たしたい西独の側も、この枠組みを受け容れた。統一実現には他の欧州諸国の警戒心を解く必要があると判断したコール首相は、"欧州統合という枠組みの下での再統一"という方針を掲げ、これまでの独仏関係を礎に、ヨーロッパの政治統合に積極的に協力する姿勢を取った。こうして80年代後半から90年年代初頭にかけて、通貨統合とともに政治統合のプロセスも一挙に早まり、マーストリヒト条約の発効を受け93年にはECがEU（欧州連合）へと発展、ドイツも90年秋には悲願の再統一を平和裡に実現した。

3　ポスト冷戦とヨーロッパ世界の変質

●強まるドイツの影響力

　しかし、欧州統合や再統一の過程を通して西独はその経済力を梃子に政治的発言力を強め、独自の行動も目立ち始める。例えば、再統一を決定づけたスタブロポリでの独ソ首脳会談（90年7月）の際、コール首相は他国との協議や連携、事前調整を欠き、ゴルバチョフに訝しがられた。再統一後も、ドイツの突出気味の外交政策が問題を引き起こした。91年、ユーゴ連邦を構成する6共和国のうちスロベニア、クロアチア両共和国が連邦からの独立を宣言した。これを認めれば、ユーゴの分裂、ひいては民族紛争の激化や内戦勃発に至るのではと欧米各国は懸念したが、統一ドイツは早々と両共和国の独立を承認、EUやアメリカもこれに引き摺られる格好で承認に踏み切った。結果、ユーゴは分裂、ボスニア・ヘルツェゴビナやコソボでの泥沼の民族紛争に繋がっていった。旧ユーゴの分裂とその後の内戦を招いた責任の一端はドイツにあるといえる。統一前、西独の対外政策は極めて慎重で、常にフランスの後を追いかけ、アメリカ

や国連の意向を踏まえたうえで行動してきた。スロベニア，クロアチアの承認は「ドイツ外交が1949年以来，初めて一人歩きした」(『シュピーゲル』)ものと評されたが，ドイツとの歴史的絆が深い地域であることを勘案しても，再統一前のドイツからは想像できない突出ぶりだったことは間違いない。またドイツは各国との激しい競争を制し，欧州通貨機構 (EMI) や欧州中央銀行 (ECB) のフランクフルトへの誘致に成功した。これは，EUの重心が東へ移動し始めたことを象徴する出来事であった。

　仏独関係は，戦後におけるヨーロッパの和解，そしてヨーロッパ統合を進める重要な機軸だった。また両国は，ソビエト帝国という共通敵の存在によって結ばれてきた。しかし，冷戦は終焉した。再統一には他の欧州諸国の同意と支持が不可欠であったが，一つとなったドイツにそうした足枷もなくなった。予想を超える早さで再統一を果たし，8000万人の人口と欧州一の経済力を誇る大国が中欧に出現したことは，近隣諸国のドイツへの警戒心を高めずにはおかなかった。統一ドイツは，たとえ経済大国ではあっても政治的には小国として振る舞うという従来のパターンを放棄し，政治的な指導力を発揮し始めている。自らがヨーロッパの中枢に位置していることへの自覚が強まっているからだ。

　EU予算全体の30％を負担し，他の加盟国を大きく引き離しているドイツは，EU拡大の牽引役として，その東方拡大でも強いイニシアティブを発揮した。中・東欧は元来ドイツ文化圏に属し，歴史的にも民族的にも深い関わりを持つばかりか，EU原加盟国でこれら地域への経済的関与が一番深いのもドイツだ。中・東欧地域は投資市場として，あるいは低賃金ゆえに企業の進出先としても魅力的であり，ドイツが東方拡大に熱心になるのは必然であった[4]。だがこの拡大によってEU，そして欧州政治におけるドイツの発言力はさらに強まり，それがドイツに対する周辺諸国の不安や警戒心を一層強めることにもなった。

　そもそも欧州統合事業は独仏の和解が目的の一つであった。またフランスにとって統合政策の推進は，自らのパワーと影響力を高めるための手段でもあった。しかるに今日，フランスの政治・経済エリートたちは，フランスの行動がドイツの利益を一方的に促進しているのではないかとの懸念を抱くようになった。フランスが自国の政治的発言力を誇示し，かつドイツを抑えるための施策であったはずの統合事業が，いまや逆に統一ドイツの影響力拡大，そしてフラ

ンスの相対的な影響力低下を招く政策となりつつあるからだ。再統一後のドイツも，基本的には西欧諸国との協調や欧州統合推進の枠内で行動している。だが，フランスが主導権を握り，ドイツがそれに従い，経済でフランスを支えるパリ・ボン枢軸の構図（フランス：主，ドイツ：従，フランス：政治，ドイツ：経済）は既に崩れ，納得できない事案に対して明確に「ナイン（ノー）」と言い放つドイツの姿勢が目立つようになったことも事実だ。債務危機に苦しむギリシャなど南欧諸国救済の処方を巡っても，緊縮を柱とするメルケル首相の強い意向がEUの政策に色濃く反映されたことは記憶に新しい。EUの東方進出は，必然的に中欧（ミッテルオイローパ）を掌握するドイツの台頭を招来する。経済的にも，そして政治的にも力をつけたドイツが，EUのあり方や政策に強い主導権を発揮する場面を我々は今後繰り返し目にすることになろう。EUの権限と影響力の強化を求めるメルケル首相の発言は，他国には「ドイツの権限と影響力の強化」を求める主張に聞こえる。ユーロ圏の経済危機を奇貨として，ドイツが欧州支配と第4帝国の建設を目論んでいるとの非難さえ聞こえ始めている。その中でドイツ脅威論の伸張や統合事業を巡る意思決定の不協和を顕在化させないためには，欧米間協力も含めEUやNATO等広域欧州の枠組みを強化し，その中にドイツを取り込む以外に方法はない。言い換えれば，EUは地理的空間的な拡大に留まらず，その機能的垂直的な拡大強化を並行的に進めねばならないということである。

●英国：特別関係と国家主権への拘泥

2度の世界大戦で疲弊し，さらに戦後多くの植民地を喪失し，覇権国家の地位を完全にアメリカに譲り渡した英国は，冷戦下，NATOの一員として西欧防衛体制に加わるとともに，「特別関係（special relationship）」と呼ばれるアメリカとの協調関係を外交の基本に据えている。そもそもNATOの枠組みを立ち上げ，欧州防衛にアメリカを招き容れたのも英国の役割が大きかった。またアメリカとの特別関係を軸に，ともすれば対立しがちな米欧の橋渡し役を任じている。ヨーロッパの大戦に2度もアメリカを引き込み，その圧倒的な軍事力によってドイツの野望を阻止したのは自らの功績だと英国は自負しており，いまもこの国には潜在的な対独警戒心が相当に強い。もっとも，"橋渡し役"と

いう言葉からも窺えるように，英国及び英国民は自らをヨーロッパの一員とは見なさず，「ヨーロッパと英国」という並立的な捉え方をするのが常である。「ヨーロッパに位置していても，ヨーロッパには支配されない(In Europe, Not run by Europe)」といった標語がポピュラーな国柄なのである。発足当初EECには加わらず，敢えて独自のEFTAを創設したり，EUの中にあってもオプトアウトを発動しユーロ不参加を決定する等英国は欧州統合の動きには常に一線を画してきた。

　こうした姿勢は，この国の外交政策と深く関わっている。近世以来，英国の対欧州政策は勢力均衡の原則が貫かれてきた。大陸のどの国とも同盟関係に立たず，覇を唱える強国が出現した場合にはその抑制に動き，英国への圧迫を回避するという外交で，大陸情勢から超然とし続けてきた。サッチャー政権がドイツの再統一に反対姿勢を取ったことも，このような発想がいまも英国政治の根底に生きづいていることを物語っている。17～18世紀，ブルボンとハプスブルクが大陸における覇を競った際，その間に介在しつつ両者を競わせることで大陸を支配する一大覇権国家の出現を阻止するとともに，自らは海外での植民地支配を確立した。仏革命にあたっては対仏大同盟を主導し，革命思想とナポレオンの覇権獲得を阻んだ。さらに第1次大戦後はフランスを牽制するためにドイツの復興を助け，これが結果的にナチスの台頭に手を貸すことになった。

　国家の枠を越えた統合や地域協力が不可避となっている今日，バランスオブパワーの政策は欧州協力を遂行するうえで相応しいものとはいえまい。だがこの国の伝統ゆえに，覇権大国の座を失ったからといって，大陸諸国との緊密一体化には躊躇するものがあり，ライバルであるフランスの風下に立ちたくないという思いもそこには働いている。そのフランスが主導権を握っているから，欧州統合の事業にも二の足を踏むのだ。いま一つ，この国が欧州統合に背を向ける背景には，連邦制への懐疑と国家主権への強い拘り，それに自由主義重視の思想がある。チャーチルが欧州合衆国の構想を掲げながら，超国家機構の創設に消極的な英国はECSCには参加しなかった。サッチャーも一貫して国家主権の尊重という姿勢を前面に押し出し，政治的統合どころか通貨統合にも強く反対し，EC加盟諸国との溝は深まった[5]。

　ブレア政権はこうした保守党の姿勢を修正し，親欧路線を打ち出した。だが

イラク戦争に際しては,攻撃に反対する独仏等他の欧州諸国と一線を画し,ブッシュ・ジュニア政権を強く支持しアメリカと行動をともにした。またユーロへの参加等具体的な統合施策となると,その動きは極めて鈍いものに終わった。ポンドの放棄は国家主権の喪失であり,EUの東方拡大は統一ドイツの影響力をさらに高めるとして,これに警戒的な声が依然英国には強いからだ。英国の考えるEUの将来像と,仏独のそれとは大きく異なっている。仏独が欧州統合をさらに進め,最終的には連邦制の構築も視野に入れようとしているのに対し,超国家の出現をあくまで否定し,外交安保,租税,社会政策等の決定に際して拒否権の維持に拘り,統合の進展に距離を置こうとするのが英国流だ。欧州憲法条約の草案審議の過程でもこうした認識の差異が表面化した。さらにギリシャに端を発したユーロ危機にあたっては,通貨統合に終始抵抗したサッチャーの判断がやはり正しかったとの受け止め方が英国には強く,数ばかり増え応分の責任さえ負えないそれら諸国の救済に足元をすくわれるだけのEUから離脱すべしの議論が声高に叫ばれている。

　しかし,離脱や統合に後ろ向きの姿勢を続けるだけでは,ヨーロッパにおける英国の発言力は益々低下するばかりだ。共通通貨から排除され続けることが,英国産業に大きなマイナスとなることは疑いない。また旧東欧を自国の経済圏に組み入れたドイツが近々欧州大陸でさらに圧倒的な力を揮う事態も想起されるが,アメリカとの特別な関係に頼るだけで,EUの枠外か,あるいは枠内にいながらも距離を置いた形で欧州統合の動きを牽制し大陸を揺さぶるという従来通りの戦法で,そうした状況の出現に巧く対処できるものかどうか。むしろ英国もユーロに加盟し,また欧州統合の先導役を積極的に努め,組織の内側に立ってEUがドイツ一色に染まるのを防ぎ,ヨーロッパの将来を自らの目指す方向に差し向ける方が好ましいのではあるまいか。虎穴に入らざれば虎児を得ずの例えだ。ここが,この国にとって正に思案の為所だ。大陸から背を向けるのではなく,ヨーロッパの地域協力に積極的に貢献し,かつ欧米の仲介役として重要な役割を担いつつ,どうすれば自国のアイデンティティと影響力を保持し続けていくのか,21世紀の英国に課せられた重要な課題である。

● **新たな課題，新たなるヨーロッパへ**

　ポスト冷戦の時代に入ったヨーロッパでは，EUが空間的垂直的な拡大を続け，主権国家を乗り越える様々な営みが続けられている。その反面，新たな問題も多く抱えるようになった。キリスト教共同体としてのEUがイスラム世界やマイノリティと如何に共存を果たしていくか（移民，宗教，文化政策等），国家・主権に対する尊厳意識と国家を越える新たな共同体への忠誠意識及び両者の関係，あるいは急激な地理的拡大がもたらしたヨーロッパアインディティの空洞化危機等々である。ドイツとフランスが，今後EUの運営を巡りどのような関係に立つのかという点にも関心が集まっている。フランスにおけるEU推進派の本音が，ドイツの強大化を"ヨーロッパ"という共通の家に包み込むことにあるとすれば，ドイツの本音は，統合欧州の枠組みに収まりつつ実質的にドイツの影響力拡大を図ることにある。双方の思惑のズレを如何に調整し，国家統合に向けて止揚させられるか。ポストウェストファリアシステムの行方を左右する，ヨーロパ文明史的な課題でさえある。

　さらに，これまで地域統合に一線を画してきた英国が，いつまでそのような政策を堅持し，あるいは堅持し続けることができるのか，という問題もある。大陸国家ドイツ主導のEUとなる中，海洋国家英国は，米欧2大勢力の狭間で沈むのか，逆に大西洋関係を軸に欧州政治の主導権を握ることができるのか，英国と大陸ヨーロッパの関わり方も，ヨーロッパの将来を左右する大きなファクターである。

4　21世紀覇権の構図：米中対決の行方

● **覇権闘争の史訓**

　繁栄する国もやがては衰退する。入れ替わるように，権力や富とは無縁であった国が新たな覇権国家として台頭を遂げ，栄華の時代を迎える。地理的環境や自然条件，国民性等々国家の発展にとってそれまでは負の要因であったものが，時の流れの中で一転，躍進の要因へと変化する。そのような時代の変化を敏感に感じ取り，ハンデを逆にアドバンティジとして活かすことに成功した国が，新たな覇権国家の座を占めるのである。しかし，権勢をもたらした正の要

因も何時しか負の要因に変化し，次の覇権国家にその地位を譲る時が必ず訪れる。歴史とは，そのような覇権国家変遷の繰り返す過程にほかならない。

　第2次三十年戦争を境に，世界政治のヘゲモニーはヨーロッパ東西の外縁勢力である米ソの手に移った。さらに21世紀に入ると，ソ連を破ったアメリカにアジアの大陸国家中国が挑む構図が強まっている。筆を置くにあたり，現在，世界の関心が集まっているこの米中対決という新たな覇権闘争の行方について考えてみたい。そこで鍵となるのが，過去における覇権闘争の軌跡から読み取ることができる史的法則の存在である。近世ヨーロッパ諸国をアクターとする覇権闘争の経緯は，以下のように纏めることができる。

　法則1　近世～現代における覇権国家は，ポルトガル⇒スペイン⇒オランダ⇒英国⇒アメリカと変遷したが，いずれも交易で栄えた海洋国家である。

　法則2　これら海洋国家に挑んだのは，フランス⇒ロシア⇒ドイツ・日本⇒ソ連といった大陸勢力（除く日本）であるが，いずれも海洋国家との戦いに最終的には敗北を喫している。ある時代に覇権を握っている海洋国家に大陸国家が挑むが，最終的には海洋国家に退けられるというパターンを近世以降の歴史は繰り返しているのだ。ここで目につくのが日本である。日本は本来海洋国家でありながら，ドイツという大陸勢力と組んで英米という海洋勢力に挑戦し，滅んだ。昭和前半期の日本は，大陸問題に深入りし，その過程で海洋国家としての属性を忘れ，またその利点を活かさず，逆に大陸国家然とした行動を重ねたことで自ら墓穴を掘ったのである。

　法則3　大陸国家の挑戦を退けた海洋国家の中には，英国のように再びの覇権を謳歌し得た海洋国家もあるが，大陸国家との戦いには勝利したものの，覇権国家の地位を他の新たな海洋国家に譲った国も多い。オランダやパクスブリタニカ2末期の英国がその例だ。近世以前の世界史を見れば，例えばカルタゴがローマ帝国に滅ぼされたように，必ずしも海洋国家が大陸国家に勝利するとはいえないケースも多い。しかし近世以降は，世界政治のヘゲモニーは海洋国家がこれを掌握し，それに対して力を得た大陸国家がライバルとして出現，海洋国家に負けぬ海軍を整備して，覇権の奪取を企てるが，結局は海洋国家に勝利できずに敗退し，世界の覇権は新たな海洋国家に引き継がれていったのである。ではなぜ近世以降，世界ヘゲモニー争奪のパワーゲームで，海洋国家は大

陸国家に優位し得たのであろうか？　その答えの鍵は、海洋国家に挑戦した大陸国家の行動パターンに隠れているが、その前にまず、海洋国家と大陸国家の拠って立つ環境や属性の違いを整理しておこう。

●海洋国家と大陸国家：戦略論的比較

　国家は、その地理的特徴から海洋国家と大陸国家に大別できる。両者を比較すると、まず海洋国家の利点としては、陸地面積に比して長い海岸線を持ち、他国との経済交流が容易であることが挙げられる。「海洋の秩序は海商秩序である」(マイケル・ハワード)といわれるように、海上運送は陸上運送に比べ安価かつ大量の輸送が可能であり、遠距離になる程その差は大きくなる。しかも他国の領域を通過する必要がなく遠国との交易も可能となるため、通商貿易が盛んとなりやすい。また遠距離地域との交流を通じて多くの文明や情報に触れる結果、進取の精神や開放的な文化、国民性が生まれやすいのも海洋国家の特性の一つである。さらに近世に入り、海洋国家が大陸国家を凌ぐようになった大きな要因として、大陸国家に比べフロンティアや海外植民地の獲得が容易であったこと、周囲を海で囲まれているか、国境を接する国が少ないため守り易く攻められ難いことが指摘できる。

　特に後者のおかげで、海洋国家は軍事力をはじめとする"権力装置"への投資が少なく、プロテクションレントも安く済んだ。それが投資効率の上昇や経済面での伸長をもたらし、大陸国家に優位する最大のファクターとなった。モンテスキューも『法の精神』において「島の住民は大陸の住民より自由への傾向を持つ。……(島は)海によって大帝国から切り離され、暴政の手も及ぶことがない。征服者は海によって阻止され、島民は征服に巻き込まれず、容易にその法律を執行」できると述べている。大英帝国がナポレオンやヒトラーの侵略を許さなかったのはヨーロッパ大陸との間に横たわるドーバー海峡の存在ゆえであり、パクスブリタニカの実現には、英国がヨーロッパ大陸内部の権力争奪戦に対しフリーハンドの立場を維持できたことが大きく寄与している。西欧諸国の海外進出が可能になったのも、ハプスブルク帝国やポーランドといった大陸国家がモンゴルやイスラム等東方からの脅威を防ぐ防波堤の役目を果たしたからである。

国境を挟んで常に臨戦態勢を強いられる大陸国家とは異なり，紛争の圏外に立って比較的容易に安全保障を確保できる海洋国家の場合，国王など為政者への過度の権力集中やその肥大化を引き起こすことが比較的少なかった。例えばチューダー朝英国の常備軍をフランスのブルボン朝と比べると遥かに貧弱で小規模であった。こうした王権の弱さが近代自由主義や議会制民主主義を生み出す土壌となり，また平和の享受が国内産業の発達を可能にした。民主革命や産業革命が他国に先駆けていずれも海洋国家の英国で発生したことは単なる偶然などではない。

　もっとも，海洋国家でも島嶼国家の場合には，孤立主義の風潮に陥りやすい面があり，アメリカの例が示すように，開戦準備や戦争初期における動員態勢などで遅れを取るケースもある。また権力集中の反映として，大陸国家の場合には壮麗な宮殿や王室の保護の下に華麗な文化芸術が花開く一方，社会矛盾の拡大や抑圧への抵抗を契機に深遠な哲学や思想を生み出すことも稀ではなかった。これに対し権力が分立・自治型で，交易に自らの生存を託す海洋国家の場合，商いには妥協が必要なことから，観念論よりは経験論が力を得，また常識実利的な哲学や思考が発達し，文化芸術面では派手さに欠ける嫌いがある。このことはフランスのベルサイユ宮殿と英国のハンプトンコート宮殿を見比べれば一目瞭然だが，アルファベットという"文字"は残したものの文化は伝えなかったフェニキア，ルネサンスの花開いたフィレンツェと異なり，長きにわたって繁栄したがその末期に至ってティティアーノ，ティントレット，ジョルジオーネなど世俗的な画風が流行ったに過ぎないベニス等々いずれも海洋国家に共通の傾向である。国民性を言い表すジョークとして「英国人の音楽家，アメリカ人の哲学者」がミスマッチの代表として挙げられるのも同類である。

　隆盛を極めるに伴い，海洋国家でありながら自ら先述の利点を捨て，大陸国家同様に領土的野心に取り憑かれてしまうケースがある。これは国家没落を招来する極めて危険な兆候である。古代ギリシャの海洋都市国家アテネでは，その興隆期に当たる紀元前5世紀半ば，宰相ペリクレスが輩出したが，彼は，今のままの繁栄を保ち続け，ライバルスパルタとの闘争にアテネが勝利するためには，あくまでその海軍力の充実に専念し，領土の拡大に乗り出すことの決してないよう強く戒めた。しかし彼の死後，その忠告を無視したアテネは好戦的

なリーダーアルキビアデスの指導の下，無謀にもシケリア（シシリア）への遠征を敢行する。この遠征はアテネ同盟緒都市の相次ぐ離反を招き，惨めな大敗北に終わるのである。その後，ペルシャの支援も受けたスパルタが率いるペロポネソス同盟の軍門に降り，アテネ帝国は解体の運命を辿るが，結局ペリクレスの忠告を守らず領土支配の野望に取り憑かれたことが，この国の没落の端緒となった。ベニスのイタリア本土獲得，さらに，海洋国家として発展すべきところ，南進論と北進論の対立を一本化できず，巨大な陸海両軍を抱え込み，それに引き摺られて国を滅ぼした日本も然りだ。いずれの史実も，海洋国家が大陸に進出する危険性を物語るものだ。

　ところで，海洋国家と軍事力の関係であるが，海軍や海兵隊がその戦力の中心となることは当然だが，海洋国家の場合，兵制面においては志願制，傭兵制を採る国が多い。例えば，ナチスの脅威に対抗するため英国は徴兵制を採用したが（1939年），これがこの国にとって平時初の徴兵実施であり，1960年には従来の志願兵制度に戻している。また軍事力行使の方法についていうと――海という天然の防壁が存在することもあって――なるべく決戦を避け，威嚇や外交的駆け引きを駆使して目的を達成するを良しとする間接的な戦略アプローチを用いる傾向が強い。なお，英国から海洋国家のヘゲモニーを引き継いだアメリカでは，19世紀末アルフレッド・セイヤー・マハン大佐がシーパワーの概念を提唱したが，彼は海洋国家として発展するための重要な要素として①地理上の位置，②地形上の特性，③領土の広狭，④人口の多寡，⑤国民の特性，⑥政府の質の六つを指摘している。

　一方大陸国家の場合，他国と国境を接しているだけにその安全の度合いは海洋国家よりも遥かに低い。三十年戦争によるドイツの荒廃や，度重なる領土分割の憂き目にあったポーランドなどの例はその典型である。常に国家間の緊張を抱え，また各国の複雑な政治工作に巻き込まれる機会の多さから，パワーポリティクスに精通しやすい反面，大陸国家は海洋国家よりも大きな軍事負担を強いられる。覇権を目指す大陸国家が互いに軍備拡充や戦費負担の重圧，それに戦争の惨禍によって共倒れするケースも古今稀ではない。国家の周囲が他国に包囲されているため，海洋国家の如く簡単にその軍事力を遠隔地に展開することもままならず，植民地の獲得や自国領土の拡張を企図する度に隣国と干戈

を交えねばならない。ロシアのピョートル大帝は富国強兵策を推進したが，ポーランド，トルコ，それにスウェーデンという大国に国土が囲まれていたため戦争に明け暮れた。国境戦争を経験することもなく，海外に多数の植民地を築くことができた英国と比較すれば両者の差は明らかである。

　戦略的に見ると海洋国家が外線作戦を採ることが多いのに対し，大陸国家はシュリーフェンプランのように内線の利を活かすケースが多い。また海洋国家の間接的アプローチに比し大陸国家は敵の侵攻を受けてから反撃態勢を取るまでの時間的ゆとりに乏しく，直ちに武器を持って対処せざるを得ないため，常時大規模な陸軍兵力を擁し決戦中心の直接戦略となりがちで，兵制も徴兵制を採用する国が多い。こうした影響で，海洋国家に比較して閉鎖的，独裁的で，軍国主義的色彩の強い社会が多いのも大陸国家の特色である。この点につき，佐藤徳太郎氏はドイツを例に挙げ，次のように述べている。

　「大陸国ドイツは戦争について逃げも隠れもできない立場に置かれている。それは全く切実緊急の一語に尽きる。……ドイツにとって英国のように戦争を対岸の火災視して冷静に対処するような芸当は到底望めない。……あれこれ打算に耽る暇に，まず降りかかる火の粉を払うため，ともかくもホースを握って戦場に駆けつけねばならない。……ドイツは自ら生きんとする限り男らしく戦争と対決せざるを得ない。戦争からの逃避は即生存意志の否定放棄を意味する。彼は戦争を次のように観念する。自然は闘争であり淘汰である。強い者優越する者が自己を貫徹するに引き換え，生きんとする意志の薄弱な者が下敷きにされ押し潰されるのは自然の理である」[7]。

　英国が戦争をあたかも外交の一手段と見なしたのに対し，ドイツはむしろ外交を戦争指導の下僕としたのである。ニーチェが戦争を女々しさ，軟弱さ，不信，退廃などあらゆる悪徳を一掃し去ってしまう，栄光に満ちた事業だと説いているように，ドイツでは戦争が常に自己保存と同義であるため，正当化され，美化されてしまう。近代に入って以降大陸国家がいずれも覇権を握れず，海洋国家に対する挑戦国に終わったのも，結局はこうしたライバル国家間の相互牽制の存在と戦争の惨禍，軍事負担の重圧が足を引っ張ってしまう。そのうえ大陸国家が海洋国家に挑むには，陸海の両兵力を整備しなければならないハンデを背負っている。英国の海洋支配に挑戦したフランスやドイツ，アメリカに対

抗して海軍力の増強に取り組んだが，結局は過大な軍事費負担が原因でアメリカに敗れソ連，また海洋に留まらず大陸への拡大をも志向したスペインなどいずれも同じ運命を辿った。

　要するに，海洋国家は自らの安全や経済的発展を図るうえで，膨大な陸軍兵力の整備に国力を投入する必要が小さいのに対し，大陸国家は国境を接する隣国との関係上，強大な陸軍兵力を維持整備しながら，さらにグローバルな展開を目指し，あるいは海洋国家の支配を覆すためには莫大な国費と人材を投入して海軍力の整備に取り組まねばならなかった。結論めいていえば，大国といえども，強大な陸軍と海軍の双方を同時に保有することが，結局は国力の浪費，軍事費負担の重圧となり，覇権レースからの脱落を招く大きな原因となるのである。世界国家を目指す大陸国家は強大な軍事力を必要とし，それが政治システムに集権，抑圧の傾向をもたらし，また国境防衛の宿命はともすれば閉鎖的な国柄を帯びやすい。重い軍事費負担，強大な国家権力と抑圧的政治システム，それに閉鎖的な国柄。このような性格を帯びた大陸国家は，世界政治の覇権獲得競争の有力な候補者足り得ても，最終的な勝利者にはなれないということである。

　空間的な繋がりが強まっている21世紀にあって，大陸・海洋という2次元の視点で政治を論じることには，陳腐あるいは時代錯誤ではないかとの疑念も生まれよう。確かに航空機の出現によって，経済活動でも軍事分野でも，ひいては人間の生活全般にわたり空や宇宙空間の持つ重要性は極めて大きくなっている。さらにいえば，3次元的な支配に留まらず，いまや情報やソフトウェアの掌握こそが国際政治の帰趨を決する鍵となっている。だが，航空機や宇宙空間，情報・ソフトが国際政治に与える影響の大きさは否定すべくもないが，国家がそのような新たな資源を如何に活用するかという問題と，国家の行動パターンや国民性を規定する要因が何であるのか，とは別の問題である。人間は常時空中に浮遊して暮らしているわけではない。物流に占める海運の重要性は今日も空運の比ではない。大陸国家も海洋国家も，その上には等しく空間が広がっており，情報やソフトウェアを活用し得る可能性はどの国も等しい。現代の世界でも，国家・国民の属性を決定づけるのは，空間やソフトといった3次元ないし非触知的な要因以上に，その国が海洋的であるか大陸的であるのかといった

地政環境なのである。

●米中覇権闘争の行方：あり得る三つのケース

　さて，上述の史的セオリーを現在の米中関係に当てはめるならば，その覇権闘争の行方もおのずから答えが見えてくる。米ソの東西冷戦は約半世紀にわたった。ドイツの英米に対する挑戦は1世紀近くも続いた。それゆえ，アメリカと中国の覇権を巡る攻防がどの程度の年限を伴うかは予測が難しい。だが，期間の長短は別にして，大陸国家で閉鎖的抑圧的な政治システムを堅持するとともに，強大な陸上兵力に加えて冷戦後急速に海軍力の増強に取り組み，海洋国家アメリカの海洋支配に公然と挑む中国は，過去の史例に基づけば覇者の条件を満たさず，最終的な勝者となり得ないことは明らかだ。

　では，中国を抑え21世紀の覇権国家としてヘゲモニーを握るのは誰か。三通りの解が想起できる。その第一は，アメリカが引き続き覇権を維持し，世界の警察官としての座を保ち続けるケース，第二は，アメリカに代わる新たな海洋国家が覇権大国として登場するケース。だが，現代の国際世界を見渡しても，覇権国家の地位をアメリカに取って代わり得るだけの海洋国家は見当たらない。イギリスの覇権が衰退に向かう頃にはアメリカという新興勢力が台頭し始めていたし，ポルトガルやスペインの後釜にオランダが控えていることもある程度予見できた。しかし21世紀前半の現在，そうした海洋国家が見当たらないのだ。それゆえ，近年影響力の低下がしきりに指摘されているにも拘らず，（例えばシェールガスの活用等を梃子に）アメリカがいま一度国力を増勢し，パクスアメリカーナ3を実現するケース1の可能性が2よりも高いといえる。

　しかし，これら二つのケースとは別に，さらに第三のケースも考えられる。近世以降の覇権闘争のアクターはすべて国家であったが，第2次三十年戦争によって，主権国家体制は国際秩序のパラダイムとしては既に曲がり角にさしかかっている。そしてヨーロッパでは国の枠組みを超えた地域協力の取り組みが進んでおり，広域な国家連合体が新たな国際政治の有力なアクターとして育ちつつある。それゆえ新たなヘゲモンの候補も特定の一主権国家に限定せず，自由と民主主義を掲げ，武備よりも交易を重視する，親海洋で開放的な性格を帯びた政治連合や協力機構を想起してはどうであろうか。この第3のケースの主

役となるのは海洋国家の連合体 (coalition)，即ち海洋国家同盟あるいは海洋国際協力機構である。いま少し具体的に述べれば，アメリカを含む自由で開放的な交易海洋国家の連合体が国際秩序の維持を図るために互いに連携協力を図り，同盟関係を構築することによって，海洋帝国アメリカの影響力後退を補うというものである。こうした海洋自由連盟を構築し得る候補者は，自由と民主主義を掲げ，既にアメリカとも深い関係を保っている海洋国家群，即ち，日本や台湾，そして東南アジアのASEAN諸国である。

これら諸国は開放的な政治体制及び自由貿易体制の擁護者であるとともに，国際公共財としてのシーレーンを共同して守ることで，国際世界の平和と安定にも貢献する。EUが実践し，獲得してきた国家協力の経験とエトスを活かし，そしてヨーロッパが陸の国家協力・国家統合の先鞭をつけたのに対して，アジアは海洋を軸とした国家協力・国家統合の先駆を目指す。海洋国家の繁栄と優位は，近世以降のヨーロッパ文明の真髄であり具現化であった。陸から海に，そして舞台をアジアに移しつつそれを継承，発展させ，世界初の海洋国家協力機構（海洋同盟）の誕生である。敢えて歴史に類似の組織を求めれば，古代ギリシャのデロス同盟がこれに近い。アメリカ単独覇権のケース1と，アメリカと多くの海洋自由国家が協力して海洋ネットワークを立ち上げ，自由と開放の世界を構築するケース3のいずれかと問われれば，筆者は短期的にはケース1の相を装いながらも，長い時間軸から捉えれば，実体的にはケース3に近い世界が到来するのではないかと想定しているが，果たしてどうなるであろうか。

●注　釈
1） 米ソの冷戦については，拙著『現代国際関係史Ⅰ～Ⅳ』（晃洋書房，1998～2004年）参照。
2） ECSC発足の意義は，第一に欧州最大の不安定要因だった独仏の戦争を不可能とし，不戦共同体を築くことに成功した点にある。第二に最高機関，特別理事会，共同総会，司法裁判所等からなるその機構は，EEC，EUの制度的枠組みの基礎を提供した。第三に，英国のアトリー労働党政権はフランスの招待にも拘らず，超国家的機構を嫌って参加しなかった。そのため，以後，欧州統合は大陸6か国が中心となって進められていくことになった。
3） 1962年9月のド・ゴール訪独直後のフランスの世論調査では，緊密な友好関係のパートナーとして，ドイツを挙げる者の割合が40％に達し，英国の25％を大きく上回っ

た。廣田功氏は，フランスの対独意識が敵対，警戒から友好に転じたのはそれより早く50年代半ば(56～57年頃)とする。廣田功ほか編『ヨーロッパ統合の社会史』(日本経済評論社，2004年)130頁。
4) 12世紀以降のドイツ騎士団によるバルト海沿岸進出とその後のハンザ同盟の結成，中世初期に遡るロシア，チェコ，ハンガリー等への植民活動を通して，ドイツは歴史的にロシア，東欧と深く関わってきた。それゆえ伝統的に「ドラング・ナッハ・オステン」(東への衝動)はドイツ対外政策の根幹をなし，現代ドイツ外交の深部もこの因子に規定されている。ヒトラーの東方世界制覇の野望も，非文明地域と意識される「東方」を中世のドイツ騎士団のように文明化するのが中欧ドイツの役割との使命感に根ざしたもので，ドイツの「東への衝動」の病的な表現携形態だった。五島昭『大国ドイツの進路』(中央公論社，1995年)141頁。
5) 英国の視点からは，大陸で進む欧州統合の動きは，社会民主主義に基づき幅広い分野での政府介入を前提とする「大きな政府」を志向するもので，経済の自由化，小さい政府というサッチャーが進めたネオリベラリズムのモデルとは相反するものであった。
6) 「帆船が，革命的といえるほど極限まで利用されたのは英国においてであった。島国であった英国は，この点では大陸諸国より明らかな利点を持っていた。英国は，陸軍ではなく，帆船によって防衛もされたのだが，その帆船は，エネルギー余剰の生産者そのものだったのである。侵略に備えての防衛に必要なエネルギーが，近隣諸国より少なくて済んだから，国を存亡の危機に曝すことなく，余ったエネルギーを他の分野に振り向けることができた。大陸諸国の陸軍は，それぞれの国の余剰の絶え間ない流出をもたらした」。F. Cottrell, *Energy and Society* (New York, McGraw-Hill, 1955), p. 69.
7) 佐藤徳太郎『大陸国家と海洋国家の戦略』(原書房，1973年)16頁以下。
8) 将来，EUにおける国家統合の取り組みがさらに深化し，より広域を対象とする民主開放的な交易共同体が大陸部で誕生する時代が到来すれば，大陸国家が抱える物流上のハンデや国境隣接性に起因する閉鎖・抑圧・軍事志向の性格が緩和され，海洋国家の大陸国家に対する優位が揺らぐ可能性も生まれよう。

コラム　地政学と国家戦略

　カール・シュミットは「世界史は陸の国に対する海の国の戦い，海の国に対する陸の国の戦いの歴史」であり，巨大な鯨リバイアサンと，強大な陸の野獣ビヒモス（『ヨブ記』40～41章）の戦いであると述べたが，パワーを巡る覇権闘争を大陸国家と海洋国家の対立と捉える立場に地政学がある。「地政学（Geopolitics）」の名が歴史に登場したのは20世紀初頭のことである。もっとも，「国家の政策はその地理によって決まる」（ナポレオン）という言葉があるように，地理と国家発展の関係は古くから考察の対象とされ，紀元前5世紀，ヒポクラテスの『空間，水利，立地概論』の中に既にその萌芽が見られる。ヘロドトスは『歴史』において，アリストテレスも『政治学』第7篇で，それぞれ気候と自由の関係について語っており，モンテスキューもアリストテレスの理論を受け継ぎ，地理，気候と国政の関係を論じている。

　そして19世紀後半，ドイツの政治的統一と膨脹気運の盛り上がりを背景に，同国の地理学者たちを中心に政治地理に対する関心が深まり，その中で政治学と地理学を合体させて生み出されたのが地政学であった。最初に「地政学」という言葉を用いたのは1901年に『レーベンスラウムとしての国家』を著したスウェーデンの地理学者ルドルフ・チェレンとされ，1904年ホールフォード・マッキンダーがロンドンの英地理学協会で「歴史の地理的回転軸」と名づけた論文を発表して以後，種々の理論が提唱され地政学が広く人口に膾炙するようになった。本文で眺めたように，近世史が海洋国家と大陸国家の抗争史であった歴史的事実に加え，19世紀後半から20世紀にかけてドイツやロシアといった大陸国家が躍進し，海洋国家に挑むようになった。しかも軍事技術の急速な発達や動員兵力の拡大に伴い，両勢力の争いはかつてない激しさとグローバル化の様相を強めた。こうした状況が背景となって，地理的環境要因の影響を重視する地政学が注目を集めるようになったのである。

　一般に地政学は，海洋支配による海洋国家の大陸国家に対する優位を説くシーパワー論と，反対に大陸国家の優越性を強調するランドパワー論に大別できるが，海洋支配を国家発展の重要な要因と説く立場は古くから存在した。ヘロドトスの『歴史』によれば，ペルシャの勢力拡大にギリシャが対抗する方途として，ヘカタイオスは海上制覇の必要性を説いた。ペリクレスもdemocracyと並びthalassocracy（制海）の重要性をアピールしたことがツキュディディスの『戦史』に記されている。制海の概念をはじめ古代ギリシャの文化はビザンチンやイスラムの学者に継承された。そして十字軍以降西ヨーロッパにも伝えられ，古典教養としてヨーロッパの知識人，為政者に受け継がれていった。特に英国は，ベーコンが「海上を支配することは，君主国の要項である」と指摘する等海洋支配に対する認識は深く，後世自らの実践を通してその意義の大きさを世界に知らしめた。そして，海洋支配の重要性は19世紀末，英国を継承するアメリカのマハンによってシーパワー論と

マッキンダーによる地表面の区分

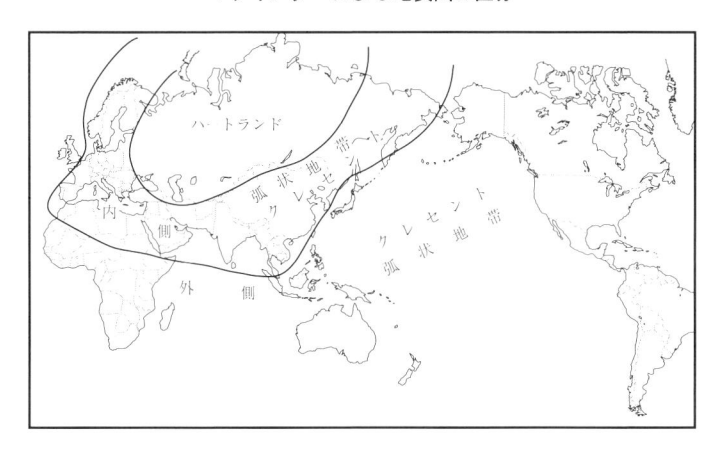

して体系化される。

シーパワー論に対抗し，ランドパワーの持つポテンシャルの高さを論じた人物に英国人ホールフォード・マッキンダーがいる。彼は先述の論文「歴史の地理的回転軸」及び『デモクラシーの理想と現実』（1919年）において，人類史はシーパワーとランドパワーの闘いの歴史であるが，地球上にはシーパワーの及ばぬ広大なユーラシア大陸（ランドパワー）が存在し，ユーラシア大陸の枢要地帯（ハートランド）に位する者は，その力を以て海洋国家をも支配することができると主張した。マッキンダーは，クレタ島はギリシャに，ギリシャはマケドニアに圧倒され，ローマ時代のブリテン島はヨーロッパ大陸を制したローマ帝国の下に屈し，そのローマも中欧のゲルマン民族に滅ぼされた史実を，グローバル普遍的な公理と把握する。そして，ユーラシア大陸内部で北極海へ注ぐ河川の流域並びにカスピ海，アラル海へ注ぐ河川流域で，軍艦が遡航できず，海上権力の及ばない地域をハートランドとし，世界をハートランド，内側弧状（クレッセント）地帯（ハートランドを囲む地帯），外側弧状地帯（ユーラシア大陸の外側で，アメリカ，アフリカ南部，東南アジア～大洋州を連ねるライン）の三つに分け，ハートランドは人口も少ない不毛の地だが，鉄道網の発達により次第に潜在的力量を増し，強大なランドパワーの中核となり，いずれは内，外弧状地帯を制すると主張した。「東欧を支配する者はハートランドを制し，ハートランドを支配する者は世界島（ワールドアイランド：ユーラシア及びアフリカ）を制し，世界島を支配する者が世界を制する」というのである。

もっとも，マッキンダーの真意は，大陸国家の台頭に警鐘を鳴らすことにあった。彼は20世紀における陸上交通機関の進歩や海上権力英国の衰退に着目し，ハートランドを擁するロシアこそ恐るべき陸上権力であり，内側弧状地帯への進出を警戒するとともに，躍

進を遂げつつあるドイツがロシアと提携した際の危険性を警告する目的でハートランド理論を唱えたのである。だが，皮肉にも彼のハートランド理論は「国家は，それ自体成長する一つの生き物であり，成長するにあわせて食物（生活圏）を与えてやらないと衰弱して死んでしまう」というラッツェルのレーベンスラウム（生活圏）理論と併せ，ドイツ陸軍少将カール・ハウスホーファーによって，領土の拡張と天然資源の獲得を通じてアウタルキー（自給自足）の確立を目指す，ナチスドイツの侵略正当化の理論へと変化させられていった。ハウスホーファーは，国家は自己の生存発展のために一定のエリアを生活圏として確保し，自給自足に必要な資源や産業を支配する権利を有するとし，世界を①アメリカが支配する汎アメリカ，②日本が支配する汎アジア，③ドイツが支配するヨーロッパとアフリカを併せた汎ユーラシア，④ロシアが支配する汎ロシアの四つの総合地域（Pan region）に分割することを提唱し，大陸国家と海洋国家の理論を，持てる者と持たざる者の対立論にすり替えたのである。

このほか，マッキンダーのハートランド理論に対し，リムランド論を唱えた人物にアメリカ人のニコラス・スパイクスマンがいた。『平和の地理学』（1944年）で彼は，人類の歴史をハートランドを扼するランドパワーと海洋を支配するシーパワーの拮抗と見るのは単純で，ランドパワーとシーパワーとが接触するハートランド周辺のユーラシア大陸沿岸地帯を重視し，ここをリムランドと名づけた（これはマッキンダーの内側弧状地帯にほぼ匹敵する）。リムランドは降雨量が多く農耕に適し，人口稠密で大きな発展可能性を秘めている。ハートランドの特色である政治的統一と力の集中化が見られずリムランド地域は多くの独立国家に分立しているが，リムランドを統合するパワーが出現すれば，ハートランドもシーパワーもこれに対抗できず，「リムランドを支配する者はユーラシアを制し，ユーラシアを支配する者は世界を制するであろう」ことから，シーパワー勢力は，ハートランドの勢力にリムランドを支配させてはならないと主張した。

第2次世界大戦後，自由主義と共産主義の対立をそれまでの大陸，海洋両国家間対立の延長線上で捉える考えが生まれた。ブレジンスキーは，米ソの対決を「海洋大国と優勢な大陸国家の間の，大昔からの伝統的といって差し支えない紛れもなく地政学的な衝突の系譜に並ぶものだった。この意味で，アメリカは英国（さらに遡ればスペイン，オランダ）の後継国であった。一方のソ連は，ナチスドイツ（遡れば神聖ローマ帝国，プロシャ，ナポレオン時代のフランス）の後継国」と捉える。クラインは，全海洋同盟構想を説き，西側の繁栄は中東石油の安定供給とシーレーンの安定にかかっており，ソ連を中心とする共産勢力による西側生命線への脅威を，西側海洋国家は一丸となって排除せねばならないと主張，コーリン・グレーも冷戦をリムランドの争奪戦と捉え，地政学的見地から対ソ封じ込めの正当性，必要性を強調した。

ところで，モーゲンソーは地政学を，地理を国家の運命を決定する絶対的要因と見なすえせ科学であり机上の政治的空論として，その学問性を否定した。確かに地理という単一の要因に圧倒的比重をかけ，しかも，覇権の推移を決定論あるいは運命論的に捉える姿勢

には問題がある。モンテスキューは「アッティカの不毛な土地が，アテネの民主政治を生み，ラケダイモンの肥沃な土地が，スパルタの貴族政治を育てた」と述べ，環境こそが文化を強く規定するという環境決定論を唱えたが，文化や社会は受動的に環境に従属するばかりではなく，能動的に環境に対応していくものだ。同じ地理的環境にあっても時間的経過によってその文化や社会構造は大きく異なり，逆に環境は違っても類似の文化社会が生成する例も多い。

しかし，「近世における覇権国家は，全て制海権の獲得に成功したシーパワー国家であ」り，1500年以降の世界史が海洋国家の大陸国家に対する優位で推移したこと，そして「覇権国家の交代は，シーパワーに係るパワーバランスの推移と連動している」(モデルスキー)ことは紛れもない事実であり，海洋国家アメリカの勝利で幕を閉じた冷戦をこのパラダイムの延長上に捉えることも不自然ではない。ナチス流の地政学(Geopolitik)は排斥されねばならないが，フランスの外交官ピエール・カンボンが「一国の地理的位置はその国の対外政策を左右する重要な要素である」と語ったように，国家相互の活動はそれを取り囲む地理的環境に強く規定され，また影響を受け，その中で展開されるものである。

そこで，地政的な視点から国家の位置を考える際，関係位置や戦略位置が重要となる。関係位置(relative location)とは，国家とそれを取り巻く周辺諸国との相関関係のことである。例えば強国に隣接する小国や2大国に挟まれた国の立場は極めて微妙であり，いずれか一方の大国の影響下に組み込まれるか双方の緩衝地帯として中立を保たねばならないケースが多い。また「全ての闘争は隣人同士で行われる」の譬えもあるように，接する国の数が多ければ紛争の火種を抱え込みやすい。リチャードソンは，1820年から1945年までにおける紛争主体たる国々の国境数と紛争頻度との相関関係を調べた結果，一般に国境を多く持つ国程戦争の回数も多いとの結論に達している。一方，戦略的位置(strategic location)とは，その国の占める地理的位置が戦略的にどれだけの価値を有するかということである。世界交通の要衝に位するか，大国相互が強い利害関心を持つ地域に所在する国は高い戦略的位置にある。かつてピシンスキーは「モスクワにある政府がツァー主義者であろうが共産主義者であろうが，軍艦を地中海から黒海に航行させるためには，ダーダネルス海峡を通過しなくてはならない」と語り同海峡の重要性を指摘したが，ダーダネルス，ボスポラス海峡や宗谷・津軽海峡，スエズ，パナマ運河等は戦略的位置が高い例だ。ベルギー，チェコ，ポーランド，ハンガリー等覇権闘争を繰り広げる大国の近傍に位置する国々は，ニュージーランドのように世界政治の中枢から遠隔の地にある国に比べて戦略的価値が高いため度々戦禍を蒙ってきた。ブレジンスキーは，こうした高い戦略的価値を有する国を「かなめ国家(linchpin state)」と名づけ，ユーラシアではドイツとポーランド，極東では韓国とフィリピン，南西アジアではイラン，アフガニスタン及びパキスタンを挙げている。

●参考文献

カール・シュミット『陸と海と』生松敬三他訳(福村出版, 1971年)。

Z・ブレジンスキー『ゲームプラン』鈴木康雄訳(サイマル出版会, 1988年)。

ホールフォード・J・マッキンダー『デモクラシーの理想と現実』曽村保信訳(原書房, 1985年)。

Colin S. Gray, T*he Geopolitics of Super Power*(Kentucky, The Univ. Press of Kentucky, 1988).

Nicholas John Spykman, *The Georgraphy of Peace*(New York, Harcourt Brace, 1944).

Ray S. Cline, *World Power Trends and U. S. Foreign Policy for the 1980s*(Boulder, Westview Press, 1980).

興亡のヨーロッパ諸国を巡って

① ギリシャ

● アテネ

　首都アテネはスパルタと並ぶ都市国家アテネがあった地で，当時はアテナイと呼ばれていた。中心部のアクロポリスの丘にパルテノン神殿が建つ。女神アテナを祀る大理石のドーリア式神殿で，紀元前432年に完成した。アクロポリスの丘の南東麓にあるディオニソス劇場（野外劇場跡）はギリシャ悲劇や喜劇が上演された演劇発祥の地。丘の北西には古代アテネ市民が集まったアゴラ（広場）の遺跡がある。丘の北に位置する国立考古学博物館はギリシャ最大の博物館で，ドイツの考古学者シュリーマンがミケーネで発掘した黄金のマスクなど多数の出土品は必見。アクロポリスの東から北東に広がるプラカ地区にあるシンタグマ広場は，ホテルや銀行が集まる繁華街。アテネの南東70km，エーゲ海に向かって突き出す半島の先端スニオン岬の断崖上には海神ポセイドンを祀るポセイドン神殿が建つ。紀元前5世紀の建築で，15本の柱だけが残っている。エーゲ海に浮かぶ島々の眺望が素晴しい。アテネ南西のピレウス港からは，エーゲ海巡りの観光船が発着する。

● ペロポネソス半島

　アテネの西，幅6km程の狭い地峡で本土と繋がるミケーネ文明の発祥地で，後にスパルタやオリンピアなどの都市国家が生まれた。地峡を横断するコリントス運河は全長6.3km，1893年に完成し，両側は切り立った絶壁に仕上げられている。シュリーマンによって発掘されたミケーネ遺跡の入口には石を積み上げ，獅子のレリーフがある獅子の門があり，敷地内には王宮跡や黄金のマスクなどが出土した円形墳墓などの遺構が残っている。ゼウス信仰の中心地だったオリンピア遺跡や，ドーリア人の都市国家で海上貿易で繁栄したコリントス遺跡もある。

● 北　部

　エーゲ海北西部の奥にある港湾都市テッサロニキはギリシャ第2の都市。近郊にはアレキサンダー大王の生地でマケドニア王国の首都だったペラの遺跡がある。オリンポス山（標高2917m）は国内最高峰で，ゼウスをはじめ神々が住むとされる神聖な山。その西方テッサリア地方は，高さ400mの岩山の上に造られたビザンチン時代の修道院群メテオラの奇景が我が国でも有名だ。かつては滑車や梯子でしか登れなかったが，現在は観光用に石段が設けられている。

● エーゲ海

　サントリニ島は南北18km，幅6kmほどの三日月形の島で，有史以来の火山活動でカルデラの外輪山の一部が島として残ったもの。中央の沈んだ部分が幻のアトランティス大陸と

の伝説がある。中心地フィラは海岸から高さ300m程の絶壁の上に美しい白壁の街並みがあり、レストランや土産物屋が集まる。崖下の港とは、階段、ケーブルカー、ロバで行き来する。ミノア文明が栄えたクレタ島には、1200を越える部屋が入り組み迷宮（ラビリンス）ともいわれるクノッソス宮殿の遺跡がある。

② ローマ

　イタリアの首都で、七つの丘からなり、北から南にティベレ川が流れる。都市国家として発展した後、ローマ帝国の首都となるが、4世紀にはコンスタンチノーブルに都が移された。中世にはローマ教皇庁が君臨し、イタリア王国の誕生で再び首都として復活した。

●ティベレ川東岸・北部
　映画「ローマの休日」で有名になったスペイン広場には137段の階段があり、上りきったところにトリニタ・ディ・モンティ教会が建つ。広場中央には17世紀バロック時代の彫刻家ベルニーニ作の舟の噴水がある。終日多くの観光客で賑わう。名称はこの一角にスペイン大使館があったことに由来する。スペイン広場北西のポポロ広場は、かつてはローマの北の玄関口だった。スペイン広場の南にあるトレビの泉は、左肩越しにコインを投げ入れるとローマ再訪が叶うという言い伝えで有名。広場の南西にあるパンテオンは、ローマ時代の神殿で、ドームの架かった円形の本殿がある。

●ティベレ川東岸・南部
　ローマの中心ベネチア広場の傍に建つ壮大な白亜の建物は、イタリア統一の偉業を讃えるビットリオ・エマヌエーレ2世記念堂。東に向かうとカンピトリオの丘とパラティーノの丘に挟まれた場所に、古代ローマの遺跡フォロロマーノがある。当時の政治、宗教、商業の中心地で、多くの神殿や元老院、裁判所、バシリカ等の公共施設や凱旋門等が残る。フォロとは公共広場の意。フォロロマーノの東にあるコロッセオは古代ローマ最大の闘技場跡。紀元80年に完成した4階建て楕円形の建物で最大5万人が収容できた。剣闘士の戦いや模擬海戦、猛獣と人間の戦い等が行われた。脇に建つコンスタンチヌスの凱旋門はローマで最大の凱旋門。コロッセオを南に下ると、パラティーノの丘の南に古代ローマのスタジアム跡チルコマッシモが目に入る。長さ620m、幅120mの長楕円形で、戦車の競争が行われた。チルコマッシモの北西にあるのが、サンタマリア・イン・コスメディン教会。というよりも教会入口にある顔の石盤真実の口で有名だ。これも映画「ローマの休日」で知られるようになった。もともとは紀元前4世紀頃の井戸の蓋らしいが、嘘つきが手を入れると食いちぎられるという言い伝えがある。

● ティベレ川西岸
　ティベレ川を渡りバチカンに向かう際，川沿いに見える建物がサンタンジェロ城。西暦139年にハドリアヌス帝の廟として建てられ，中世には城塞や政治犯の牢獄として使われた。映画「天使と悪魔」に登場した。バチカンの東側，玄関となる長径240mの楕円形の大きな広場がサンピエトロ広場で，17世紀に，ベルニーニが建設した。周囲は左右対称に284本の円柱が配された回廊，その上部に140人の聖人像が立っている。広場の中央には，紀元37年にエジプトから運び込んだオベリスクが建つ。広場の西に隣接する世界最大のカソリック寺院がサンピエトロ寺院で，カソリック教会の総本山。キリスト12使徒の一人聖ペトロの墓の上に350年頃コンスタンチヌス帝が教会を建てたのが起源。現在見られる大聖堂は16世紀初，ブラマンテによって起工され，その後ラファエロ，ミケランジェロ，ベルニーニ等10人の代表的芸術家が手をかけて17世紀に大改修が終わった。クーポラと呼ばれる大ドームは6万人を収容できる。エレベーターで登ればローマ市内が一望できる。寺院に入ってすぐ右に，ミケランジェロの傑作ピエタ像がある。サンピエトロ寺院の北に隣接するバチカン宮殿は，ローマ教皇の住居。アビニョンの捕囚以後教皇の住居となった。宮殿内にはシスティーナ礼拝堂はじめ美術館や図書館など多くの施設があり，公開部分はバチカン博物館として見学できる。

● ローマ近郊
　ローマの東30km，ティボリ市街にあるビラデステは修道院の建物をルネサンス時代に豪華な別荘に改築したもので，後期ルネサンス様式の美しい庭園に彫刻を施した噴水や泉が500以上もある。動力を使わず自然に噴き上がるように仕掛けられ，135mも続く100の噴水やドラゴンの噴水，ネプチューンの噴水等まさに水の宮殿だ。ティボリの西にあるハドリアヌス帝の別荘には，宮殿や海上劇場，浴場跡等が80haの敷地に点在している。
　ローマの南西，テベレ川河口にあるのが古代都市遺跡オスティア・アンティカ。紀元前4世紀にローマの外港として栄えたが，4世紀には疫病や異民族の侵攻で衰退して，川砂の堆積で埋もれてしまったが20世紀に発掘された。チルコマッシモの東にあるカラカラ浴場跡付近から，南東に向けてイタリア南東部に続く約750kmに及ぶ街道がアッピア街道。ローマの帝国支配に重要な役割を果たした。約1.5km毎に史上初のマイルストーンが置かれた。

③　ベニス

　イタリア本土からベニスには鉄道が敷かれており，サンタルチア駅がベニス本島への入口。ロンドンを出たベニスシンプロンオリエント急行の終着駅でもある。自動車用道路でもベニスは本土と結ばれているが，本島内に自動車は入れず，自転車の使用も禁止されて

いる。運河には400に及ぶ橋が架かっているが、全て歩行者専用である。ベニスの輸送を担っているのは、観光で有名なゴンドラのほか、水上バス（ヴァポレット）や水上タクシー（モトスカーフィ）、渡し船等である。

　さて、ベニスの本島は約180の小さな島々からできており、150を越える運河が網の目のように張り巡らされている。その中でも最大のカナルグランデ（大運河）が本島の真ん中を逆S字形に北西から南東へ、市街を二つに分けながら湾曲して流れている。サンタルチア駅から大運河を下ると、まもなくリアルト橋が見えてくる。かつては大運河に架かる唯一の橋で、この周辺に最初に人が住み着き、やがてベニスの経済、金融の中心地として発展する。さらに運河を下ると、サンマルコ広場に至る。

　広場の端にはサンマルコ寺院がある。828年、二人のベニス商人がエジプトのアレキサンドリアから聖マルコの遺体を豚肉の塊の下に隠して盗み出し、ベニスに持ち帰った。そのマルコの遺体を奉るために建立されたのがこの寺院で、サンマルコはベニスの守護神となる。聖マルコがライオンを同伴していたことから、寺院に立つ有翼ライオンの像がこの都市の象徴ともなった。サンマルコ寺院に隣接し、ベニス政府の庁舎で総督が住んでいたドカーレ宮殿が建つ。宮殿と背後の監獄を繋ぐ回廊が小さい運河の上に渡されており、ここを渡る囚人が窓から町の様子を覗いてため息をついたことから、ため息の橋と呼ばれる。サンマルコ広場の周囲を取り囲む柱廊の中にはカフェや土産物店が入っており、1720年に開業した最古のカフェフローリアンは、ルソーやゲーテも通ったという老舗。マルコ・ポーロが東方への出発前に住んでいた家がいまもベニスに残されている。

　本島のすぐ南には、サンジョルジョマジョーレ島やジュデッカ島、さらに南に下ると映画「ベニスに死す」で、主人公が一夏を過ごしたリド島がある。モデルになったホテルがいまも営業している。毎年9月にベネチア映画祭が開かれるのもこのリド島だ。本島の北に位置するムラーノ島には、有名なベネチアングラスの工房がある。13世紀末、火事の危険や類焼を避けるためにベニスからこの島に工場や職人が移されたのが始まりで、ガラス工芸の技術が外国に漏れたり盗まれないよう、職人が島外に出ることは厳禁とされた。ムラーノ島北東のブラーノ島は、16世紀以降レース刺繍の島として知られるようになった。

　かつてベニスでは聖母被昇天祭（8月15日）の日、総督が船から金の指輪を海に投げ入れ、ベニスと海との結婚を祝う祝祭があった。これを再現し、黄金の指輪を海に投げ入れる「海との結婚」と呼ぶ祭りが毎年5月に開かれている。またベニスといえば2月の謝肉祭（カーニバル）は有名。13世紀以来、カーニバルの期間中は正体を隠すために仮面を被ることが許され、いまもその風習が伝えられている。このほか、大運河では毎年船競争（レガータ）も催される。

④　ポルトガル

●リスボン

　首都リスボンは，ポルトガル南西部，テージョ川の河口北岸に広がる街。古代にフェニキア人が住み着いたのが起源といわれる。坂が多く，3箇所でケーブルカーが運行されている。市内の中心部がバイシャ地区で，ロシオ広場の中央には18〜19世紀の王ペドロ4世の像と噴水がある。ロシオ広場やその近くのフィゲイラ広場からテージョ河畔に向けて幾筋かの真直ぐな道路が伸びており，高級宝飾店や銀行などが軒を連ねる。その行き着く先にあるコメルシオ広場はマヌエル1世の宮殿跡だ。ロシオ広場からテージョ川と反対方向に進むと，パリのシャンゼリゼを真似たといわれるリベルダーゼ大通りが北に伸び，通りの北端にポンバル侯爵の銅像がリスボンの街を見下ろしている。ポンバル侯爵は国王ドン・ジョゼ1世の宰相として，1755年の大地震で壊滅したリスボンの再建に取り組んだ。

　ロシオ広場の東は古い町並みが続くアルファマ地区で，細い石畳の坂道や階段を抜けて丘の上に抜けるとサンジョルジェ城が建つ。古代ローマ時代に建造され，歴代支配者の居城となった。大地震で大破し，現在は城壁など一部が残るのみだが，公園として市内を一望できる絶好のスポットとなっている。

　リスボンの西端ベレン地区には，大航海時代の先鞭をつけたこの国の歴史的偉業を偲ばせる建造物が並ぶ。まず壮麗なマヌエル（ゴシック）様式のジェロニモス修道院がその威容を誇っている。マヌエル1世が1502年に着工し，1511年に大半が完成したが，最終的には19世紀までかかった。大航海時代に獲得した巨万の富によって建設されたポルトガル黄金時代の象徴的モニュメントである。中庭を囲む四方の回廊の内部には船具や珊瑚など海や航海を偲ばせる装飾が施されており，本堂には大航海時代のポルトガルを代表する二人の偉人，バスコ・ダ・ガマと国民的詩人ルイス・デ・カモンイスの棺が安置されている。西側は考古・民族学博物館と海洋博物館，東側はヨーロッパ王侯貴族の馬車を集めた馬車博物館になっている。

　ジェロニモス修道院の南，テージョ河畔には発見のモニュメントが建つ。高さ52m，帆船をモチーフとしたコンクリートの建造物で，1960年にエンリケ航海王子の500回忌を記念して建てられた。エンリケ航海王を先頭に，天文学者や地理学者，宣教師，船乗りなど大航海時代に活躍した人々の像が続く。エレベーターで屋上に上がることができる。このモニュメントの西，テージョ河畔にベレンの塔が建つ。1521年にマヌエル1世がリスボン港防衛のために建てた5階建ての船舶監視要塞で，大航海時代，海外に向かう船団はこの塔で母国に別れを告げ，反対に無事帰国できた船乗りたちが喜びの中最初に目にするのもこの塔であった。

●リスボン郊外

　リスボン西北にある山間の町シントラには，巨大な2本の煙突が目を引く王宮がある。エンリケの父ジョアン1世が14世紀に夏の離宮として建設，以来，幾度も増改築を重ねている。各部屋は様々なアズレージョで飾られており，日本からの天正遣欧使節もこの王宮の白鳥の間で接遇を受けている。シントラの西ロカ岬はユーラシア大陸最西端の岬。高さ140ｍの断崖で，カモンイスが詠んだ「ここに大地尽き，海始まる」という詩の一節が刻まれた碑が立つ。観光案内所に行けば，有料だが最西端到達証明書を発行してくれる。

●ポルト・ファティマ・コインブラ

　ポルトガル北部，ドウロ川河口近くの港町ポルトは，リスボンに次ぐ第2の都市で，ローマ時代からこの地に王国が成立し，ポルトガルの語源にもなった。13世紀末にイングランドと同盟が結ばれた後，当地のワインが輸出され，ポートワインと呼ばれるようになった。創業当初サントリーが「赤玉ポートワイン」を売り出し，日本でも有名になった。映画「魔女の宅急便」のモデルとなった町の一つといわれ，丘の上の大聖堂からは起伏に富む美しい街並みが一望できる。元は証券取引所だったボルサ宮や金箔装飾の見事なサンフランシスコ教会，クレリゴス教会の鐘塔（75ｍ）等が観光スポット。ドウロ川にはドン・ルイス1世橋が架かり，川沿いのリベイラ地区はレストラン街だ。北部のギマランエスは，ポルトガル王国初代国王アフォンソ1世の生誕地で，ポルトガル発祥の地ともいわれる。ギマランエス城やゴシックのブラガンサ侯爵館が見所。

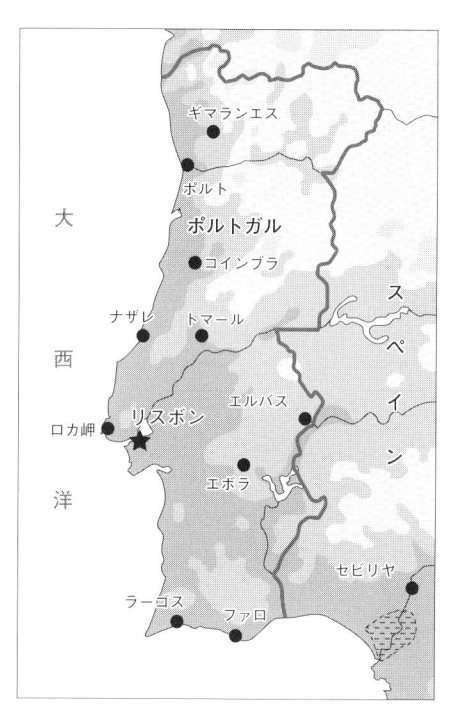

　トマールの西の町ファティマは，ファティマの奇跡（聖母マリアの預言）で有名だ。1917年5月13日，羊番をしていた3人の子供の前に突然聖母マリアが現れ，「今日を入れた6か月間，毎月13日にここに現れ平和を祈る」と告げた。以後毎月13日に子供たちの前にマリアは現れた。噂を聞いた信者が大勢押し掛けたが，3人の子供以外はマリアの姿も声も確認できなかったという。この時聖母マリアは三つの予言をした。第一は子供たちの死で，数年後に二人が亡くなった。第二の予言は第1次世界大戦の終結。1930年にファテ

ィマは聖母出現の奇跡の地としてバチカンに認定され，30万人以上の巡礼者を収容できる巨大なバシリカが建立された。第三の予言は内容が明かされなかったが，ローマ教皇庁は2000年に，1981年のローマ法王狙撃だったと公表した。

リスボンの北200kmに位置するコインブラは，ポルトガル王国最初の首都で，ヨーロッパ最古の大学の一つコインブラ大学を擁する学研都市でもある。ナザレは，古代，フェニキア人によって開かれたという漁村。リスボンの西南1000kmに位置するマデイラ島は大航海時代，北大西洋を航海するポルトガル船の中継基地として栄えた。マデイラワインが有名。

● アズレージョとファド

ポルトガルといえば，青色を基調とした装飾絵タイルのアズレージョが有名だ。タイルの装飾絵はアラビアが原産で，イベリア半島をイスラムが支配した時代に伝えられた。アベイロは，アズレージョの美しい町で多くの観光客が訪れる。駅舎には人々の生活の様を描いたアズレージョが一面に描かれている。ファドは，ポルトガルの伝統大衆歌謡。哀愁を帯びたメロディに合わせて切々と歌うところは，日本の演歌を思い起こさせる。薄暗い中で，黒いショールを肩にかけて歌うのが正装。マリア・ロドリゲスがフランス映画の中で歌ったことで世界に知られるようになった。コルクはポルトガルの特産品で世界生産の5割以上を占めている。海洋国家ポルトガル人は魚を好む国柄で，魚料理は日本人の舌によくあう。干鱈や鰯や鯵の炭火焼がポピュラーな料理。

⑤ スペイン

● マドリード

スペイン中央部，標高650mの高地にあり，16世紀以来スペインの首都。市の中心部にプエルタ・デル・ソル広場，その西のマヨール広場にはフェリペ3世像が立ち，4階建ての建物が囲んでいる。かつては王室行事や闘牛，宗教裁判の処刑が行われたが，現在はカフェやレストランなどが軒を連ねている。マヨール広場の西にある王宮は，18世紀後半，カルロス3世時代に創建されたルネサンス様式とネオ・クラシック様式の融合した建物で，広大な庭園が広がる。内部は一部公開されており，内装やタペストリー，絵画などヨーロッパ屈指の豪華さを誇る。王宮の北，近代的なビジネス街の中にあるのがスペイン広場。中央には文豪セルバンテスを記念したモニュメントがあり，ドン・キホーテとサンチョ・パンサをセルバンテスが見守っている。スペイン広場から南東に向かえば，デパートやレストラン等が並ぶマドリード随一の繁華街グランピアに出る。

さらに，マドリードを世界的に有名にしているのがプラド美術館だ。プエルタ・デル・ソル広場の東南東に位置し，歴代王家のコレクション8000点以上を収蔵。17世紀，国王

フェリペ4世は宮廷に画家ベラスケスを迎え入れた。年齢が近い二人は主従の関係を超えて深い友情で結ばれ、ベラスケスは代表作「ラス・メニーナス」をはじめ幾多の名画を生み出した。プラド美術館ではベラスケスはじめ、ゴヤ、エル・グレコ等スペインを代表する画家の作品が鑑賞できる。

スペイン（カナリア諸島除く）

● ラ・マンチヤ地方

マドリードの周辺、スペイン中央部は雨が少なく、メセタ（乾いた大地）がどこまでも続く。セルバンテスの名作『ドン・キホーテ』の舞台となった地で、点在する小さな村々にはドン・キホーテが突撃したような風車がいまも残る。マドリードの南西70kmにある古都トレドは5世紀に西ゴート王国の都となるが、8世紀にイスラム（ウマイヤ朝）の支配を受ける。その後、レコンキスタの勝利で1085年にカスティリアが奪還し1561年のマドリード遷都までスペインの中心であった。周囲にはタホ川が流れ、丘の上にある街は中世の城壁が囲んでいる。ゴシック様式の大聖堂にはエル・グレコの絵画が飾られている。セゴビアはマドリードの北西にあり、ローマ時代に造られた水道橋が有名だ。2層構造で全長728m、一番高いところは約30mの高さがある。接着剤を一切使わずに2万個以上の石を組み上げたローマ帝国の土木技術の高さに驚かされる。

● アンダルシア地方

スペイン南西部、アンダルシア地方の中心地がセビリア。711年から1248年まで支配を受けたイスラムの影響が強く残っている。闘牛、フラメンコの本場で、「セビリアの理髪師」、「カルメン」等オペラの舞台としても有名だ。1992年に万国博覧会が開催され、マドリードと高速鉄道AVEで結ばれるようになった。市の中心部に聳えるカテドラルはカソリックの大聖堂で、サンピエトロ寺院、セントポール寺院に次ぐ第3位の規模を誇る。イスラム支配の終焉により、それまでのモスクをキリスト教の聖堂に造り変えたもの。ゴシック、ネオ・ゴシック、ルネサンスの様式が混在する。中央礼拝堂には航海王コロンブ

スの棺が安置されている。カテドラルの東に建つのはヒラルダの塔。高さ70mの展望台までは緩やかなスロープで登ることができる。サンタクルス街はかつてユダヤ人が住んでいた地域。カテドラルの南にあるスペイン広場は、1929年のスペイン・アメリカ博覧会の会場として造られ、半円形の広場の周りにはスペインの地理や歴史を描いた絵タイルが連なっている。後ウマイヤの首都であったコルドバは、イスラム時代の文化を伝える建築物や街路が遺されている。かつてモスクであったメスキータは白と赤のアーチが幻想的。その北にある入り組んだユダヤ人街にはシナゴーグや白壁に花の鉢が飾られた観光スポット花の小径がある。

　セビリアの東、ヨーロッパにおけるイスラム世界の最後の拠点グラナダには、ナスル朝時代の13～14世紀に建てられたアルハンブラ宮殿がある。その美しさゆえにキリスト教徒の破壊を免れたといわれる。アルハンブラとは、アラビア語で「赤い城」の意。入口の東に城塞跡のアルカサバ、その奥に王宮とキリスト教徒奪還後の16世紀に建てられたカルロス5世宮殿が控える。最も有名なライオンの中庭は12頭のライオンが支える噴水があり、124本の大理石の柱が並ぶ回廊に囲まれている。東のはずれに建てられた離宮ヘネラリフェの庭園も美しい。

● カタルーニャ地方

　バルセロナはスペイン北東部、地中海に面する都市。カタルーニャ地方の中心で、カタロニア王国の都であった。古くから地中海貿易で栄えたが、カスティリアを主体とするスペイン統一王国が誕生し、大西洋を主舞台とする大航海時代を迎えると衰退した。そのためマドリード中心の中央政治に反発し、他地域に先駆けて実現した産業革命による経済力を梃子に独立自立の路線を志向する。現在も自治州政府が置かれ、言葉もカタルーニャ語が話される。サグラダ・ファミリア（聖家族贖罪教会）は1882年に民間のカソリック団体が貧しい信者のために浄財を集めて着工したが、建設経費節減か建物強度の確保を優先するかの対立で翌年初代設計者ビリャールが辞任、当時無名のガウディが後を継ぎ、彼の生涯を賭しての建築となる。ガウディの死後、仔細な設計図がない中で建設が続けられている。建設資金は寄付等で賄われており、完成予定はガウディ没後100年の2026年。龍の背中のような邸宅カサバトリョやバルセロナの中心部カタルーニャ広場の北東にある6階建て集合住宅カサ・ミラもガウディの作で、曲線形状や奇怪な煙突が目を引く。北西の丘にもガウディ設計のグエル公園がある。破砕タイルをちりばめたベンチやうねるような形のパビリオン等個性的な作品が並ぶ。

● スペイン北部

　北部ガリシア州のサンティアゴ・デ・コンポステーラは、星に導かれた羊飼いがイエスの12使徒の一人聖ヤコブの墓を発見し、その上に大聖堂が築かれた伝説から、エルサレムやローマと並ぶキリスト教徒3大聖地の一つ。中世ヨーロッパで盛んだった聖遺物崇拝

の影響もあり，11世紀頃から多くの巡礼者が集まり，現在も毎年10万人の巡礼者が訪れる。フランスからピレネー山脈を越えて四つの巡礼の道がこの地に伸びており，スペイン語ではサンティアゴの道，フランス語ではサンジャックの道と呼ばれる。

　スペイン北東部，ピレネー山脈の西に位置するバスク地方の中心都市がビルバオ。鉄鉱山が多く19世紀の産業革命以後，鉄鉱の街として発展したが，かつてバスクでは捕鯨が盛んで，16世紀の最盛期には4000人もの漁師が50隻の捕鯨船で出港したという。

⑥　オランダ

　ライン川が北海に注ぐ低湿地帯に位置するオランダは干拓地が多い。国土の1/4が標高0m以下，海面より低いため，堤防が築かれ絶えず機械で排水が行われてきた。大きな湾であったゾイデル海と北海を隔てる大堤防が1932年に完成し，ポルダーと呼ばれる干拓地が造られていった。約3/4の干拓が終わり，残りの地域はライン川から水を引き淡水のアイセル湖になっている。国土の大部分が平地のため標高が50mを超える場所はほとんどない。リンブルク州南部にある322mの山がこの国の最高地。日本ではオランダと呼ぶが，これは独立戦争の際に重要な役割を果たしたホラント州の名称であり，本来の国名ではない。現地（オランダ語）では「ネーデルラント」，英語では「ネザーランド」で，いずれも"低地地方（low country）"を意味する。

● アムステルダム
　オランダ中西部，アイセル湖の最奥に位置する。その歴史は13世紀，アムステル川河口の浅瀬にダムを築いてできた干拓地の小さな漁村に遡る。やがて交易都市として発展。現在の街は，アムステルダム港に面する中央駅を中心に，同心円状に築かれた5本の運河とそれらを繋ぐ160以上の小運河で隔てられた無数の小島で形成されている。島と島を結ぶ橋の数は1300本にも上る。運河沿いには17世紀に商人たちが建てた商館カナルハウスが並んでいる。居住地の狭いオランダゆえに，税金が間口の広さに応じて課されたため，運河沿いのカナルハウスや住宅はいずれも非常に間口が狭く，その分奥行きが深い。京都の町屋のような構造だ。階段の幅が狭いため，引越しは窓から荷物を出し入れせざるを得ず，そのため各建物の正面頂上部には滑車架けフックが備えられている。

　中央駅は1889年に造られたレンガ造りの建物で，東京駅のモデルとの俗説もあり，2006年には姉妹駅となった。中央駅の南東にあるネオ・ルネサンス様式のカソリック教会は聖ニコラス教会。1887年の創建で，船乗りの守護神聖ニコラス（オランダのサンタクロース）を祀っている。その南は飾り窓地区（Red Light Disstrict）と呼ばれる風俗歓楽街で，飾り窓から女性が客を誘うことからこの名前がついた。オランダでは売春とソフト・ドラッグ（麻薬）が合法化されており，この地域では正式なビジネスとして認められて

いる。
　中央駅南西のダム広場は，その名の通り，街が建設された当時ダムが造られた場所。広場西の王宮は，オランダ絶頂期の17世紀半ばに建てられた市庁舎で，ナポレオン占領時代に接収され王宮となった。その北は，国王の即位式が行われる新教会。ダム広場の西，プリンセン運河に沿って商館の建ち並ぶ一角にアンネ・フランクの家がある。1942～44年に『アンネの日記』の作者アンネ・フランク一家がナチスから隠れ住んだ場所で，3階の回転本棚が秘密の住み家の入口になっており，奥の屋根裏部屋が当時のまま保存されている。ダム広場の南西にある国立博物館には，レンブラントの「夜警」やフェルメール「牛乳を注ぐ女」をはじめオランダ絵画の至宝が展示されている。ゴッホ美術館も近い。

● アムステルダム郊外
　アムステルダムの南西にあるキューケンホフ公園は，32haの広大な敷地に色とりどりのチューリップ700万株が咲き誇っている。この世のものとは思えないほどに美しい。開園は毎年3月下旬から5月中旬までの2か月間だけである。アムステルダムの北15kmに位置するザーンセ・スカンスは，キンデルダイク（ロッテルダム南東，18世紀に造られた風車約20基が並ぶ）と並ぶ風車の町で，ザーン川沿いの平地には羊が草を食んでいる。オランダの原風景を保存した村で，17～18世紀の建物が移築されている。チーズや木靴などの工房では製造する様子が見学できる。

● オランダ北西部
　アイセル湖は，1932年にそれまで湾だったゾイデル海を堤防で締め切って淡水湖としたもの。面積は琵琶湖の1.5倍以上あり，ムール貝やウナギの宝庫。沿岸には海だった頃の漁村や港町が点在しており，アムステルダム北東のマルケン島もその一つ。現在は湖岸から堤防で結ばれ，車で行くことができる。静かな漁村で，ローカル色豊かな民家や民族衣装を楽しめる。エダムの南東にあるフォーレンダムも同じくアイセル湖に臨む漁村で，民族衣装を着て写真撮影してくれるスタジオがある。

● オランダ南西部
　ライデン
　16世紀に創設されたオランダ最古のライデン大学がある学園都市。ライデン大学は1855年に日本学科が設立され，シーボルトが教鞭を執った大学としても有名。アムステルダムと同じように運河が網の目のように走っている。
　デン・ハーグ
　北海沿岸に臨むオランダ第3の都市。王宮，国会議事堂，中央官庁，各国大使館がある政治の中心地で，13世紀にウィレム2世が宮殿を築き，16世紀に議会が置かれた。市名の「デン」は冠詞（英語では"The Hague"）で，日本では略して単にハーグとも呼ばれる。

市の中心部にはウィレム2世の居城ビネンホフがあり，現在は国会議事堂や外務省などの庁舎となっている。この町は平和宮（国際司法裁判所）があることでも有名だ。第1次世界大戦後に国際連盟が設置を計画し，アメリカの大富豪カーネギーの寄付金で建てられた。市街北西，北海に臨むスフェニンゲンはオランダ最大のビーチ・リゾート。高級ホテルのクアハウスを中心に，カジノやショッピング・アーケード，レストランが並ぶ。

オランダ

ハーグ郊外にあるテーマパークのマドローダムは，オランダやヨーロッパの名所，歴史的建造物を実物の1/25に縮小したミニチュアタウン。ハーグ南西のデルフトは17世紀から陶器の生産が始まり，白地にブルーのデルフト焼きで有名。17世紀の画家フェルメールが生まれ，生涯を過ごした町でもあり，フェルメールが眠る旧教会，デルフト陶器のカリヨンの鐘楼を持つ新教会も訪れたい。

ロッテルダム

オランダ第2の都市で，新マース川沿いには世界最大の港が広がる。1940年のドイツ軍の空爆で壊滅的な被害を受けた。戦後急速に復興し，オランダ経済の中心地となった。

● オランダ南部

マーストリヒト

オランダ領が南に細く突き出した地域で，ベルギーやドイツ（アーヘン）との国境に近い。街の歴史は古く，ローマ人が建設した居留地が起源といわれる。14世紀には二重の城壁で囲まれた要塞都市として栄えた。市内の中心を南北にマース川が流れる。1992年にEU創設のマーストリヒト条約が調印された場所として，世界的に有名になった。

～～～～～～

⑦　オーストリア

● ウィーン

ドイツ南部を水源として，10か国を経て黒海に注ぐ全長2850kmの大河ドナウ川。そのほとりに位置するウィーンは，13世紀後半から600年以上にわたりヨーロッパに君臨したハプスブルク家の都で，華やかな貴族文化が栄えた。また宮廷音楽が発展してクラシック音楽の都ともなった。英語の呼び名は，現地の発音「ヴィーン」が訛ったviennaである。

ウィーンの中心部はかつて城壁と濠で取り囲まれていたが，街の発展を考えたフランツ・ヨーゼフ1世がこの壁を撤去し，その跡地が一周4kmの環状道路リングとなり，現在は路面電車が巡回している。リングの内側の旧市街に，主な歴史的建造物が集中している。旧市街の脇をドナウ運河と呼ばれる水路が流れているが，かつてはこれが本来のドナウ川だった。蛇行するドナウの氾濫を防ぐためヨーゼフ1世が治水工事を行い，ほぼ真っ直ぐになった現在の本流は町の北東部を流れている。

● 旧 市 街

旧市街の中心にあるシュテファン寺院はオーストリア最大の大聖堂。12世紀中頃にロマネスク様式で着工し，14～15世紀にゴシック様式に改築された。南塔の高さは137m，建設が途中で断念された北塔(61m)には，オーストリア最大の鐘プメリンがある。1683年にトルコ軍が敗退した際に置き去りにした大砲などを溶かして造られた。地下墓所(カタコンブ)にはハプスブルク家の人々の内臓を収めた壺が安置されている。モーツァルトの結婚式，それに葬式が行われたのもこの寺院だ。シュテファン寺院の西にあるホーフブルク(王宮)は，14世紀から1918年までハプスブルク家の居城だった宮殿。ハプスブルク家の財宝を展示する宝物館や豪華な内装の国立図書館も隣接する。内部にはスペイン乗馬学校がある。王宮礼拝堂では毎日曜日のミサでウィーン少年合唱団の歌声を聴くことができる。

音楽の都ウィーンの象徴的な存在が，ホーフブルクの南東，リング沿いにあるオペラ劇場国立オペラ座。パリやミラノのオペラ座と並ぶヨーロッパ3大オペラ劇場の一つで，1863年にヨーゼフ1世の命で建築が始まり，6年の歳月をかけて完成した。第2次世界大戦の戦火を受け，1955年に再建された。楽友協会は国立オペラ座の南東にあるウィーン・フィルハーモニー管弦楽団の本拠地。毎年元旦にはニュー・イヤー・コンサートが開かれ，日本でもNHKが中継している。

ケルントナー通りはシュテファン寺院から国立オペラ座の前を通る目抜き通りで，ホテルやレストラン，ショップが建ち並んでいる。国立オペラ座のそばにあるホテル・ザッハーは，創始者で貴族に仕えた19世紀の料理人フランツ・ザッハーが考案したチョコレートケーキのザッハートルテが有名だ。王宮にほど近い王宮御用達の菓子店デメルもザッハートルテを看板メニューにしている。菓子のほかウィンナーコーヒー，それに薄く肉を引き伸ばしたカツレツのウィンナーシュニッツェルや郷土料理ターヘルシュピッツがこの街の名物料理。シュテファン寺院の南東，リング沿いにある市立公園は，園内をウィーン川が流れる市民憩いの場。バイオリンを弾くヨハン・シュトラウスの像が有名だ。

● 旧市街の周辺

旧市街の南西にあるハプスブルク家の夏の離宮がシェーンブルン宮殿。1713年にレオポルト1世がベルサイユ宮殿に対抗して建造した国内最大のバロック建築。内装はマリア

オーストリア

・テレジア時代にロココ様式の豪華なものに改装された。1441ある部屋のうち，6歳のモーツァルトが御前演奏をした鏡の間，1815年のウィーン会議で舞踏会が行われた大広間等一部が公開されている。広大な敷地にはバロック庭園やシェーンブルン（美しい泉）命名の由来の泉をはじめ，動物園や植物園などもある。2014年から宮殿内にスイートルーム1室限定のホテルがオープンした。ベルベデーレ宮殿は，17世紀の対トルコ戦争の英雄オイゲン公の夏の離宮で，二つの宮殿からなる。住居用に造られた下宮はバロック美術館に，レセプション用に造られた上宮は19〜20世紀の絵画を展示するオーストリア・ギャラリーになっており，両宮殿の間には広大なバロック庭園が広がる。

　旧市街の東の広大な緑地はかつて王室の狩猟場だったが，1766年に市民に開放され，域内に見本市会場や競馬場，遊園地などができた。大観覧車プラターは映画「第三の男」に登場し有名になった。旧市街の南東にある中央墓地は，急増する人口に対応してフランツ・ヨーゼフ1世が造成したもの。第32区Aの区画に，モーツァルト，ベートーベン，シューベルト，ブラームス等大作曲家たちの墓があり，映画「第三の男」のラストシーンはここの並木道が映されている。

　街の西方には広大なウィーンの森が広がる。その中のグリンツィング村はブドウ畑が広がる中，ホイリゲと呼ぶ自家製ワインの新酒を飲ませる居酒屋が集まる。グリンツィングの東にあるハイリゲンシュタットは，ベートーベン所縁の地で，田園交響曲を書いた家や自殺を考えて遺書を書いた家，散歩道などがある。ウィーンからドナウ川を遡ればヴァッハウ渓谷が，さらに上流へ向かい同渓谷の最深部にあるメルクの街には，"オーストリアバロックの至宝"と呼ばれる壮麗なメルク修道院が高台に建つ。

● ザルツブルク

　オーストリア中北部，ウィーンの西250kmに位置し，地名が意味する「塩の砦」の通り，有史来，岩塩の採掘で栄えてきた。市内を流れるザルツァッハ川は国境を越えてドイツまで流れ，19世紀になって鉄道にその役割を引き継ぐまで，塩の輸送路として街に繁栄をもたらした。実はこの街はハプスブルク家の所領ではなく，大司教が長く治めてきた。皇帝派と教皇派が対立していた11世紀，塩の貿易で莫大な富を手に入れた大司教ゲープハルト1世は，対立する神聖ローマ帝国との戦いに備えて，丘の上にホーエンザルツブルク城塞を築き，以後600年にわたり大司教の居城として増改築が重ねられた。堅牢な城は，大量の塩の備蓄と地下水により長期の籠城が可能で，難攻不落の城塞と呼ばれた。麓からケーブルカーで上り，博物館や礼拝堂など内部を見学することができる。

　ザルツァッハ川の対岸に広がる旧市街にも大司教の権勢を伝えるミラベル宮殿がある。17世紀に大司教ヴォルフ・ディートリヒが，愛人とその子供のために建築したもので，19世紀に火災で焼失したが再建された。花が咲き誇る庭はザルツブルクを舞台にした映画「サウンド・オブ・ミュージック」にも登場した。トラップ大佐の子供たちや，その家庭教師でジュリー・アンドリュース扮するマリアがドレミの歌を歌いながら踊る場面だ。このシーンを注意して見ていると，歌っている時にできる影の方向がカット毎にまちまちになっており，何回も時間をかけて撮影されたことが窺える。

　旧市街の目抜き通りゲトライデガッセの一角に，現在は博物館となったモーツァルトの生家がある。黄色く塗られたアパートの4階。モーツァルトは1756年1月，この町で生まれた。旧市街の大聖堂には彼が洗礼を受けた洗礼盤が残されている。3歳でチェンバロを弾き始め，作曲は5歳から始めている。10代で大司教に仕える宮廷音楽家となり，大聖堂のパイプオルガンも演奏したといわれている。25歳の時にこの街に別れを告げ，以後，モーツァルトはウィーンに移り住み，生涯で600もの曲を作った。博物館には初期に書かれた譜面の写しが展示されている。モーツァルト生誕の地であることから，この街は音楽の聖地として有名になり，夏のザルツブルク音楽祭の時期は世界中からクラシックファンが集う。大指揮者ヘルベルト・フォン・カラヤンの生地でもある。

● ザルツブルグ周辺

　ザルツブルクの東方，アルプスの山々に囲まれた標高500〜800mの高原に多くの湖が点在する景勝地ザルツカンマーグートがある。映画「サウンド・オブ・ミュージック」の冒頭で，その美しさが広く世界に紹介された。最も景観が美しいとされるのがハルシュタット湖。その背後には塩の鉱山が聳える。いまも岩塩の採掘が行われている。鉱山の中から青銅器時代の遺骨が発掘され，ソルトマンと名づけられた。ケルト人の祖先に当たり，古代人の生活の様子が明らかになった（ハルシュタット文明）。

　ザルツブルクの南，緑豊かなヘルブルンの森に，ミラベル宮殿の名づけ親でもあるマルクス・シティクス大司教が17世紀に建てたヘルブルン宮殿がある。別名水の楽園とも呼

ばれ，庭園内には無数の水の仕掛けがあり，訪れる人たちを楽しませている。ザルツブルグの西，チロルの州都インスブルックはアルプスに囲まれた古都。真北のミュンヘンまで100km，ブレンナー峠にも近くドイツとイタリアを結ぶ宿場町として栄えた。マクシミリアン1世が都を置き，王宮や宮廷教会，黄金の小屋根等ハプスブルク縁の建物が並ぶ。冬はウィンタースポーツの拠点。

⑧　フランス

● パ　リ
　首都パリは，町の中心を流れるセーヌ川沿いに主なスポットが集まっている。セーヌ川は東から西に流れ，北側を右岸，南側を左岸と呼ぶ。パリ市は20の行政区からなる。セーヌ川右岸のコンコルド広場からルーブル美術館周辺が1区で，ここを中心に時計回りの渦巻き状に2～20と配置されている。

● セーヌ川北岸(右岸)
コンコルド広場
　北岸地区の中心部に位置し，18世紀にルイ15世の広場として造られたが，フランス革命後の1793年にルイ16世やマリー・アントワネットらがここで処刑された。中央には1833年にエジプトから寄贈されたルクソール神殿のオベリスクが建つ。

シャンゼリゼ通り
　コンコルド広場から西北西に凱旋門まで約2km続くパリを代表する目抜き通りで，「エリーゼの野」の意。幅100mの広い通りはプラタナスの並木が続き，高級ブランド店，ブティック，ホテルなどが建ち並んでいる。

凱　旋　門
　シャンゼリゼ通りの西北端，シャルル・ド・ゴール・エトワール広場の中央にあり，広場の名称から「エトワール凱旋門」とも呼ばれる。ナポレオンが1806年に着工し，没後の1836年に完成した。高さ50m，幅45mで，壁面はナポレオン軍の戦闘を描いたレリーフで飾られ，中央には第1次世界大戦で亡くなった戦士の墓がある。エレベーターが階段で屋上に登れば，シャンゼリゼ等パリ中心部が一望できる。

ラ・デファンス
　凱旋門からはシャンゼリゼと反対の方向，パリの西北に新しく築かれた副都心。景観保護の厳しいパリ中心部とは対照的に，現代的デザインの高層ビルや大型ショッピングセンターなどが建ち並ぶ。フランス革命200年を記念して，1989年には高さ110m，幅106mの新凱旋門が建てられた。

マドレーヌ寺院

コンコルド広場の北にあるギリシャ神殿風の大聖堂。18世紀後半カソリックの教会として着工されたがフランス革命で中断，ナポレオンが仏軍を讃える殿堂として工事を再開，最後にルイ18世が教会に戻して1842年に完成。高さ20mのコリント様式の柱が囲み，正面には「最後の審判」のレリーフがある。

チュイルリー公園

コンコルド広場の東に広がる公園で，かつてはチュイルリー宮殿があった。フランス革命で焼失後，フランス式庭園に造り変えられた。園内にはマイヨールやロダンなどの彫刻作品も点在する市内中心部の散策スポット。東隣がルーブル美術館。

ルーブル美術館

12世紀に城塞として建てられ，16世紀には宮殿となり，1793年に美術館として公開された。王家の美術品にナポレオンの戦利品を加え，古代から18世紀までの約30万点を所蔵する。「ミロのビーナス」，「サモトラケのニケ像」，ダ・ビンチ「モナ・リザ」，ドラクロワ「民衆を率いる自由の女神」など有名な作品が多数展示されている。

パレ・ロワイヤル

もとはルイ13世の宰相リシュリューの城館。死後主君に寄贈され，幼少のルイ14世がルーヴル宮殿から移り住み，パレ・ロワイヤル（王宮）と呼ばれるようになった。その後，ルイ15世を補佐したオルレアン公フィリップ・エガリテが屋敷の庭園にコの字形の建物を建て商人たちに貸し出した。レストランや商店が入り賑わうが，警察の立ち入りを禁じたため革命家の溜まり場ともなった。映画「シャレード」のラストシーンに使われたことでも有名。

バンドーム広場

チュイルリー公園の北にある広場。17世紀ルイ14世時代に造られ，広場の周りは当時の宮殿風の建物がいまも囲んでおり，パリで最も美しい広場といわれる。中央にはナポレオンのアウステルリッツの戦い勝利を記念する高さ44mの記念塔が建つ。

オペラ座（オペラ・ガルニエ）

バンドーム広場の北にあるオペラ，バレエの劇場。設計コンクールで選ばれたシャルル・ガルニエが建設し1875年に完成した。ドーム屋根，コリント様式の列柱，彫刻で飾られた正面など壮麗な外観ばかりでなく，内部も豪華な仕上がりとなっている。1989年に新オペラ座が完成し，現在の上演はバレエが中心になっている。

モンマルトル

セーヌ川北岸の北にある丘陵地モンマルトルは，若き日のルノワールをはじめ，モネやセザンヌなど後に印象派と呼ばれる画家たちが集まった街。かつては一面のブドウ畑で，現在も僅かに畑が残っている。モンマルトルの丘に聳える白亜の教会がサクレ・クール寺院。普仏戦争で戦死した兵士を祀るために建設された。1919年と由緒古い建物ではないが，パリの街が一望できる。

マレ地区

興亡のヨーロッパ諸国を巡って　233

フランス

　セーヌ川の中洲サン・ルイ島の北に位置するマレ地区の西にはポンピドー・センターがある。鉄パイプとガラスで構成された現代的なデザインで，1〜3階が図書館，4, 5階が国立近代美術館。マレ地区の東にはバスティーユ広場がある。14世紀に要塞が築かれ，後に政治犯を収容する牢獄となった。1789年のフランス革命で民衆が襲撃，後に解体されて広場になった。中央には7月革命記念碑が建ち，東側には新オペラ座がある。

●シテ島とサン・ルイ島
　ルーブル美術館の南東，セーヌ川に浮かぶシテ島は，紀元前3世紀頃ケルト人のパリシイ族が住みついたパリ発祥の地で，「パリ」の語源となった。シテ島の南東部にあるノートルダム寺院は，フランス・カソリックの総本山で，ゴシック建築の最高峰といわれる。1163年に着工し1345年に完成した。正面には鐘楼を収めた高さ69mの二つの塔が聳え，側面のステンドグラスの壮麗なバラ窓も見所だ。「ノートルダム」とはフランス語で「われらが貴婦人」の意で，聖母マリアを指す。シテ島の北西部，最高裁判所敷地内の北にある，ゴシック様式の建物がコンシェルジュリー。王宮として建てられたが，14世紀から監獄として使われ，フランス革命後は多くの王侯貴族や文化人が収容された。マリー・アントワネットが処刑までの76日間を過ごした独房も再現されている。最高裁判所敷地の南側中庭にある礼拝堂サント・シャペルは，1248年にルイ9世が十字軍遠征で持ち帰った

キリストの「茨の冠」を納めるために建てたゴシック様式の建物。高さ15mのステンドグラスは，世界最大でパリ最古のもの。

●セーヌ川南岸（左岸）
エッフェル塔
1889年の万国博を記念して建てられた。完成時は世界一の高さを誇っていた。現在はテレビ・アンテナが加えられ，高さ324m。1〜3階と3か所に展望台があるが，地上ではエレベーターに乗ろうとする世界中の観光客の列が絶えない。
アンバリッド
ルイ14世が傷病兵の収容施設として建てたもので，ナポレオン1世の墓所になっている。
オルセー美術館
チュイルリー公園の対岸にあるオルセー美術館は，ルーヴル美術館と人気を二分する印象派の宝庫。1900年のパリ万国博にあわせて造られた旧オルセー駅を改装して1986年に開館した。19世紀の美術が中心。ミレー「落穂拾い」，「晩鐘」，マネ「笛を吹く少年」，「草上の昼食」，ルノワール「ムーラン・ド・ラ・ギャレット」，ゴーギャン「タヒチの女」など傑作が多くある。
サンジェルマン・デ・プレ
パリ大学の建物が建ち並ぶ文教地区で，かつてはラテン語で授業が行われていたことから，この付近はカルチェラタンとも呼ばれる。地下鉄オデオン駅の近くには，パリ最古のカフェで1686年創業のル・プロコープがある。サンジェルマン・デ・プレ教会や美しいリュクサンブール公園も見所。
モンパルナス
ヴェルレーヌやボードレールといった詩人やシャガール，藤田嗣治等画家たちの集った場所で，高層オフィスビルのモンパルナスタワーや地下墓地カタコンブがある。

●パリ周辺
パリ周辺はイル・ド・フランスと呼ばれる平原が続き，多くの史蹟や観光スポットが点在する。
ベルサイユ宮殿
パリの西20kmに位置し，ルイ14世が当時の最高の技術で築かせた大宮殿。財務総監フルケがル・ノートルに造らせた居館ボールビコント城の素晴らしさに感嘆，嫉妬したルイ14世は，ボールビコント城を基に，それを遥かに凌ぐ巨大さと壮麗さを備えた宮殿の建築をル・ノートルに命じた。宮殿の全長は550m，578面の鏡で飾られた鏡の間のほか，王妃の間や王室礼拝堂など多くの華麗な部屋があるが，建物内にトイレがないことでも有名。ルイ14世自慢の庭園は100haに及ぶ広大なもので，セーヌ川から水を引いた運河が中を流れている。ルイ14世は庭園の解説書を著しただけでなく，休日には一般市民に庭を

公開し，自身がガイド役まで買っている。宮殿内の離宮としてグラン・トリアノンやプチ・トリアノンがある。建物だけでなく，庭園にもトイレがないので，見て回ると数時間はかかる庭園散策の際には，事前に用を足すことをお忘れなく。

ディズニーランド・リゾート・パリ
　パリの東にあるヨーロッパ唯一のディズニーランド。1992年にオープンし，アトラクションは日本とほぼ同じだが，一帯は遊園地のほかにホテルやゴルフコースなどがあり，敷地面積では日本の2.3倍ある。但しパリっ子にはあまり人気はない。

バルビゾン
　パリ南東約60km，フォンテーヌブローの森に隣接する小さな村。19世紀半ば，その田園風景に魅せられたミレーやテオドール・ルソーなど"バルビゾン派"と呼ばれる画家が過ごした地で，ミレー，ルソーの住居兼アトリエ等が残っている。

シャンティイ城
　広大な森の中に，堀で囲まれたシャンティイ城とル・ノートルが手掛けたフランス式庭園，その周囲には競馬場や大厩舎・馬の博物館がある。

フォンテーヌブロー城
　バルビゾンの南10km，広大なフォンテーヌブローの森の中にある宮殿。12世紀に国王の狩猟小屋として建てられ，16世紀にフランソワ1世が宮殿に造り変えた。以後歴代王が増築し，フランス革命後はナポレオンが管理した。

ロワール流域の古城群
　日本では渓谷と訳されているが，穏やかに流れるロワール川の流域に，シュノンソー，ブロワ，シャンボール，アンボワーズ等々ルネサンス（バロア朝時代）の古城が点在する。

シャルトル大聖堂
　シャルトルブルーとして知られるステンドグラスの美しさで有名な大聖堂が街の中心部に建つ。

●フランス北部
　東部のシャンパーニュ地方，北部のピカルディ地方，北西部ノルマンディ地方のイギリス海峡沿岸地域が含まれる。シャンパーニュ地方はワインの一大産地，ランスの大聖堂もある。ピカルディ地方にはフランスで最も高いアミアンの大聖堂（ゴシック様式，42m）がある。ノルマンディ地方は緩やかな丘陵が広がり，酪農が盛んで，第2次世界大戦中の1944年にドイツ軍に対する連合軍の上陸作戦があった地としても有名。
　南西部，サンマロ湾奥にある修道院モン・サン・ミシェルは，海岸から1kmほど沖の陸繋島の岩山に建つ。一人の司教が「この岩山に聖堂を建てよ」という大天使ミカエルのお告げに従い，小さな礼拝堂を建てたのが始まりで，8世紀から建設が始まり完成は16世紀。百年戦争では要塞，フランス革命後は監獄として使われた。満潮時は完全な島になるが，島と本土を繋ぐ堤防ができて以来，砂が堆積し干満の差が小さくなったため，2005年か

ら5年かけて本来の姿に戻す環境整備工事が行われた。オムレツが名物料理。

●フランス東部
　ドイツ国境に近いアルザス・ロレーヌ地方の代表都市ストラスブールは,「街道の街」を意味するその名の通り,中世には交通の要衝として繁栄した。ライン川を挟んでドイツと向き合い,独仏の間で幾度も国境や統治国が変わった。第2次世界大戦後は独仏和解や欧州統合を象徴する町とされ,欧州連合(EU)の欧州議会がここに置かれた。EUの機関が集中するブリュッセル,ルクセンブルクと並び「欧州の首都」と呼ばれている。1949年に設立された欧州評議会(欧州審議会)もここにある。EUが主に「経済」の分野を担当するのに対し,欧州評議会の専門分野は「人権」。民主主義や言論の自由の定着を促す活動を進めている。運河と木骨造の町並みが続く旧市街(グラン・ディル)の中心部にあるストラスブール大聖堂は250余年の歳月をかけて1439年に完成した。フランス国歌「ラ・マルセイエーズ」はこの地で生まれたとされる。パリ南東部のブルゴーニュ地方はワインの産地。その南のアルプス西麓地域はローヌアルプスと呼ばれる。イタリアとの国境近くに聳えるモンブラン(標高4810m)はヨーロッパアルプスの最高峰。麓のシャモニーは登山とスキーのリゾート地。ローヌアルプスの西にはフランス第2の都市リヨンがある。

●フランス南部
　ビスケー湾岸のアキテーヌ地方は,ワインの産地ボルドーが中心地。ブドウ畑が広がる。その東方,地中海に臨む地域はラングドックと呼ばれ,ミディ運河の中継地点カルカッソンヌはオード川を見下ろす高台に築かれたヨーロッパ最大の城塞都市シテが有名で,3kmにも及ぶ城壁が周囲を取り囲んでいる。歴代伯爵の城館で五つの塔を持つコンタル城,唯一の教会サンナゼール大聖堂はともに12世紀の建築。東のプロヴァンス地方に目を移すと,シーザーのガリア遠征後,ローマの植民都市として発展した南フランスの拠点アルルがある。街にはローマのコロッセオとほぼ同時期に建設された円形闘技場などローマ時代の遺跡が多く残されている。画家ゴッホが当地に2年程滞在し,300点もの絵画を残したことでも知られる。郊外にゴッホの跳ね橋があるが再現されたもの。
　アルルを流れるローヌ川を遡れば,「教皇の捕囚」で知られるアビニョンの街。1309～77年の間,ローマ教皇庁と対立したフランス国王フィリップ4世が教皇庁をこの地に移した。街の中央に,ローマから移された教皇庁がある。ローヌ川に架かる石橋サン・ベネゼ橋は,童謡"アビニョンの橋の上で"に歌われている橋で12世紀に造られたが,17世紀の洪水で流され,現在は岸から4アーチ分だけが残っている。アビニョンの北西ガール川には,ローマ時代に築かれた水道橋跡ポンデュガルが架かる。ニームへの導水路として造られ,3層構造で高さは49m。
　再びアルルに戻り東に向かえば,マルセイユやセザンヌの故郷エクサンプロバンスを経

て，地中海に面したカンヌ，ニース，モナコ，さらにイタリアへと続く世界的なリゾート地コートダジュールだ。「紺碧海岸」の意。国境を越えてイタリアに入るとリビエラ海岸だ。コートダジュールは古くから避寒地として賑わい，絶景に魅せられたピカソやマティスなどの巨匠も移り住み多くの作品を残した。海岸から離れた山間には，イスラムの襲撃を防ぐために岩山の頂に城壁で取り囲まれた鷲の巣村といわれる村が点在する（ニース〜モナコ間のエズは有名）。マルセイユの東にあるカンヌは，19世紀前半に国内外の貴族が別荘を建て始めて以来高級リゾート地になった。海岸沿いに続くクロワゼット通りが高級ホテルやレストランが並ぶメイン・ストリートで，西端には毎年5月開催のカンヌ映画祭の舞台となるパレ・デ・フェスティバルがある。カンヌの東で国際空港があるニースは，コートダジュールの空の玄関口で，シャガール美術館がある。ニースからさらに東へ進むとイタリア国境のほど近くに，世界で2番目に小さい独立国モナコ公国がある。13世紀に建設された後，仏伊による統治の後独立し，1993年国連に加盟した。フランスとの国境は道路標識のみで，自由に往来できる。港を見下ろす旧市街の上に大公宮殿が建つ。大聖堂には故グレース王妃が眠る。北東部のモンテカルロで国営カジノが運営されている。自動車レースのモンテカルロ・F1 グランプリも有名だ。

⑨ 英　　国

● ロンドン

　首都ロンドンには国民の1割強に当たる約800万人が生活している。街の中央を西から東にテムズ川が流れる。ロンドン発祥の地は，現在，金融の中心街として名高いシティだが，もう一つの核が政治の中心地ウェストミンスター。ウェストミンスター寺院は英王室の聖堂であり，ウィリアム1世からエリザベス2世に至る歴代国王はここで載冠式を行っている。現在の建物は1065年にエドワード証聖王によって建立され，200年後にヘンリー3世がそれまでのノルマン様式から当時フランスで流行っていたゴシック様式を取り入れて改築している。エリザベス1世やチャールズ2世等歴代25人の王と王妃が堂内の各礼拝堂に眠っているほか，ニュートンやダーウィン，スティーブンソンといった大科学者，少し離れて南翼廊のポエッツコーナーには，ディケンズやハーディ，ローレンス・オリビエ等の名士が眠る。

　その東，テムズの川辺に建つのが国会議事堂。かつて王宮のウェストミンスター宮殿があり後に議事堂として使われるようになったが1834年に火災で炎上，1852年に再建された。付設の時計塔は，ビッグベンの愛称で知られる。ビッグベンの南，テムズ川の岸向かいには，旧ロンドン市庁舎の建物が目に入る。現在はロンドン水族館やホテルに生まれ変わり，その側にロンドンアイが造られた。国会議事堂の前を北に向かうと，ダウニング街10番地で知られる首相官邸が建つ。さらに北に進み，左にアドミラルティアーチが見え

てくればバッキンガム宮殿から東に伸びた大通り（マル）と合流する。マルの西端に位置するバッキンガム宮殿は，バッキンガム公の私邸をジョージ3世が王妃のために購入，即位したばかりのビクトリア女王がここを正式の宮殿と定めてセントジェームズ宮殿から移り住み，以来，王宮の役割を果たしている。前庭で行われる近衛兵交代の儀式には，世界中から観光客が集う。夏場は毎日，冬期は隔日の実施だ。

　ウェストミンスター地区の北東部はシティから見ると西方に当たるのでウェストエンドと呼ばれ，ロンドンを代表する繁華街だ。ニューヨークのブロードウェイと並ぶ演劇街でもある。その中心ピカデリーサーカスの東側はソーホー地区と呼ばれ，中華街はじめ世界中の料理店が集まる飲食・歓楽街。ピカデリーサーカスをテムズ川方向に下ると，トラファルガー海戦の勝利を記念して整備されたトラファルガー広場に行き着く。広場の石柱には，ナポレオンの海軍を破ったネルソン提督の像が，南のフランスの方角を向いて立っている。その足下には銅製のライオン像が四隅に座っており，日本の有名デパートのライオン像のモデルとなった。広場前に建つコリント式列柱の巨大な建物は，ナショナルギャラリー。2万点の絵画，工芸品が展示されている。広場の北東にはロイヤルオペラハウスが建つコベントガーデンだ。一昔前まで青果市場であったが移転し，跡地に大きなショッピングセンターが造られた。多くの人で賑わい，大道芸を見ることもできる。北に向かえば大英博物館が近い。600万点の収集品を誇り，入口近くに展示されるロゼッタストーンが有名だが，エジプトのミイラも必見だ。南に下ってシティに向かおう。

　シティは1平方マイルの小さいエリアだが，紀元1世紀にローマ軍が城塞都市ロンドニウムを築いた。現在もシティは特別の行政区とされ，市長ロードメイヤー（但し名誉職）が存在する。金融の中心地で，イギリスの中央銀行イングランド銀行や証券取引所，ギルドホール等由緒ある建物が並ぶが，なかでも有名なのがセントポール寺院だ。7世紀初めこの地に木造の聖堂が建てられ，後に石造りの教会になったが，ロンドン大火で焼け落ちた。そのため，30年の歳月をかけてクリストファー・レンによって再建された（1710年）のが現在の建物。バロック様式で，地下にはネルソン提督やチャーチルの墓がある。チャールズ皇太子とダイアナ妃の結婚式が行われた場所でもある。シティの南に聳えるのがロンドン塔。11世紀にイギリスを征服したウィリアム1世がこの地に要塞を築いたのが起源で，以後増改築が重ねられ現在の姿となるが，その間，数多くの国事犯が幽閉され，処刑された。ロンドン塔の直ぐ下流に二つのゴシック様式の塔が聳え立っている。タワーブリッジ（1894年完成）で，大きな船も通過できるよう中央部は跳ね橋になっている。

　ロンドンは公園が多いことでも有名だ。バッキンガム宮殿の西に広がるハイドパークは，ウェストミンスター寺院の領地であったが，後にヘンリー8世が没収し王室の狩猟場とした。一般市民に開放されるのは17世紀のこと。第1回万国博覧会（1851年）の会場ともなり，鉄と総ガラス張りのクリスタルパレス（水晶宮）には600万人もの人が訪れた。ハイドパークの西に隣接するケンジントンガーデンには，ピーターパンの像が立つ。ジェームズ・バリーがここに通い，3人の子に語った冒険譚から「ピーターパン」が生まれた。北

上するとリージェンツパークに行き着く。リージェンツパークの南を通るマリルボーンロードに建つのがマダム・タッソー蝋人形館。政治家やスター等世界の有名人（そっくりの人形）に出会える場所で人気だ。この通りと交錯してベーカーストリートが南北に走り，その北端，ベーカー街221番地の少し先（北）にシャーロックホームズ博物館がある。

●ロンドン近郊

テムズ川を遡上しロンドンの西南に向かうと，キューにロイヤルボタニカルガーデンズ（王立植物園）が所在する。俗にキューガーデンと呼ばれる世界有数の植物園で，121haの広大な敷地に，世界中から集められた4万種に上る植物が栽培されている。さらにテムズ川を上ると，右岸にハンプトンコート宮殿の偉容が見えてくる。側近ウルジー枢機卿の

英 国

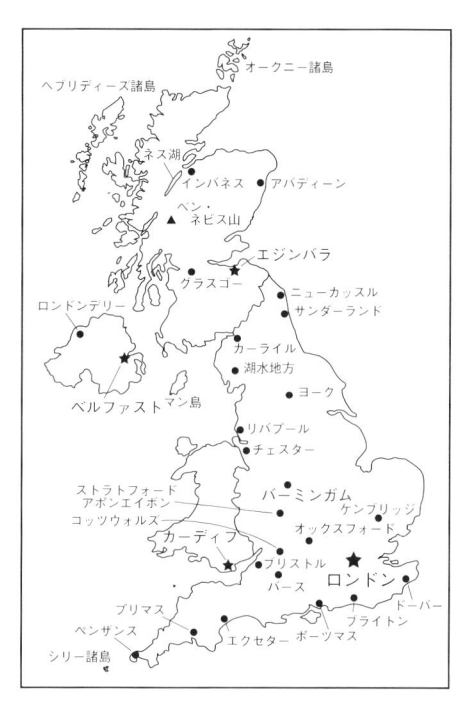

邸宅を譲り受けたヘンリー8世が大改築をして築いた宮殿である。16世紀の王室の台所が再現されているチューダーキッチンは興味深いが，それよりも幽霊の現れる宮殿として有名だ。ヘンリー8世の5番目の王妃キャサリン・ハワードは，若い男との不義密通により処刑されたが，この宮殿からロンドン塔へ送られる間際，チャペルで祈りをあげる王に直接助命嘆願を訴えようと試みたが衛兵たちに無理やり連れ去られた。その王妃の悲鳴が今もこの宮殿のチャペル付近の回廊（ホーンテッドギャラリー）で聞こえるという。また銀の杖回廊には，3番目の王妃ジェーン・シーモアの霊が毎年10月12日，死産した王子エドワードの誕生日に出産用のドレスに火を燈した蝋燭を携えて現れるそうだ。

ハンプトンコートを過ぎテムズ川をいま少し遡ると，ウィンザーの街に着く。川の右岸にはパブリックスクールの名門イートン校が，左岸にはウィンザー城が聳え立つ。ウィンザー城は11世紀，征服王ウィリアム1世がロンドン防衛の目的で築いた要塞が起源で，その後タワーや城壁が増築され，現在のような豪華な王宮へと変身を遂げていった。ここでも衛兵交代式が行われている。

さて，反対にロンドンからリバーボートでテムズ川を下ると，カナリーウォーフを経て

程なく世界標準時でお馴染みのグリニッジに至る。東経西経0度の子午線が通る旧王立天文台や国立海事博物館，中国からの紅茶輸送で活躍した快速帆船（ティークリッパー）のカティサーク号（火災で焼失後復元）などが見所だ。

● イングランド
湖水地方
イングランド北西部の丘陵地で，山々に囲まれた渓谷に500以上もの池や湖が点在する英国屈指の景勝地。玄関口はウィンダミア。近くのボーネスからはウィンダミア湖の遊覧船が発着する。北部のグラスミアには，英国を代表するロマン派の詩人ワーズワースが家族と6年間暮らしたダヴコテージや，1813年から亡くなるまでの37年間を過ごしたライダルマウントと呼ばれる家が残る。南部ニアソーリーの丘の上には，ピーター・ラビッドの作者ビアトリクス・ポターが住んだヒルトップ小屋がある。

ヨーク
イギリス中部，ロンドンの北280kmにある古都。街は城壁で囲まれ，中心部には国内最大のゴシック様式の大寺院ヨーク・ミンスターが聳える。国立鉄道博物館にはジョージ・スティブンソン設計のロケット号（レプリカ）や当時世界最高時速を記録した蒸気機関車マラード号，ユーロスター，さらに新幹線0系も展示されている。

リバプール
産業革命で大都市に成長したが，近年人口流出が激しく，周辺地域も過疎化が問題になっている。ビートルズを生んだ町として有名で，市内至る所にビートルズ関連のスポットがあり，それらを巡るマジカル・ミステリー・ツアーが催行されている。

チェスター
リバプールの南南東に位置し，1世紀にローマ帝国がウェールズ支配のために城塞を建設したのが街の起原で，周囲を城壁が取り囲む。チューダー様式の建物が多く残る古都。

オックスフォード
ロンドンの西北約80kmに位置し，イギリスで最も古い学園都市。30を超える大学（コリッジと呼ばれる）があり，最も伝統があるのがクライストチャーチ。16世紀の設立以来，多くの首相を輩出。広大な中庭に面して建つグレートホールの食堂は，映画「ハリー・ポッター」ではホグワーツ魔法学校の食堂として使用された。

ストラトフォード・アポン・エイボン
ロンドンの北西150km位置するシェイクスピア生誕の地。町の中心近くにシェイクスピアの生家，町の西には妻アン・ハサウェイが結婚前に住んでいた家が残されており，市内を流れるエイボン川の河畔にはシェイクスピア劇専門のロイヤル・シェイクスピア劇場がある。川沿いに進めば，シェイクスピアが洗礼を受け，死後埋葬されたホーリートリニティ教会が見えてくる。

コッツウォルズ

ロンドンから西へ約150km。イギリス中西部に広がる丘陵地帯。「羊のいる丘」という地名の通り，古くは羊毛の交易で栄えた。牛や羊が放牧されるのどかな田園風景に，この地方で採れる蜂蜜色の石灰岩ライムストーンで造られた民家が点在する。イギリスで最も古い村カッスル・クーム，イギリスで最も美しい村バイブリー，清流が街を流れるボートン・オン・ザ・ウォーター等が代表的なスポット。

ストーンヘンジ

ロンドンの西南西にある古代の巨石遺跡。平原の中に高さ4m程の石柱が30本，直径100mほどの円周上に立てられ，石の上を連結するように横長の石が載っている。紀元前3000～1500年の間に造られたといわれ，円の内部に置かれた石の配置と夏至の太陽の位置関係の精密さや，350kmも離れたウェールズで採取した石の運搬方法などいまも多くの謎に包まれている。

バ ー ス

イギリス南西部の保養地。1世紀にローマ人が温泉を発見し，地名が英語の"風呂"の意味になった。市の中心にあるローマ浴場跡ローマンバースは現在も温泉が湧出し，18世紀に上流階級の社交場として賑わった。優雅な曲線美のロイヤルクレッセントは貴族の住まいとして造られたテラスハウス。

ケンブリッジ

ロンドンの北80kmにあり，オックスフォード大学から分かれたケンブリッジ大学がある。ケム川が流れる緑多い街並みに，31のコリッジが点在する。

● スコットランド

英国北部東海岸のフォース湾の奥に位置するエジンバラがスコットランドの首都。街の中心を東西に走るプリンシズ通りを境に，北が1770年から計画都市として建設された新市街，南がスコットランド王国時代に造られた旧市街になっている。旧市街西の岩山の上に聳える城塞がエジンバラ城で，7世紀にエドウィン王が創建。城の前の広場は15～17世紀に魔女狩りで300人もの人々を火刑にした場所で，幽霊出没が囁かれる。一方，東の端にはホリールードハウス宮殿が建つ。12世紀に僧院として建造され，16世紀にスコットランド王の宮殿となった。この二つを結ぶ道はロイヤルマイルと呼ばれ，ここがエジンバラの中心部。最近は「ハリーポッター」の世界的人気で，作者J・K・ローリングが原稿を書いていたカフェも名所になっている。ロイヤルマイルの中央に建つゴシック建築の建物が，スコットランドをカソリックからプロテスタントに変えた宗教改革の指導者ジョン・ノックスが司祭を務めた聖ジャイルズ大聖堂。カールトンヒルに上れば，市街のパノラマが望める。

エジンバラの北東，北海に面するセントーアンドリュースはゴルフ発祥の地として有名。エジンバラから南東12kmの小さな街にあるロスリン礼拝堂が，映画「ダ・ヴィンチ・コード」で一躍有名になった。15世紀，スコットランド北部の貴族ウィリアム・シンクレ

アの指示により45年の歳月をかけて建てられたもので，礼拝堂の壁は，全体が無数のレリーフで飾られている。スコットランドの北部，中世の街並みが残るインバネスは，ネス湖観光の拠点。英国最大の淡水湖ネス湖は南西方向に38km，幅平均2kmという細長い形で，最大水深は230mと深い。古くから巨大生物"ネッシー"の伝説で有名だ。中央部の西岸には13世紀建造で，17世紀に政府軍が破壊した城跡アーカート城がある。東部のグラスゴーはスコットランド最大の都市で，経済・産業の中心地。戦前は造船で栄えた。

　スカートのように見えるスコットランドの民族衣装はキルトと呼ばれ，男性の正装に用いられる。それに使うチェック模様をタータンと呼び，持ち主の家や立場を表している。スコットランドの伝統料理はハギス。羊の内臓などを胃袋に詰めたもの。

●ウェールズ・北アイルランド
　ウェールズの首都カーディフの見所はローマが築いた砦にノルマン人が本丸を建てたカーディフ城。ウェールズ北西部，アングルシー島を隔てる狭い水道の南にはカナーボン城がある。王位を継承すべき最年長の皇太子をプリンス・オブ・ウェールズと呼び，この地でその称号を授ける伝統がある。カナーボンの南東に聳えるのがウェールズ最高峰のスノードン山。中腹から頂上付近までアプト式のスノードン・マウンテン鉄道が走っている。北アイルランドの中心都市はベルファスト。アイルランド島北部には奇岩が広がる海岸ジャイアンツ・コーズウェイがある。六角形の石柱が約8kmにわたって海岸を埋め尽くしている。

⑩　ドイツ

●ベルリン
　首都ベルリンは，プロシャ王国時代からのドイツの首都で，第2次世界大戦後は東ドイツの首都，1990年の統一後再びドイツの首都となった。冷戦時代は東ベルリンをソビエト，西ベルリンを米英仏が管理し，西ベルリンは西側陣営の飛び地，資本主義のショーウィンドウとして機能した。東ベルリンから西ベルリンに逃れる者が後を絶たず，これを嫌ったソ連のフルシチョフ書記長は1961年に東西ベルリンを分断する「ベルリンの壁」を築いた。全長155km，高いところは4mを超える長大な壁によって西ベルリンは周囲と遮断されてしまった。しかし東欧の民主改革の中で1989年11月に壁は崩壊，翌年10月には東西ドイツの再統一が実現した。現在，壁の跡はベルリン中央部ポツダム広場付近（かつてゲシュタポ本部があった近く）やシュプレー川沿い等市内に数箇所残るのみ。シュプレー川沿いの壁は現存する中では最大規模で，イーストサイドギャラリーには各国の芸術家の壁画が描かれている。ベルナウアー通りにあるベルリンの壁記念館では，壁だけでなく監視塔や無人地帯，東から西への逃亡用トンネル跡等も残されており当時の様子を知ること

ができる。また東西ベルリンの通行路であったチェックポイントチャーリー跡には壁博物館もある。いずれもベルリン観光の目玉になっている。

冷戦史のモニュメントを除けば，歴史的な建造物は戦災でほとんど残っていないが，市の中心部に建つベルリンのシンボルがブランデンブルク門。1791年に完成したプロイセン王国の凱旋門で，アテネのアクロポリスを模して造られた。12本のドーリア式円柱で支えられており，頂上には4頭立ての戦車カドリガに乗った女神像がある。東西分裂時代は，ここが東西ベルリンの境界線だった。ブランデンブルク門から東に伸びる菩提樹（リンデン）の並木道はウンター・デン・リンデンと呼ばれる。17世紀に造られた約1.4kmの通りで，東端のシュプレー川の中洲には五つの博物館が集まる博物館島がある。トルコのペルガモン遺跡の大祭壇を移築したペルガモン博物館は特に有名だ。

ドイツ

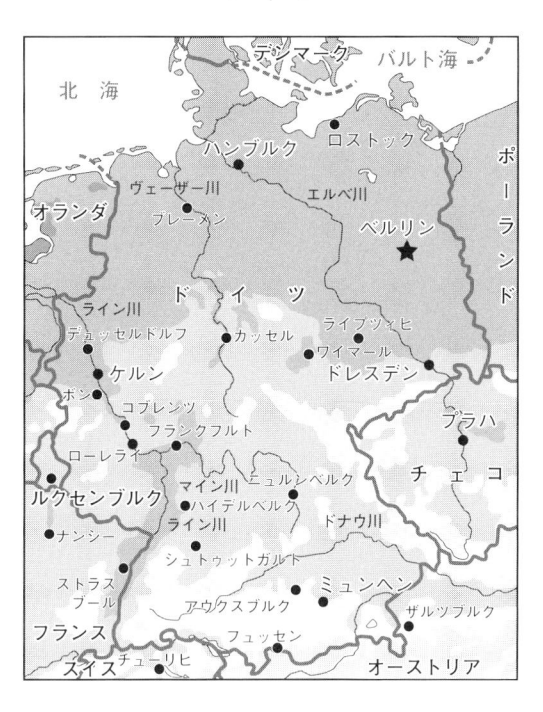

ブランデンブルク門の北にあるのが連邦議会議事堂。1894年に完成したが，1933年に放火され炎上，1945年には爆撃で全壊した。ドイツ統一後の1999年に復元改修された。ブランデンブルク門の西，6月17日通りの中央には高さ67mの勝利の塔が建つ。1864〜71年のデンマーク，オーストリア，フランスとの相次ぐ戦争に勝利した記念に1873年に建てられたもので，頂上には勝利の女神ビクトリアの像が，高さ50mの位置には展望台がある。ベルリン随一のショッピング地区がクーダムで，並木道沿いにブランド店やカフェやレストランが集まっている。クーダムの東端付近にあるカイザー・ウィルヘルム記念教会は，ドイツ統一を達成したウィルヘルム1世を記念して1895年に建てられたが，第2次世界大戦でその一部が破壊された。戦後，戦争の悲惨さを伝えるため，修復されずそのままの姿で残され，1963年には隣に新しい教会が建てられた。

ベルリン郊外のポツダムにはフリードリヒ2世が夏の離宮として建てたロココ様式のサ

ンスーシー宮殿がある。市の北にあるツェツィリエンホフ宮殿は第2次世界大戦のポツダム会議が行われた場所でトルーマン（米），チャーチル（英），スターリン（ソ連）の3首脳が会談をした部屋が当時のまま残されている。

●ライン川流域：ドイツ西部
　中西部の街フランクフルトは，マイン川沿いの街。正式名称はフランクフルト・アム・マイン。マイン川は，ライン川の支流。ドイツの文豪ゲーテはこの街の生まれで像が立ち，市内には生家も残っている。マイン川に沿って西に向かうと，マイン川とライン川が合流する街がマインツ。その西のリューデスハイムはライン川下りの出発点で，つぐみ横町はワイン酒場が軒を連ねる有名な観光地。ライン川沿いの斜面には，ローマ時代からいまもぶどう畑が広がり，ワインが作られる。
　ライン川クルーズ
　スイスアルプスを水源として，6か国を経て北海に注ぐライン川の全長は1320km，その半分以上はドイツを流れており，中流域沿岸は40ほどの中世の城が密集する観光地。リューデスハイムからライン川下りの観光船に乗れば両岸に次々と古城が現れる。珍しいところでは，川の中洲にねずみの塔が建つ。14世紀に建てられたもので，航行する船から通行税を徴収する税関だった。名称は，民を苦しめた司教がこの塔でねずみの大群に襲われたという言い伝えに因む。切り立った崖のローレライは船の難所で，岩山の上で水の妖精が歌を歌い，船乗りを惑わせて難破させたという伝説があり，歌にも歌われた有名な観光スポットだが，単なる岩山で"ローレライ"の看板があるだけ。コペンハーゲンの人魚像，ブラッセルの小便小僧とともに「ヨーロッパ観光の3大スカ」とも称される。
　ケルン
　ケルンは，ドイツ北西部，ライン川沿いにある人口100万人の大都市で，ローマ時代の植民地が起源で，ラテン語の「植民地（Colonia）」が地名になった。市の中心部，ライン川西岸に聳えるケルン大聖堂は，高さ157mの尖塔が2本建ち，幅86m，奥行き144mというゴシック様式では最大の規模。塔は509段の階段で高さ95mの展望台に登ることができる。1248年に造営が始まり，再三の中断を経て最終的に完成したのは1880年。ドイツ・カソリックの総本山として，ケルンのシンボルとなっている。この街は18世紀から生産が始まった香水オーデコロン（eau de cologne：フランス語で「ケルンの水」の意）でも有名だ。いまも営業する名店「4711」は18世紀末の創業。創業者が修行僧からもらった香水は香りがよく，健康にもよいと評判になりフランス人が自国に持ち帰った際「ケルンの水」として一躍有名になった。ケルンの西70km，オランダ，ベルギーと国境を接する町アーヘンには，9世紀にフランク王国のカール大帝が建てた大聖堂がある。八角形のドームが特徴のロマネスク様式の建物で，16世紀まで神聖ローマ帝国皇帝の戴冠式がここで行われた。
　ハイデルベルク

フランクフルトの南にあるハイデルベルクは，ライン川支流のネッカー川が流れる古都。14世紀にドイツ最古の大学ハイデルベルク大学が置かれた学園都市で，空襲を免れ中世の街並みが昔のままに残る。ゲーテやショパンら多くの芸術家がこの街を舞台に作品を生み出した。13世紀に一帯を治めた領主の城ハイデルベルク城（地下には22万ℓという世界最大のワインの大樽がある）や旧市街の中心にあるマルクト広場，旧校舎や学生牢，聖ペーター教会，ネッカー川に架かる古い石橋の旧橋，多くの詩人，哲学者が思索に耽った哲学者の道（ネッカー川対岸の丘の中腹にある1.6kmの散歩道）などが観光のスポット。

● ドイツ南東部
　ベルリン，ハンブルクに次ぐドイツ第3の都市ミュンヘンがドイツ南東部，バイエルン地方の中心地。街の中心部にある新市庁舎のカラクリ時計が観光名所。バイエルン王国を治めたヴィッテルスバッハ家の宮殿レジデンツは，古代ギリシャ風のデザインで，ヨーロッパを代表するルネサンス建築の一つとされる。

ロマンティック街道
　ドイツ南部の街ヴュルツブルクからフュッセンまで，南北に走る約360kmの街道で，ドイツ観光の目玉になっている。ローマへの巡礼のための街道であったことからこの名がついた。中世の雰囲気が残る町を結び，美しい自然に触れることができる。街道の中で最も有名な街が，街道とタウバー川が接する場所に位置するローテンブルク。第2次世界大戦で町の半分が破壊されたが，世界からの寄付によりほぼ完全な形で復元された。街の中心マルクト広場の市庁舎や宴会館のマイスタートゥルンクの仕掛け時計，その北西にある聖ヤコブ教会，細長い石畳の路地プレーンライン，西端のブルク公園等が見所。ローテンブルク南郊ディンケルスビュールは戦火を免れ，中世の街並みが残っている。ゴシック様式の聖ゲオルク教会がある。ディンケルスビュールの南南東にあるネルトリンゲンは，1500万年前に隕石が落下してできた直径1kmほどの円形の町で，周囲は城壁で囲まれている。

フュッセン
　ミュンヘンから南西に130km。ロマンティック街道の南の終点がフュッセンで，オーストリアとの国境も間近だ。ローマ時代から交通の要衝で，中世にはイタリアの交易で栄えたが三十年戦争で衰退した。この街にはドイツを代表する，そして世界的に有名な観光地が二つある。その一つがヴィース巡礼教会だ。フュッセンの街からほど近い草原の中に佇む小ぶりの教会だが，中に入ると豪華絢爛な内装に目を奪われる。ロココ様式の最高傑作といわれ，祭壇には鞭打たれるキリスト像が祀られている。1738年，一人の農夫がこの像に熱心に祈りを捧げていると，3か月後，そのキリスト像の目から涙が流れるようになった。そこで1754年にこの教会が建てられた。
　いま一つの名勝が，フュッセンの南東，アルプスの麓に建つノイシュバンシュタイン城（白鳥城）。バイエルン国王ルートヴィッヒ2世が国の財政を脅かすほどの資金を投じて，1869年から17年かけて建設したもので，心酔していた作曲家ワーグナーのオペラに登場

する騎士の城をイメージして造られた。彼は1864年，18歳で即位するが，読書とオペラが好きな内向的な青年で，政治への関心などなかった。程なくバイエルン王国は周辺国との戦争に巻き込まれるが，その重圧に耐えられないルートヴィッヒ2世は現実逃避のためにこの城を造った。各部屋は彼が好きだったワーグナーのオペラをテーマに造られている。しかし城の完成からわずか102日後，ルートヴィッヒ2世は国王の座から降ろされ，謎の死を遂げる。この城はディズニーランドの「シンデレラ城」のモデルといわれ，映画「チキチキバンバン」の舞台にもなった。

このほか，ノイシュバンシュタイン城の西，アルプ湖畔の高台に建つ黄色のホーエンシュバンガウ城は，ルートヴィッヒ2世がノイシュバンシュタイン城の完成まで生涯の大半を過ごした場所。ノイシュバンシュタイン城の東，オーバーアマガウの山中にある小さなリンダーホフ城は，王家の狩猟地にルートヴィッヒ2世が1879年に造ったもので，ベルサイユ宮殿内のトリアノン宮殿を模し，外面はイタリア・ルネサンスとバロック様式，内部は金色のまばゆい絢爛たるロココ調になっている。さらにルートヴィッヒ2世は，キーム湖の島にベルサイユ宮殿そっくりのヘレンキームーゼー城も造っている。

● ドイツ東部

ベルリンの南，エルベ川に面した都市ドレスデンは12世紀頃からザクセン選帝侯の宮廷都市として栄えたが，第2次世界大戦で徹底的な爆撃を受け壊滅，戦後は工業都市として発展した。チェコ国境に近い。多数の彫刻で飾られたツヴィンガー宮殿はドイツバロックの傑作。現在はアルテ・マイスター絵画館等として利用されている。ドレスデン北西のマイセンは18世紀初め，ヨーロッパで初の白磁が作られた街。市街の北には，15世紀創建で最初にマイセン磁器工房が置かれたアルブレヒツブルク城が聳える。ドレスデンの西北西にあるライプチヒは，古くから交易で栄え，ゲーテやニーチェ，バッハやメンデルスゾーンなど多くの文化人が活躍した。森鴎外や滝廉太郎の留学した街でもある。ライプチヒの南西にあるワイマールはゲーテ，シラーなどドイツ古典主義文化が花開いた地で，彼らが晩年を過ごした家が残る。第1次世界大戦後の1919年に民主憲法の制定会議が行われたことでも有名。

● ドイツ北部

北海に注ぐエルベ川の河口を遡った地にあるハンブルクは，ベルリンに次ぐ大都市で，ドイツ最大の貿易港がある。ハンザ同盟の中核都市として繁栄し，現在も北ドイツ経済の中心地。ハンブルクを中心に，北はリューベック，南はリューネブルク，ツェレの街を通りハノーバーに至る約300kmの街道はエリカ街道と呼ばれる。ハンザ同盟の盟主として繁栄を誇ったリューベックは，2本の尖塔が印象的なホルステン門や市庁舎，美しい煉瓦造りのマリエン教会が観光スポット。一方，フランクフルト近くのハーナウから北部のブレーメンに至る600kmはメルヘン街道と呼ばれる。観光事業として企画されたもので，童話

作家グリム兄弟縁の地を結ぶ。起点のハーナウがグリム兄弟の生誕地、終点のブレーメンは彼らの代表作「ブレーメンの音楽隊」で有名な街だ。

⑪　ベルギー

　オランダ独立戦争の際、脱落してスペイン支配の下に残った南ネーデルランド、この地域はその後、スペイン継承戦争後のユトレヒト条約でオーストリアハプスブルクの領土となる。ナポレオン戦争ではフランス軍に占領されるが、ウィーン会議でウィレム1世を国王とするネーデルランド連合王国（オランダ）に併合される。しかし1830年フランスで7月革命が起こり、ベルギーとして独立。翌年、外部のザクセン・コブルク・ゴータ家からレオポルド1世を初代国王として迎え立憲君主国となり、1839年には永世中立国の地位が与えられた。

●ブラッセル
　北はオランダ、東はドイツ、南東にルクセンブルク、西南にフランスと四つの国と国境を接し、さらに海峡を挟んで英国と向き合うベルギーは「ヨーロッパの十字路」と呼ばれ、中北部にある首都ブラッセルは交易で栄えた。現在はEUやNATO（北大西洋条約機構）の本部が置かれる国際都市で、人口比ではヨーロッパで最も美術館や博物館が多い文化都市でもある。中世からの建物が残る街並みは「プチ・パリ」とも称される。街の中心に広がる四角い中央広場グランプラスは市庁舎やギルドハウス（同業者組合）等の中世の歴史的建造物に囲まれている。フランスの文豪ヴィクトル・ユーゴーは、「世界で最も美しい広場」と称えた。グランプラスの南西直ぐの交差点角に立つ高さ僅かに60㎝の小さなブロンズ像はマヌカンピス（小便小僧）。「小さなジュリアン」の愛称を持ち、ブラッセル最年長の市民として親しまれ、世界から贈られた衣装約600着が「王の家」に展示されている。ちなみにグランプラスの北の路地には小便少女の像もある。ブリューゲルはじめフランドル絵画を代表する画家の作品が揃うベルギー王立美術館やその東にある王宮も観光スポット。
　ブラッセル北西のゲントは、ブラッセル、アントワープに次ぐ第3の都市。中世には織物業で栄えた。市の中心都にある聖バーフ大聖堂には、フランドル絵画の最高傑作といわれるファン・アイク兄弟作の祭壇画「神秘の子羊」がある。ゲント北西にあるブルージュは、北海に通じる運河の港町として貿易で栄えたが、15世紀以後、運河に土砂が堆積して港の機能が失われ衰退した。街並みは当時そのままに伝わっており、「天井のない美術館」とも称される。街の名前のブルージュ（これは英語読み、現地のオランダ語ではブルッヘ）は「橋」を意味し、旧市街には50以上の橋が運河に架かり、北のベニスと呼ばれる所以である。旧市街の中心マルクト広場の南側に建つ毛織物業者のギルドハウスの上には

鐘楼が聳える。13世紀から15世紀にかけて建てられ，高さは83m。47個の鐘からなる楽器カリヨンが15分に一度時を告げる。ブルグ広場にはゴシック様式の市庁舎，その右隣の聖血礼拝堂には，十字軍遠征の際にエルサレムから持ち帰ったとされるキリストの聖血が奉られている。ミケランジェロの聖母子像がある聖母教会やベギン会修道院も見所。この街は中世以来の工芸品であるレース編みでも有名だ。19世紀末のベルギーの詩人ローデンバックは，霧に閉ざされたブルージュの冬の風景を「死都」と表現したが，現在は運河巡りを楽しむ観光客で賑わっている。

　ベルギー北部のアントワープは15世紀頃から商業や金融の中心地として発展し，現在もオランダのアムステルダム港に次ぐ荷揚げ量を誇る。なかでもダイヤモンドの交易が盛んで，世界で流通するダイヤモンドのほぼ半分がこの街で加工されている。ベルギー最大のゴシック教会ノートルダム大聖堂の内部には「キリスト降架」，「聖母被昇天」などルーベンスの傑作があり，小説『フランダースの犬』では主人公の少年ネロが亡くなる最後の場面に登場する。そのネロが住んでいたとされる町がアントワープ南西のホーボーケンで，観光局前にネロと犬のパトラッシュの銅像が立つが，この話を当地に伝えたのは日本人観光客であった。『フランダースの犬』は英国人作家ウィーダが当地を旅した経験を基に著した小品で，ベルギーでは全く知られていなかった。当地を訪れる多くの日本人からそのストーリーを聞かされ，いまでは観光に一役買ってはいるものの，「フランダース地方の人間は少年を死なせるような薄情者ではない」と，作品は評判が悪い。

　ベルギーは，国の北半分がオランダ語系のフラマン語を話すフランドル（フランダース）地域，南半分がフランス語系のワロン語を話すワロン（ワロニー）地域になっている（東部には少数ながらドイツ語圏もある）。その境界は首都ブリュッセル付近で，国土がちょうど二分されている（ブリュッセルは両言語の併用地域）。両者はヨーロッパ統合のお膝元とは思えないほどに仲が悪く，社会・教育・行政システムが異なり対立関係にある。チョコレートとワッフル（フランス語ではゴーフル）がこの国の名物。

●主な参考文献
『海外旅行準備室』http://www.i-wanna-travel.com/kono-site.html
地球の歩き方編集室編『地球の歩き方』（ダイヤモンド社）
BS日テレ『世界水紀行番組』HP：http://www.bs4.jp/w_mizu/onair/index.html

あとがき

　フランス語のmerは「海」を意味するが，同じ発音のmèreは「母親」を指す言葉である。この言の葉の連関の如く，地中海がヨーロッパ文明の母胎となった。そしてクレタ島で誕生した古代ヨーロッパの海洋文明はギリシャからローマへと引き継がれた。陸の文明であったローマ世界も，フェニキアとの抗争を経て海洋勢力に発展，地中海を扼すことでラテン帝国を築き上げていった。しかし，栄華を誇るローマ帝国も経済の停滞やゲルマンの進出を受けて衰退，以後約1000年にわたる中世の世界は，ユーラシア大陸の内側（インナーユーラシア）を拠点とする騎馬遊牧勢力が覇権を握る時代となる。

　機動力と破壊力に優れるインナーユーラシア勢力は広大な領域を支配し，アウターユーラシア地域を圧倒した。その代表がモンゴルだった。だが，同じくインナーユーラシアパワーの担い手となったイスラム世界は，馬の技術に秀でていたばかりでなく，当時最強の海洋勢力でもあった。砂漠の民は，海洋の民にもなり得たのである。千変万化する景観，目標となる地表物など存在しない砂漠を横断するための技術の獲得は，茫漠とした海洋を交易のルートとして取り込む能力をも育てたのである。

　イスラム世界に劣位を強いられたヨーロッパであったが，十字軍失敗の反省とレコンキスタを契機に反撃体制を整え，やがて大航海時代を切り開き高度の海洋力を獲得することで形勢を逆転させていった。その主役となったのがポルトガルやスペイン，オランダなどの国々であり，英国が近世覇権闘争の最終の勝利者となる。ハプスブルクやフランス，プロシャといった大陸国家は海洋勢力に挑戦したが，いずれも敗れ去った。だが，戦乱を繰り返すヨーロッパ世界は人類初の世界大戦によってヘゲモニーセンターの座を失い，20世紀後半，闘争の主役はヨーロッパの東西域外に位置するアメリカとロシアに移った。冷戦と呼ばれるこの戦いはアメリカの勝利で終焉したが，21世紀を迎えるやアメリカに挑戦する新たな勢力として，中国が名乗りを上げた。

　ヨーロッパが大航海時代に乗り出した15世紀前半，大陸国家の中国も海洋

勢力への発展を試みていた。明の鄭和による海外遠征として知られるが，宝取船と呼ばれる巨船を含む200隻以上の大艦隊と約3万人の乗組員を率いて7回にわたりジャワ，スマトラからインド洋，さらにアフリカにまで進出したのだ。ところがヨーロッパとは異なり，中国はその後一転して孤立化政策に舞い戻り，やがては欧米列強に圧迫され続けることになる。その中国が経済の躍進を背景に，6世紀の時を経て再び海洋強国を目指し，アメリカの世界支配に挑戦を始めたのだ。一方，西ヨーロッパは国家統合という新たなスタイルを装い，国際政治の影響力回復を目指している。米欧中，果たして21世紀覇権の行方はどうなのか。またその中で日本の進路は如何にあるべきか。本書では，ヨーロッパ覇権国家の変遷を軸に，21世紀覇権闘争の行方にも論及した。

　執筆にあたり，外交史，国際政治に関する多くの専門家の方々の文献，研究成果や，ヨーロッパ各国の観光資料やガイドブック等を参考にさせていただきました。大学の教科書，教養書としての性格上，そのすべてについて一つ一つ出典を明記することはできませんでしたが，篤く御礼申し上げます。最後に，萌書房の白石社長には，前著『イギリス学入門』に続き，今回も企画の段階からお世話になりました。謝意を表します。

　平成26年6月

西川　吉光

■著者略歴

西川吉光（にしかわ　よしみつ）
　東洋大学国際地域学部教授（専攻：国際政治学，政治外交史）
　1955年　大阪生まれ
　1977年　国家公務員上級職試験合格
　1978年　大阪大学法学部卒業，防衛庁（現防衛省）に勤務。以後，内閣安全保障会議，防衛庁長官官房企画官，課長，防衛研究所室長などを歴任。その間，1993年から94年にかけて，チャーチルが設立したイギリス最高の戦略研究機関である英王立国防大学院（Royal College of Defence Studies: RCDS）に留学。
　学位：法学博士（大阪大学），国際関係論修士（M.A. 英国リーズ大学大学院）

主要著書
『現代国際関係史Ⅰ～Ⅳ』（晃洋書房）
『現代国際関係論』（晃洋書房）
『アメリカ政治外交史』（晃洋書房）
『戦後欧州国際政治史論』（西田書店）
『ヨーロッパ国際関係史』（学文社）
『覇権と協力の国際政治学』（学文社）
『ヘゲモニーの国際関係史』（国際安全保障学会賞受賞）（晃洋書房）
『アメリカと東アジア』（慶応義塾大学出版会）
『イギリス学入門』（萌書房）等多数

覇権国家の興亡──ヨーロッパ文明と21世紀の世界秩序──

2014年8月20日　初版第1刷発行

著　者　西川吉光
発行者　白石徳浩
発行所　有限会社　萌書房（きざす）
　　　　〒630-1242　奈良市大柳生町3619-1
　　　　TEL (0742) 93-2234 ／ FAX 93-2235
　　　　[URL] http://www3.kcn.ne.jp/˜kizasu-s
　　　　振替　00940-7-53629
印刷・製本　共同印刷工業・新生製本

Ⓒ Yoshimitsu NISHIKAWA, 2014　　　　Printed in Japan

ISBN978-4-86065-086-5